MERJA OJANPERÄ

Zauberhafte Lace-Socken

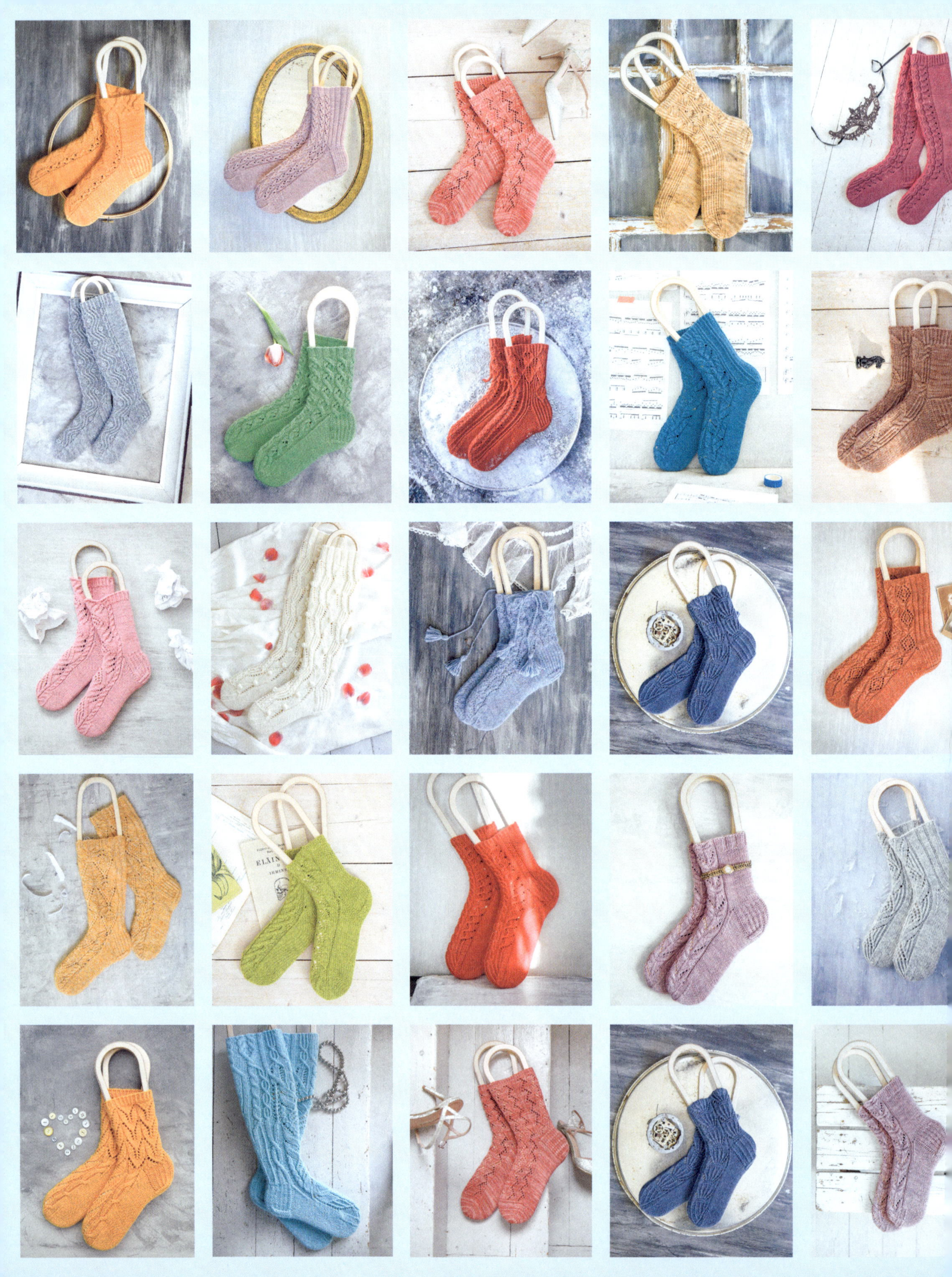

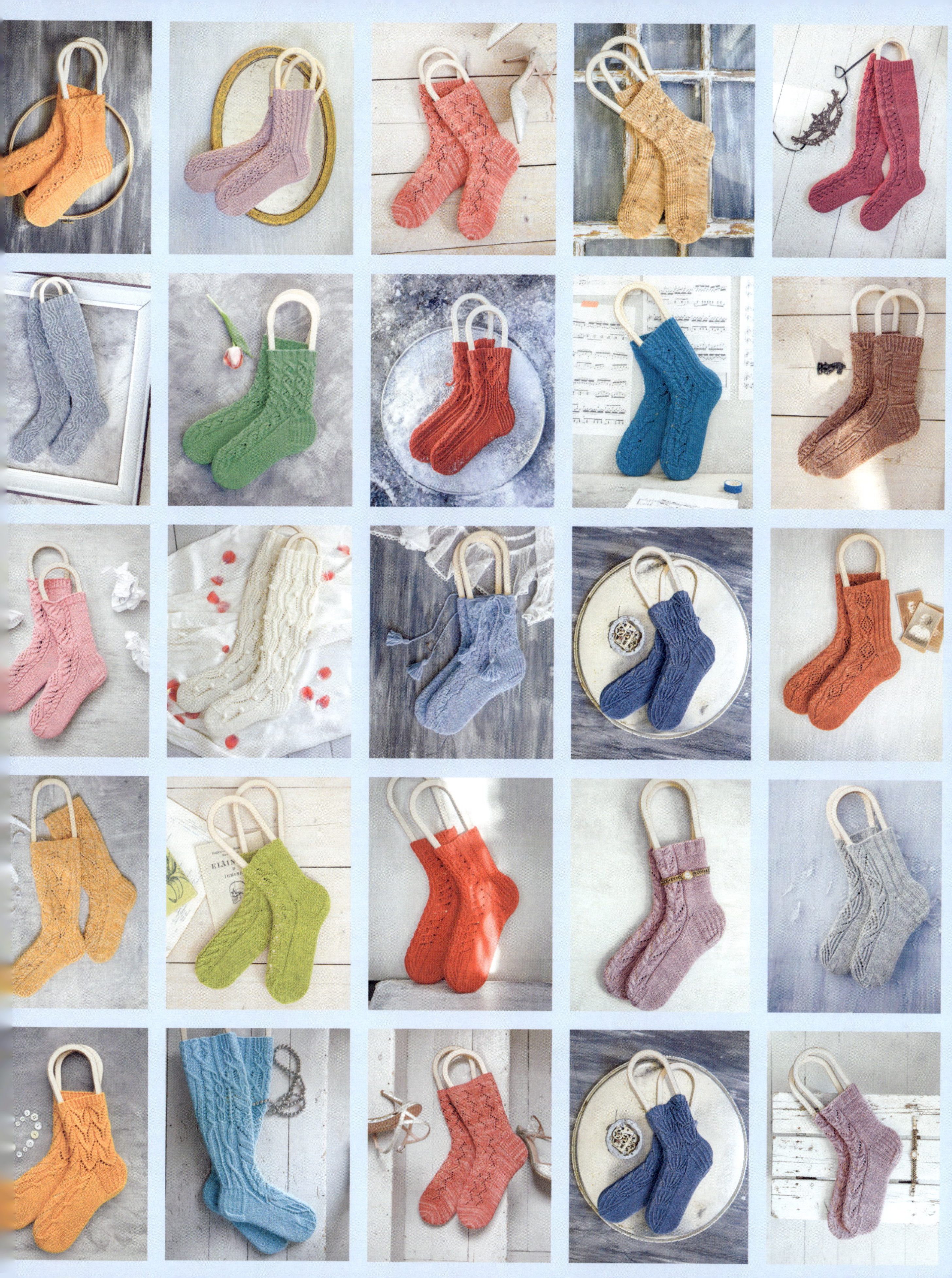

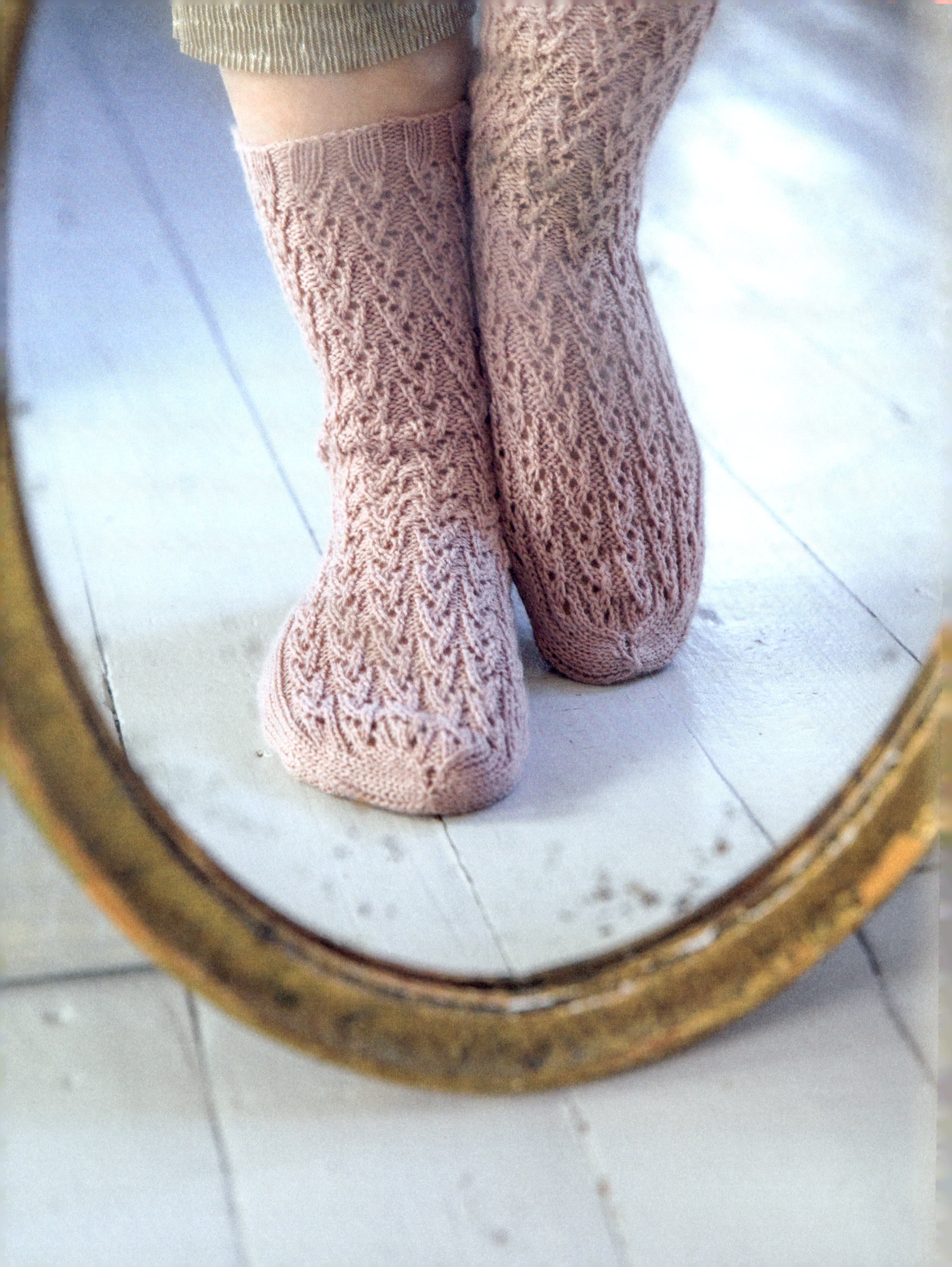

MERJA OJANPERÄ

Zauberhafte Lace-Socken

Feine Lochmuster stricken in drei Garnstärken

stiebner

Inhalt

Mit dünnem Garn gestrickte Modelle

Mit mitteldickem Garn gestrickte Modelle

Mit dickem Garn gestrickte Modelle

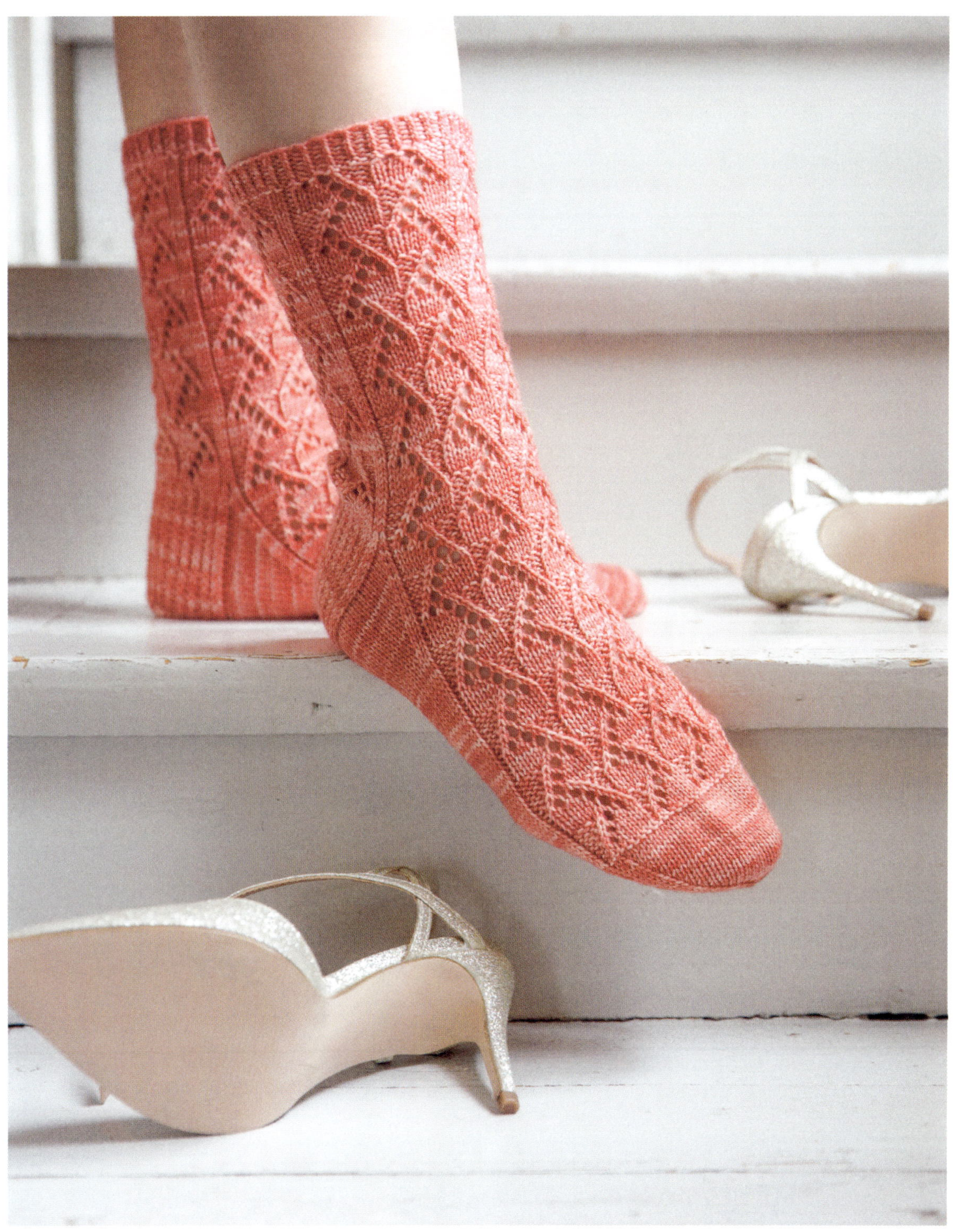

Sommerwalzer, S. 39

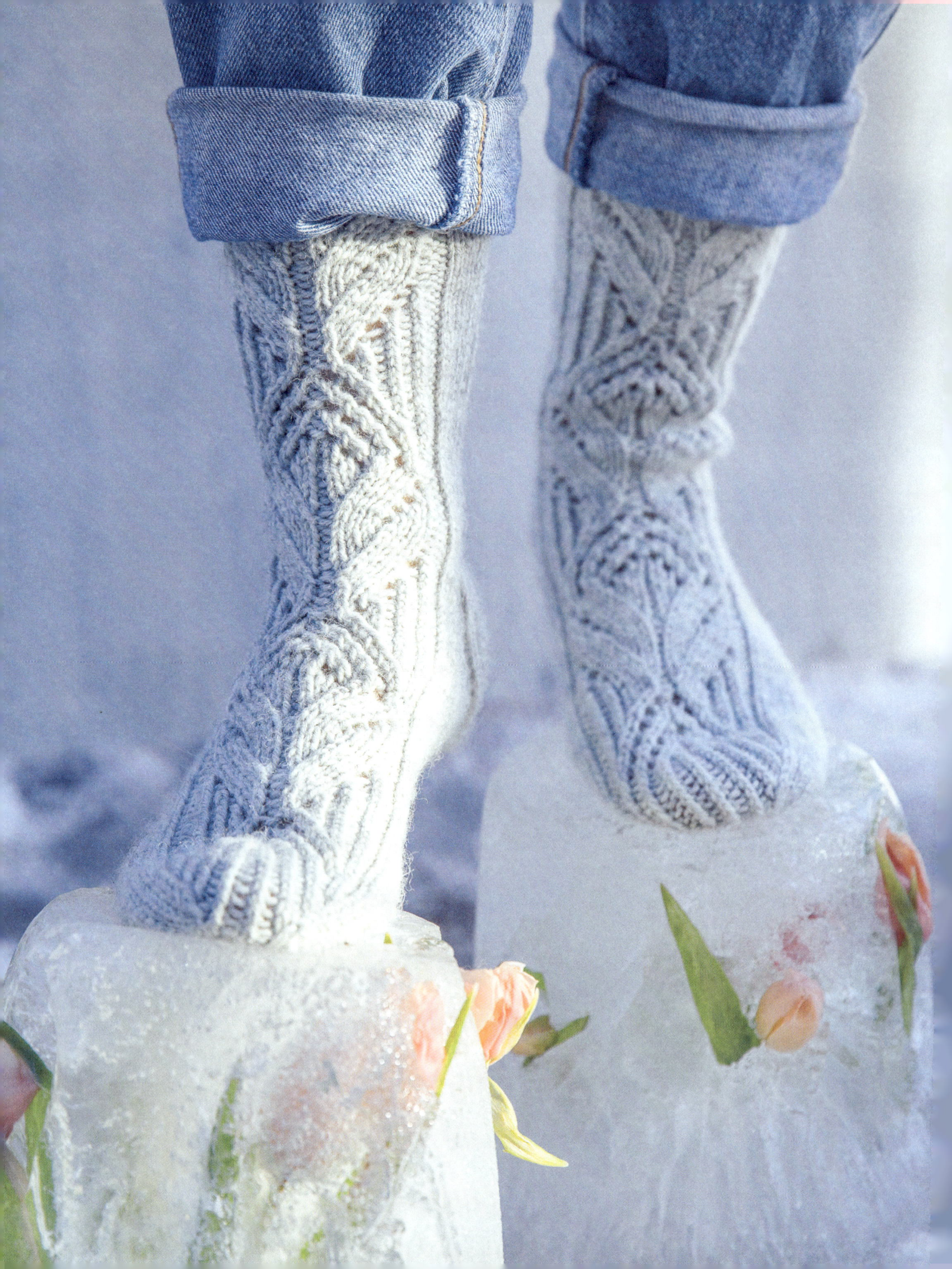

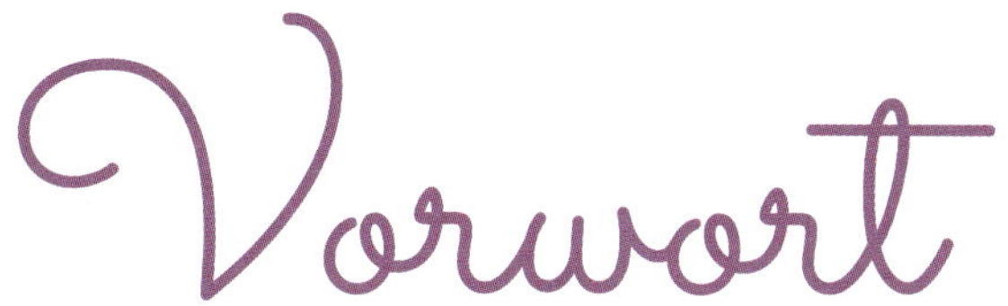

Vorwort

Wollsockenstricker:innen lassen sich oft in zwei Gruppen einteilen: Die einen favorisieren Spitzenmuster, die anderen Einstrickmuster. Ich selbst liebe Spitzenmuster. Das heißt nicht, dass ich Einstrickmuster nicht mag, aber es ist für mich irgendwie natürlicher, Spitzenmuster zu stricken. Irgendetwas daran fasziniert mich Jahr für Jahr.

Mit Spitzenstrickereien lassen sich ganz neue Muster kreieren und größere Einheiten aus mehreren unterschiedlichen Strukturmustern gestalten, so wie ich es seit vielen Jahren tue. Tatsächlich hat genau damit alles angefangen – mit dem Wunsch, etwas Einzigartiges zu schaffen, während andere Kniestrümpfe mit verschiedenen Streifen strickten.

Spitzenmuster kommen am besten mit einem relativ hellen, einfarbigen Garn zur Geltung. Sehr dunkle oder mehrfarbige Garne schlucken das Muster. Deshalb finden Sie in diesem Buch nur einfarbige Sockendesigns und Farbtöne, bei denen sich die Spitzenmuster gut abheben.

Spitzenmuster können mit Garnen beliebiger Stärke gestrickt werden. Ein Stück aus sehr dünnem Garn sieht völlig anders aus als dasselbe Stück aus dickem Garn. Auch die Zusammensetzung des Garns beeinflusst das Aussehen des Strickstücks. Dieses Buch ist nach der Fadenstärke in drei Teile gegliedert.

Die Anleitungen sind relativ einfach, einige Modelle sind wirklich schnell gestrickt und sogar als Last-Minute-Geschenkideen geeignet. Die Schaft- und Fußlänge kann angepasst werden, einige Anleitungen enthalten Tipps zum Ändern der Größe. Außerdem gibt es einen kleinen Garnleitfaden und Stricktipps.

Danke an alle, die mir bei der Entstehung dieses Buches geholfen haben!

Ein ganz besonderer Dank geht an meine Modellstrickerinnen Katja Söderström, Sari Riutta ja Tarja Vainionpää – lasst euch noch einmal von Herzen drücken!

Merja Ojanperä

FB Merja Ojanperä Designs

www.merjadesign.com

Garn-alternativen

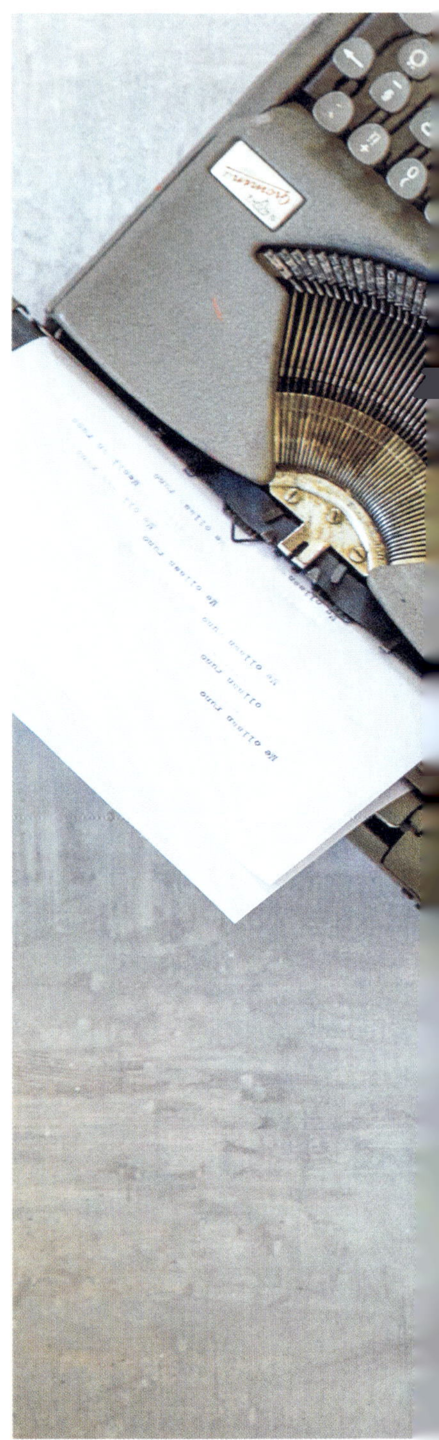

Manchmal kommt es vor, dass das in der Anleitung genannte Garn nicht mehr verfügbar ist. In den folgenden Listen finden Sie jeweils Beispiele ähnlicher Garne. Wählen Sie jedoch eine Garnalternative, die in der Zusammensetzung möglichst dem Originalgarn entspricht.

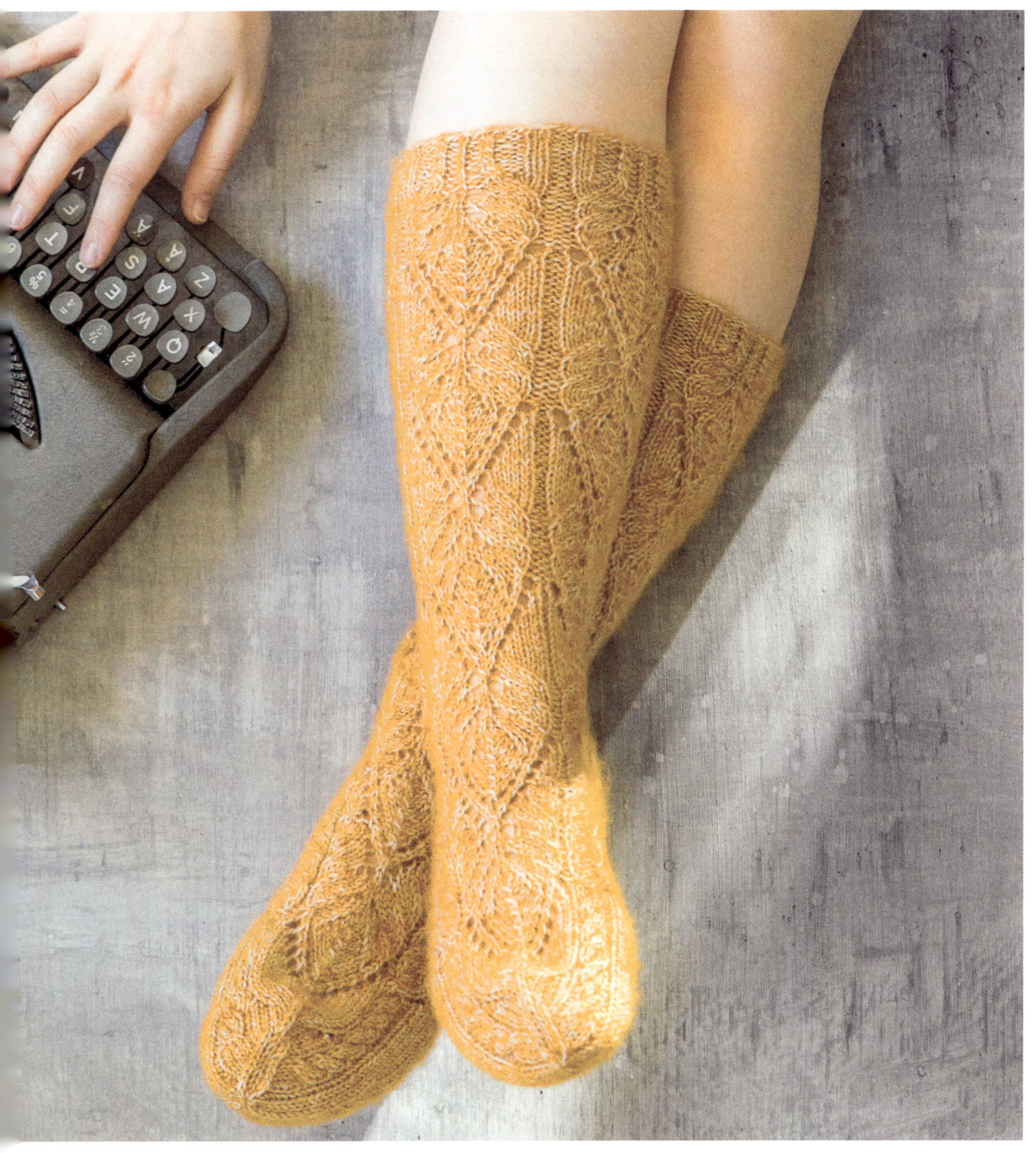

Wir sind ein Gedicht, S. 27

DÜNNE Sockengarne (ca. 380–420 m/100 g)

Austermann Step 4
Coopknits Sock Yeah!
Filcolana Arwetta Classic
Hjerte Sock 4
Lang Jawoll
Louhittaren Luola Väinämöinen
Novita Venla
Opal 4 ply
Regia 4 ply
Regia Premium Cashmere
Regia Premium Merino Yak 4 ply
Regia Premium Silk 4 ply
Vuonue Wilhelmi

MITTELDICKE Sockengarne (ca. 225–270 m/100 g)

Austermann Step 6 ply
Coop Knits Socks Yeah! DK
Gjestal Maija
Gründl Hot Socks 6 ply
Kaupunkilanka Rotvalli
Lang Jawoll 6 ply
Louhittaren Luola Väinämöinen sport
Nordia Oona
Novita Nalle
Novita Muumitalo
Opal 6 ply
Perfect Premium
Regia 6 ply
Teetee Pallas
Vuonue Pentti

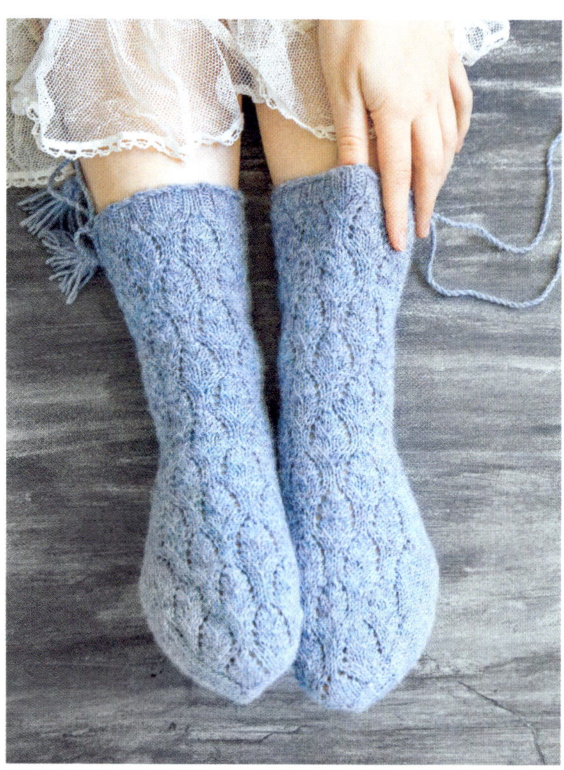

DICKE Sockengarne (ca. 200 m/100 g)

Adlibris Socki
Gjestal Janne
Kaupunkilanka Kivijalka
Lankava Ulla
Nordia Oiva
Novita 7 Veljestä
Perfect Basic
TeeTee Salla

Abkürzungen und Tipps

Diese Abkürzungen kommen in den schriftlichen Strickanleitungen vor. Im Folgenden können Sie die Bedeutung der im Text vorkommenden Abkürzungen nachschlagen. Erklärungen zu den Symbolen in den Strickschriften stehen bei der jeweiligen Strickschrift.

Hndl: Hilfsnadel

M: Masche(n)

li: links / linke Masche

LS, Rückr: linke Seite, Rückreihe

re: rechts / rechte Masche

re (li) verschr: Die Masche rechts (links) verschränkt abstricken.

RS, Hinr: rechte Seite, Hinreihe

R, Rd: Reihe, Runde

RR: Rückreihe

ssk (nach links geneigte Abnahme): 2 Maschen nacheinander abheben (wie zum Rechtsstricken). Beide abgehobenen Maschen zurück auf die linke Nadel heben und rechts verschränkt abstricken.

sssk (nach links geneigte Abnahme): 3 Maschen nacheinander wie zum Rechtsstricken abheben und rechts verschränkt zusammenstricken.

U: Umschlag

***–*:** von * bis * wiederholen.

2 M li zus: 2 Maschen links zusammenstricken.

2 M re zus: 2 Maschen rechts zusammenstricken.

3 M re verschr zus: 3 Maschen rechts verschränkt zusammenstricken.

Doppelte, zentrierte Abnahme: 2 Maschen abheben (wie beim rechts Zusammenstricken), 1 Masche rechts stricken, die abgehobenen Maschen über die gestrickte Masche ziehen. Die Mittelmasche bleibt in der Mitte.

Doppelt überzogene Abnahme: 1 Masche abheben, die 2 nächsten Maschen rechts zusammenstricken und die gestrickte Masche über die zusammengestrickten Maschen ziehen.

Abnahmerunde: Runde, in der die Abnahmen laut Anleitung gestrickt werden.

Zunahmerunde: Runde, in der die Zunahmen laut Anleitung gestrickt werden.

Zwischenrunde: Runde(n), in der weder Ab- noch Zunahmen gestrickt werden.

Verschränkt stricken: Der Umschlag auf der Nadel oder der Querfaden, der zwischen den Maschen auf die Nadel gehoben wird, wird so verdreht, dass sich der Faden kreuzt, also vor dem Rechts- oder Linksstricken eine »Masche« bildet.

Nadelverteilung: Die Nadelverteilung ist in den Strickschriften durch eine rote, vertikale Linie gekennzeichnet. Wenn die rote Farbe nicht deutlich genug erkennbar ist, wurde eine andere Farbe verwendet. Die Farben werden immer bei den Strickschriften erklärt.

Nadelreihenfolge: Bei Socken, die mit dem Nadelspiel in Runden gestrickt werden, verwendet man die 1. und 4. Nadel für den hinteren Sockenteil, Fersenwand, Käppchen und Fußsohle, die 2. und 3. Nadel entsprechend für den vorderen Sockenteil und die Fußoberseite, falls nichts anderes angegeben ist. Der Rundenbeginn liegt zwischen der 1. und 4. Nadel. Zusätzlich ist in der Anleitung angegeben, wo sich dieser befindet, z.B. in der rückwärtigen Mitte oder an der Seite der Socke.

Glatt rechts in Runden: In jeder Runde rechte Maschen stricken.

In Runden stricken: Mit einer Rundstricknadel oder einem Nadelspiel in Runden stricken, ohne die Arbeit zu wenden.

In Reihen stricken: Hin und zurück stricken und die Arbeit nach jeder Reihe wenden. Jede Reihe wird also abwechselnd von der rechten Seite der Arbeit (Hinr) und von der linken Seite der Arbeit (Rückr) gestrickt (z.B. die Fersenwand).

Keine Masche: Bezeichnet eine Masche, die abgenommen wurde. Es ist ein in den Strickschriften häufig vorkommendes, dunkelgraues Kästchen, das in der jeweiligen Runde keine Entsprechung hat, jedoch aus technischen Gründen angegeben werden muss. Solche »Keine Masche«-Kästchen treten z.B. in den Strickschriften für die Spitzenabnahmen oder die Zwickelabnahmen, sowie vereinzelt in einigen Runden bei Spitzenmustern auf. In all diesen Fällen ignorieren Sie diese Kästchen einfach und gehen zum Symbol im nächsten Kästchen über.

Graue Farbe: Bei den Strickschriften ist die graue Farbe als Hintergrund eines Symbols nur von Bedeutung, um das Muster besser darzustellen. In diesem Buch erscheinen grau getönte Karos oft bei den Maschen, die rechts verschränkt abgestrickt werden.

Abweichende Farbe in der Strickschrift: Dies soll auf die betreffende Stelle in der Strickschrift und auf die Überprüfung im Text aufmerksam machen. Manchmal kann es vorkommen, dass dasselbe Symbol zwei verschiedene Bedeutungen hat und unterschiedliche Farben nötig sind, um sie zu unterscheiden.

Immer eine Maschenprobe stricken! Wenn Sie das in der Anleitung genannte Garn zum ersten Mal verwenden oder unsicher sind, ob die Socken die gewünschte Größe haben werden, stricken Sie eine Probe und zählen Sie die Maschen auf einer Fläche von 10 cm x 10 cm. Die Strickfestigkeit ist individuell und wird nicht nur durch das verwendete Garn, sondern auch durch die Nadelgröße beeinflusst. Eine höhere (kleinere) Strickfestigkeit als in der Anleitung angegeben bedeutet, dass die Socken kleiner (größer) ausfallen. Diese Regel gilt auch für das Ändern der Größe. Wenn Ihnen die Socken einer Anleitung etwas zu eng oder zu weit sind, versuchen Sie es damit, sie mit einer kleineren oder größeren Nadelstärke zu stricken.

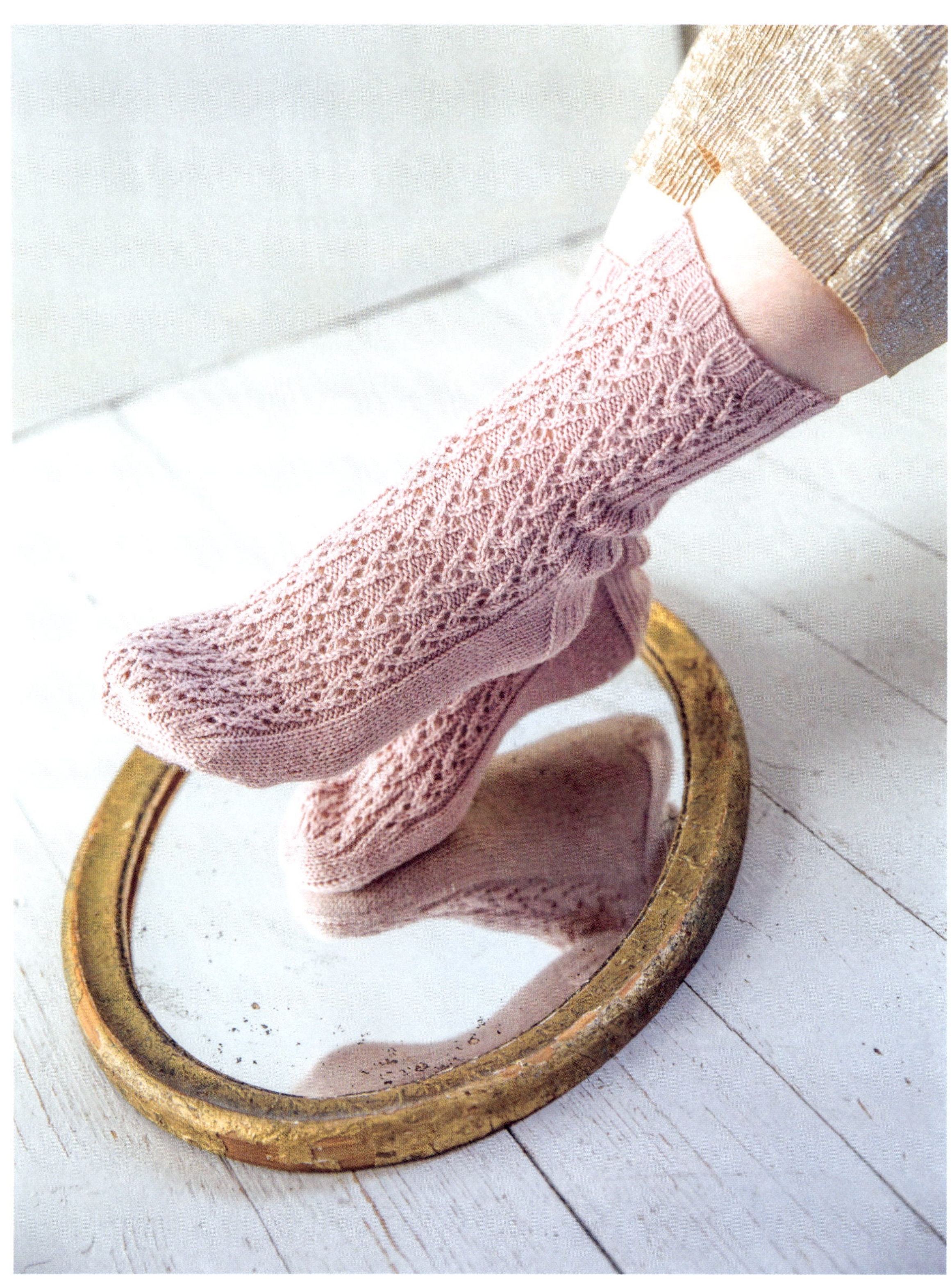

ANLEITUNGEN

Dünne Garne

(400–420 m/100 g)

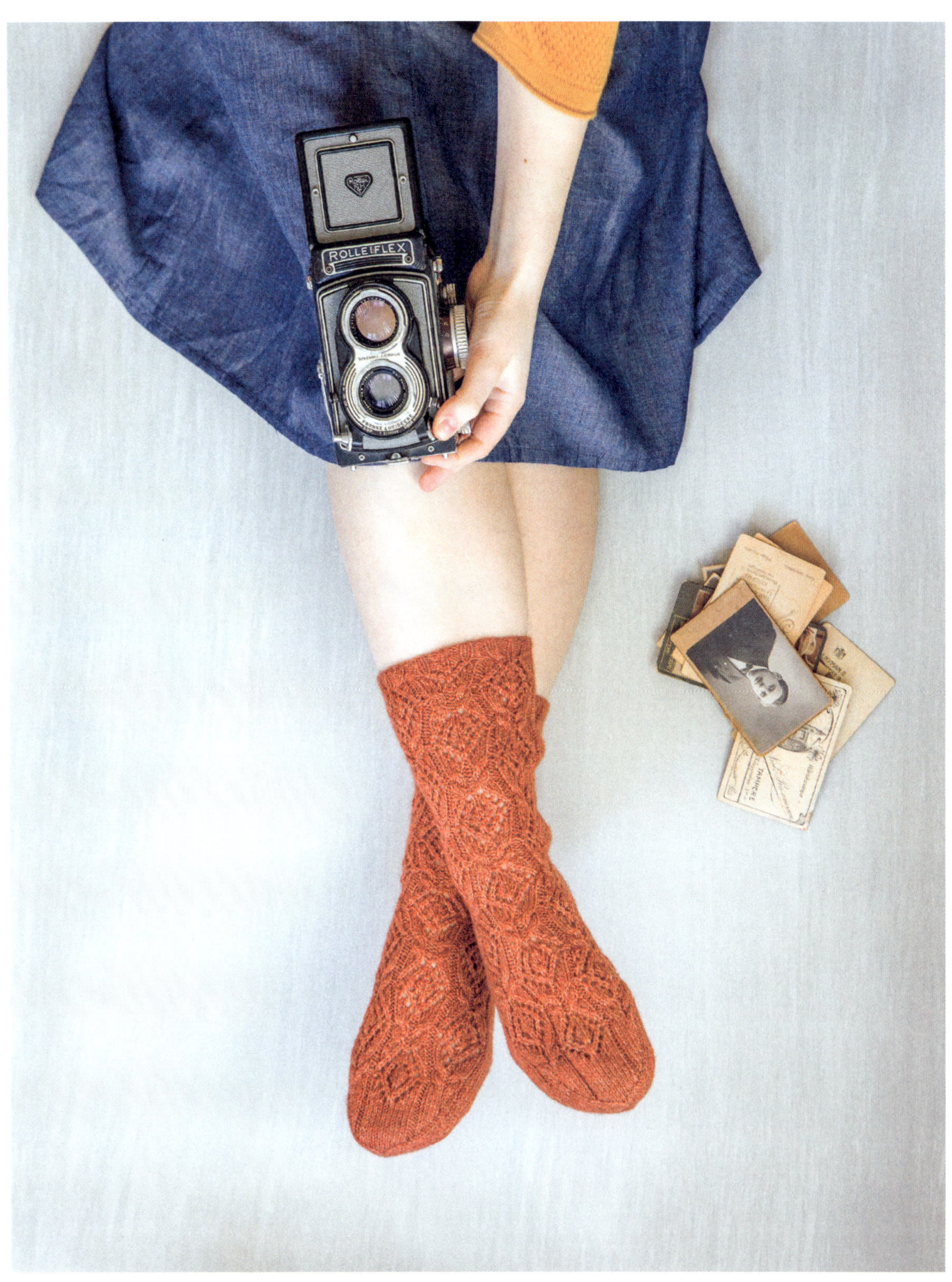
ROLLEIFLEX

Maschenprobe:
28 M und 40 R glatt rechts = 10 cm x 10 cm

Nadeln: Nadelspiel 2 mm und 2,5 mm oder nach Strickfestigkeit, Hilfsnadel

Größe: 38/39

Garn: Regia Premium Merino Yak (58 % Wolle, 28 % Polyamid, 14 % Yak, 400 m/100 g), Farbe: Pfirsich meliert (7506), 80 g

Als du mich angeschaut hast

Bei diesem Modell war es Liebe auf den ersten Blick. Das Garn ist eines meiner Lieblingsgarne, das Yakwolle enthält. Diese Socken bleiben lange schön, sind kuschelig warm und ernten viele bewundernde Blicke.

Anleitung

SCHAFT

Mit den dünneren Nadeln 65 M (16-17-16-16) anschlagen. Der Rundenbeginn liegt zwischen der 4. und der 1. Nadel in der rückwärtigen Mitte. In Runden laut Strickschrift A stricken, in der 8. Runde zu den stärkeren Nadeln wechseln. Alle Runden stricken.

FERSE

Die M der 1. Nadel re auf die 4. Nadel stricken = 32 M. Die übrigen M ruhen. Die Arbeit wenden. Verstärkte Ferse:

1. R (Rückr): Die 1. M abheben, die übrigen M links stricken.

2. R (Hinr): *1 M abheben, 1 M re*, von * bis * bis R-Ende wiederholen.

Diese 2 R abwechselnd wiederholen, bis 32 R plus 1 Rückr gestrickt sind.

Als du mich angeschaut hast

Strickschrift A

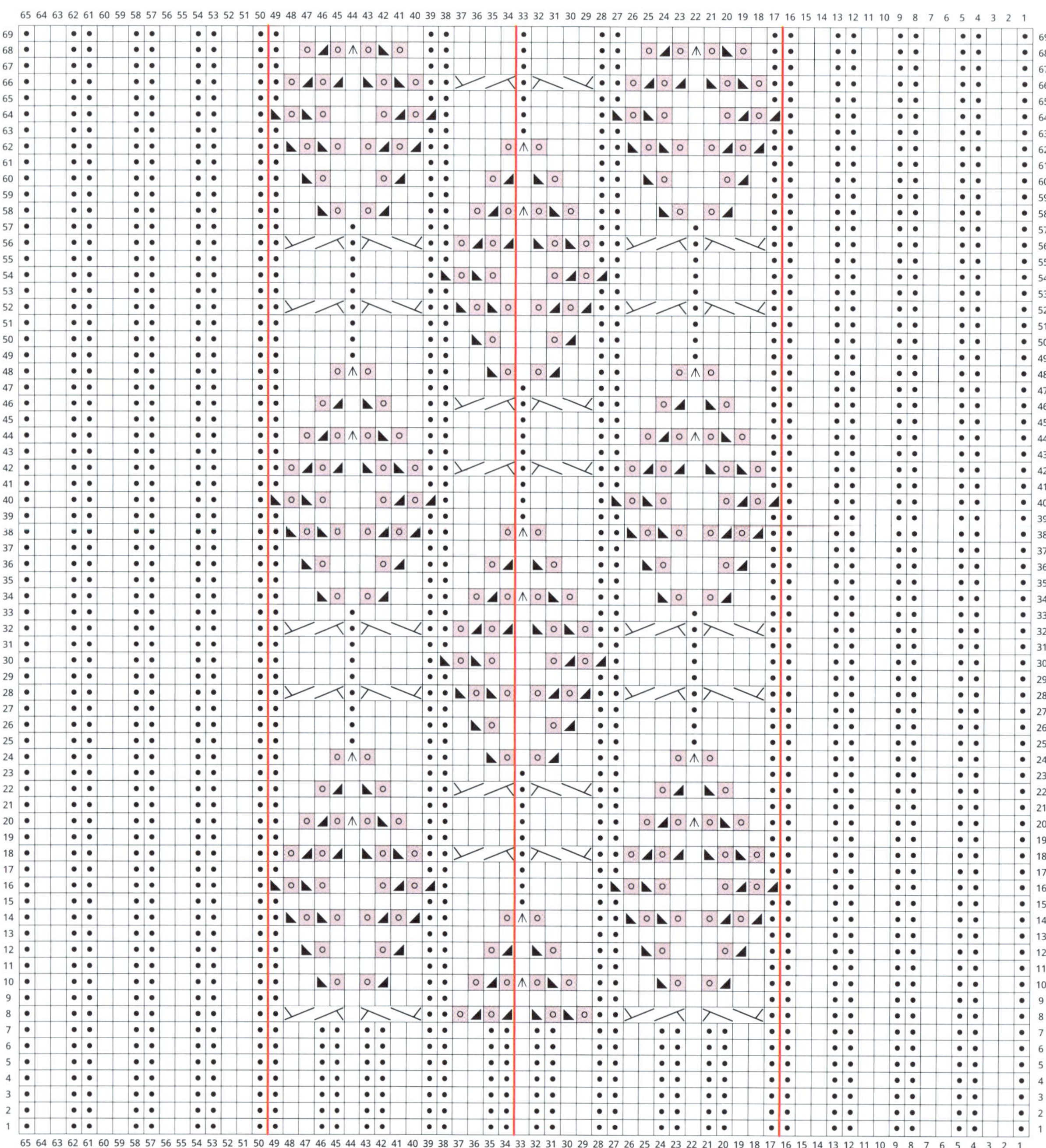

KÄPPCHENABNAHMEN

Die Arbeit wenden. Vom rechten Rand beginnend verstärkt stricken, bis 13 M übrig sind, 2 M re verschr zus, wenden (11 Seitenmaschen übrig).

Die 1. M abheben, li stricken, bis 13 M übrig sind, 2 M li zus, wenden (11 Seitenmaschen übrig).

Die 1. M abheben, weiterhin verstärkt stricken, bis 12 M übrig sind, 2 M re verschr zus, wenden (10 Seitenmaschen übrig).

Die 1. M abheben, li stricken, bis 12 M übrig sind, 2 M li zus, wenden (10 Seitenmaschen übrig).

So fortfahren, bis nur noch die mittleren 8 M übrig sind = Fersenkäppchen.

Davon 4 M re auf die freie Nadel = 4. Nadel stricken. Der Faden liegt nun auf der rechten Seite der Arbeit in der Fersenmitte am Rundenbeginn.

ZWICKELABNAHMEN

Die übrigen Käppchenmaschen re auf die 2. freie Nadel stricken und aus dem linken Fersenrand 16+1 M aufnehmen. Die 2. und 3. Nadel laut Strickschrift B, 1. Rd, stricken, aus dem rechten Fersenrand 16+1 M aufnehmen und die 4 Käppchenmaschen re stricken = 21-17-16-21 M. Mit den Zwickelabnahmen beginnen:

1. Rd: Die 1. Nadel re stricken, bis noch 2 M übrig sind, 2 M re zus. Mit der 2. und 3. Nadel laut Strickschrift B arbeiten. Mit der 4. Nadel eine nach links geneigte Abnahme, die übrigen M re stricken.

2. Rd: Weiter im Muster, dabei keine Zwickelabnahmen stricken.

Diese 2 Rd fortlaufend wiederholen, bis 16-17-16-16 M übrig sind.

Strickschrift B

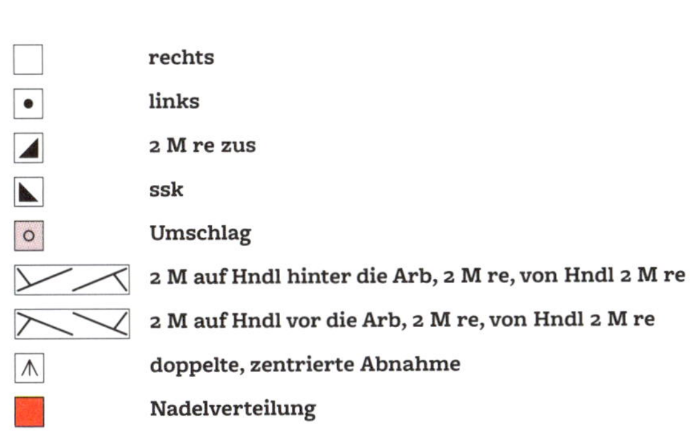

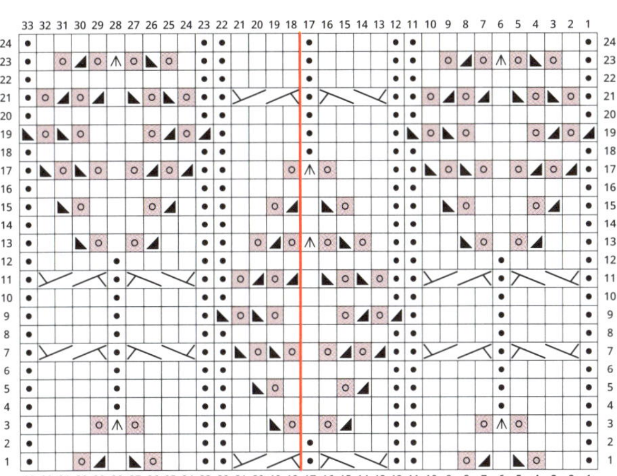

Als du mich angeschaut hast

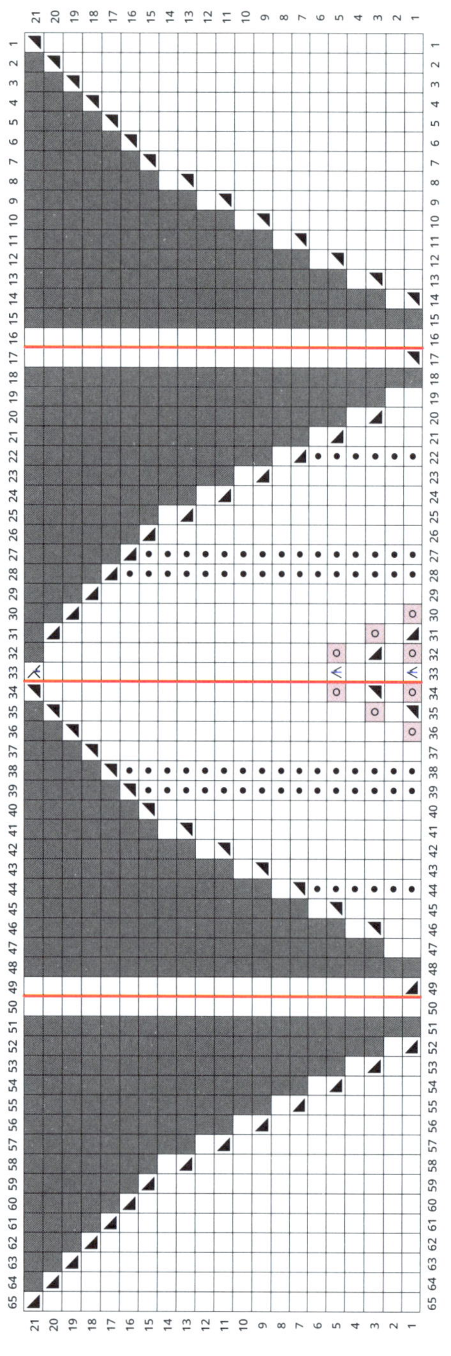

FUSS UND SPITZENABNAHMEN

Mit der 1. und 4. Nadel weiter glatt rechts und mit der 2. und 3. Nadel nach Strickschrift B stricken: zweimal die 1.–24. Rd, danach noch die 1.–12. Rd. Die Spitzenabnahmen laut Strickschrift C stricken = 2-2-2-2 M. Den Faden abschneiden, fest durch die restlichen M ziehen und die Spitze schließen.

FERTIGSTELLEN

Alle Fadenenden auf der linken Seite der Arbeit vernähen. Die Socken leicht dämpfen oder gemäß den Anweisungen des Garnherstellers behandeln.

Strickschrift C

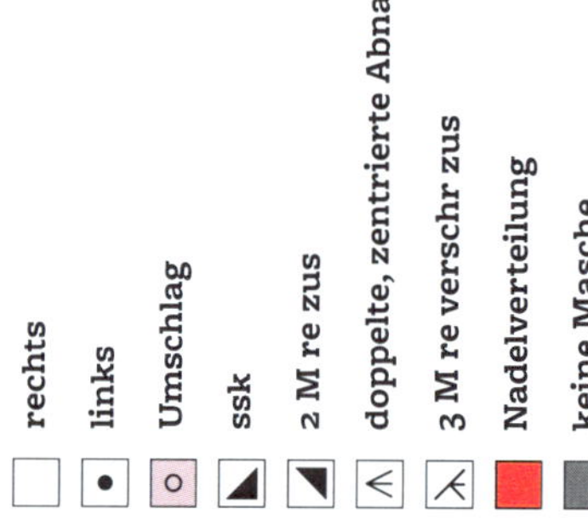

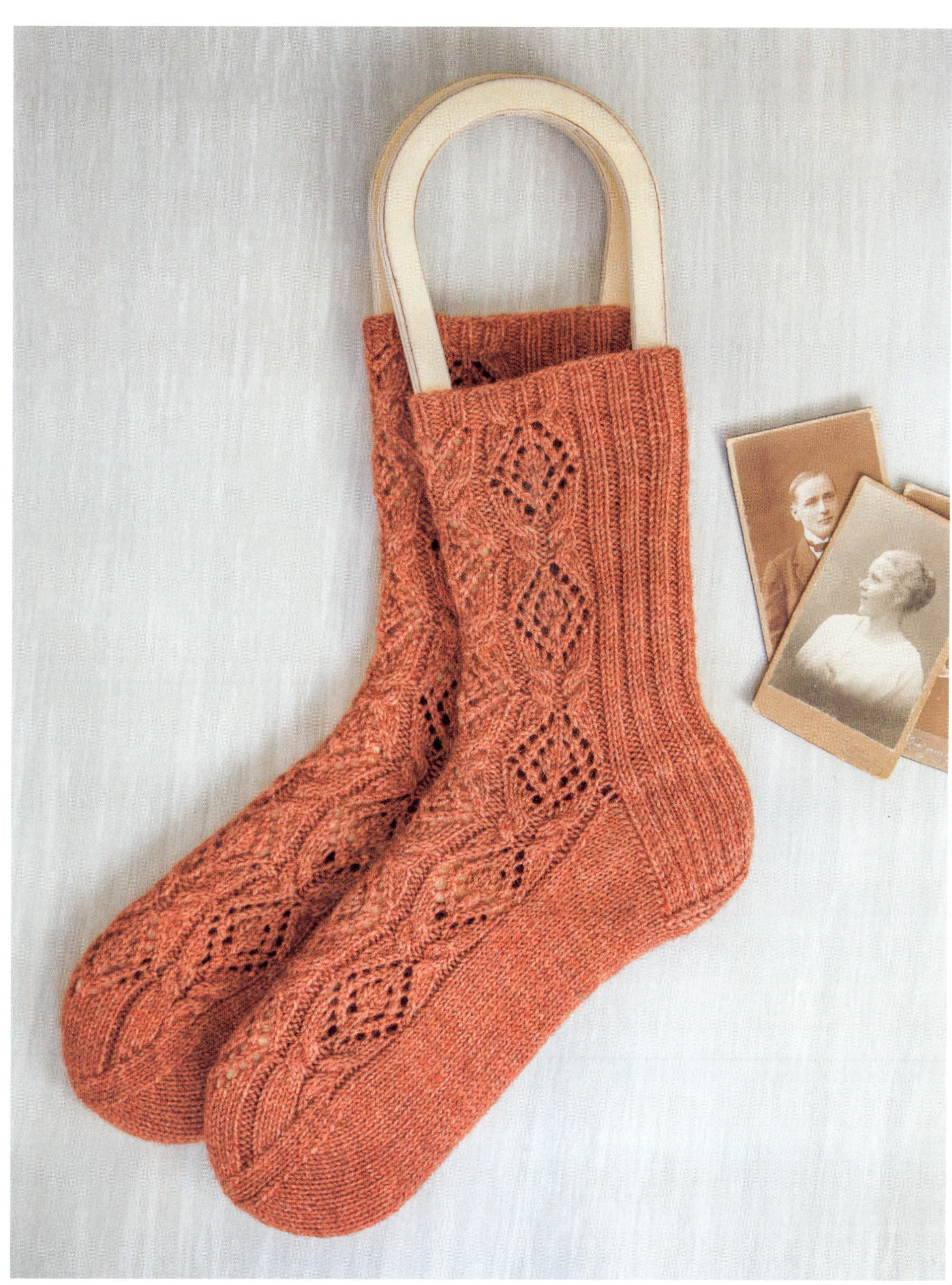

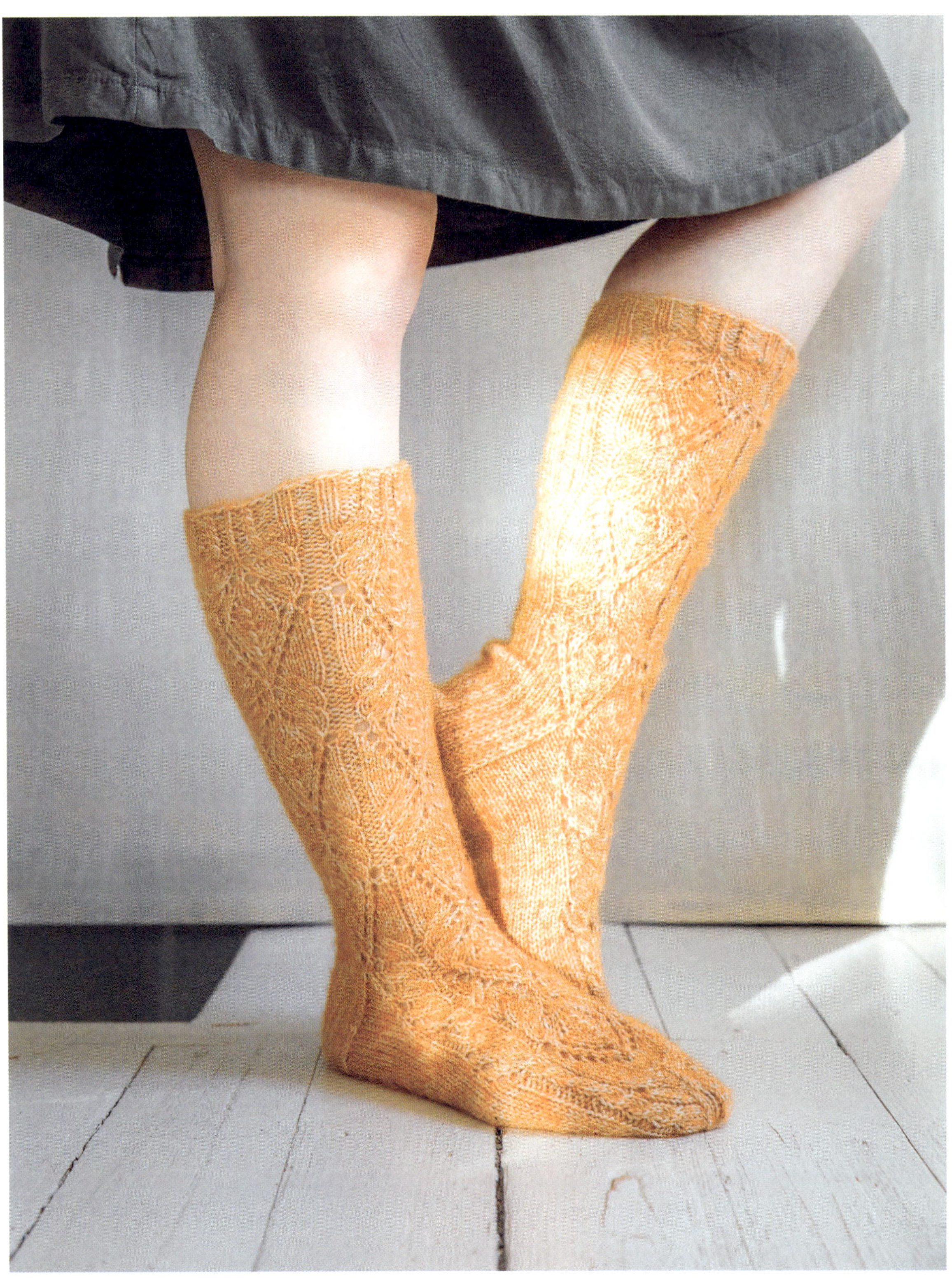

Maschenprobe: 32 M und 38 R glatt rechts = 10 cm x 10 cm

Nadeln: Nadelspiel 2,75 mm oder nach Strickfestigkeit, Hilfsnadel

Größe: 38

Garn: Regia Premium Alpaca Soft (62 % Merinowolle, 22 % Polyamid, 15 % Babyalpaka, 310 m/100 g), Farbe: Gold meliert (040), 110 g

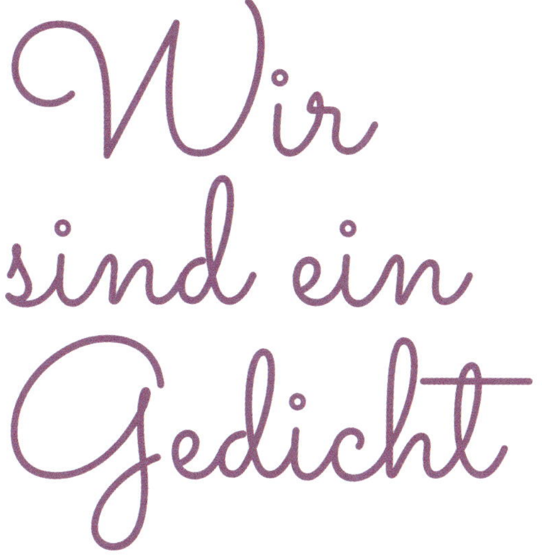

Das schöne, goldfarbene und flauschige Modell aus einer Mischung aus Alpaka und Merinowolle ist richtig luftig und leicht. Die Socken bedecken etwa die Hälfte des Unterschenkels, können aber auch problemlos als Kniestrümpfe gearbeitet werden. Den aus Alpaca Soft gestrickten Socken können Sie durch leichtes Bürsten mit einer weichen Bürste den letzten Schliff geben.

Anleitung

SCHAFT

Mit dem Nadelspiel 67 M (17-17-17-16) anschlagen. Der Rundenbeginn liegt zwischen der 4. und der 1. Nadel in der rückwärtigen Mitte. Alle Rd laut Strickschrift A stricken. ACHTUNG: Am Ende der Nadel die doppelten, zentrierten Abnahmen und die doppelt überzogenen Abnahmen auf beiden Seiten der Nadelverteilung stricken, damit die Verteilung, wie in der Strickschrift angegeben, erhalten bleibt. Wenn alle Rd der Strickschrift gestrickt sind, liegen 15-16-15-15 M auf den Nadeln.

FERSE

Die M der 1. Nadel re auf die 4. Nadel stricken = 30 M. Die übrigen M ruhen. Arbeit wenden. Verstärkte Ferse:

1. R (Rückr): Die 1. M abheben, die übrigen M links stricken.

2. R (Hinr): *1 M abheben, 1 M re*, von * bis * bis R-Ende wiederholen.

Diese 2 R abwechselnd wiederholen, bis 30 R plus 1 RR gestrickt sind.

Wir sind ein Gedicht

KÄPPCHENABNAHMEN

Die Arbeit wenden. Vom rechten Rand beginnend verstärkt stricken, bis 11 M übrig sind, 2 M re verschr zus, wenden (9 Seitenmaschen übrig).

Die 1. M abheben, li stricken, bis 11 M übrig sind, 2 M li zus, wenden (9 Seitenmaschen übrig).

Die 1. M abheben, weiterhin verstärkt stricken, bis 10 M übrig sind, 2 M re verschr zus, wenden (8 Seitenmaschen übrig).

Die 1. M abheben, li stricken, bis 10 M übrig sind, 2 M li zus, wenden (8 Seitenmaschen übrig).

So fortfahren, bis nur noch die mittleren 10 M übrig sind = Fersenkäppchen. Davon 5 M re auf die freie Nadel = 4. Nadel stricken. Der Faden liegt nun auf der rechten Seite der Arbeit in der Fersenmitte am Rundenbeginn.

ZWICKELABNAHMEN

Mit der 1. Rd laut Strickschrift B beginnen.
5 Käppchenmaschen re auf die 2. freie Nadel stricken und aus dem linken Fersenrand 15+1 M aufnehmen, mit der 2. und 3. Nadel die 1. Rd laut Strickschrift B stricken und aus dem rechten Fersenrand 15+1 M aufnehmen und die 5 Käppchenmaschen re stricken = 21-16-15-21 M. Die Zwickelabnahmen fertig stricken = 15-16-15-15 M.

FUSS UND SPITZENABNAHMEN

Den Fuß weiter laut Strickschrift B arbeiten. Wenn die Arbeit den kleinen Zeh bedeckt und zuletzt die 52. Rd gestrickt wurde, zu Strickschrift C wechseln und die Spitze stricken. Den Faden abschneiden, fest durch die restlichen Maschen ziehen und die Spitze schließen.

FERTIGSTELLEN

Alle Fadenenden auf der linken Seite der Arbeit vernähen. Die Socken leicht dämpfen oder gemäß den Anweisungen des Garnherstellers behandeln.

Strickschrift A

□	**rechts**
•	**links**
♀	**re verschr**
o	**Umschlag**
◣	**ssk**
◢	**2 M re zus**
⋋	**doppelt überzogene Abnahme**
⤫	**1 M auf Hndl vor die Arbeit, 1 M re, von Hndl 1 M re**
⋀	**doppelte, zentrierte Abnahme**
⊿	**2 M li zus**
(rot)	**Nadelverteilung**
(grau)	**keine Masche**

ACHTUNG! Die doppelten zentrierten Abnahmen und die doppelt überzogenen Abnahmen am Ende der Nadel auf beiden Seiten der Nadelverteilung stricken.

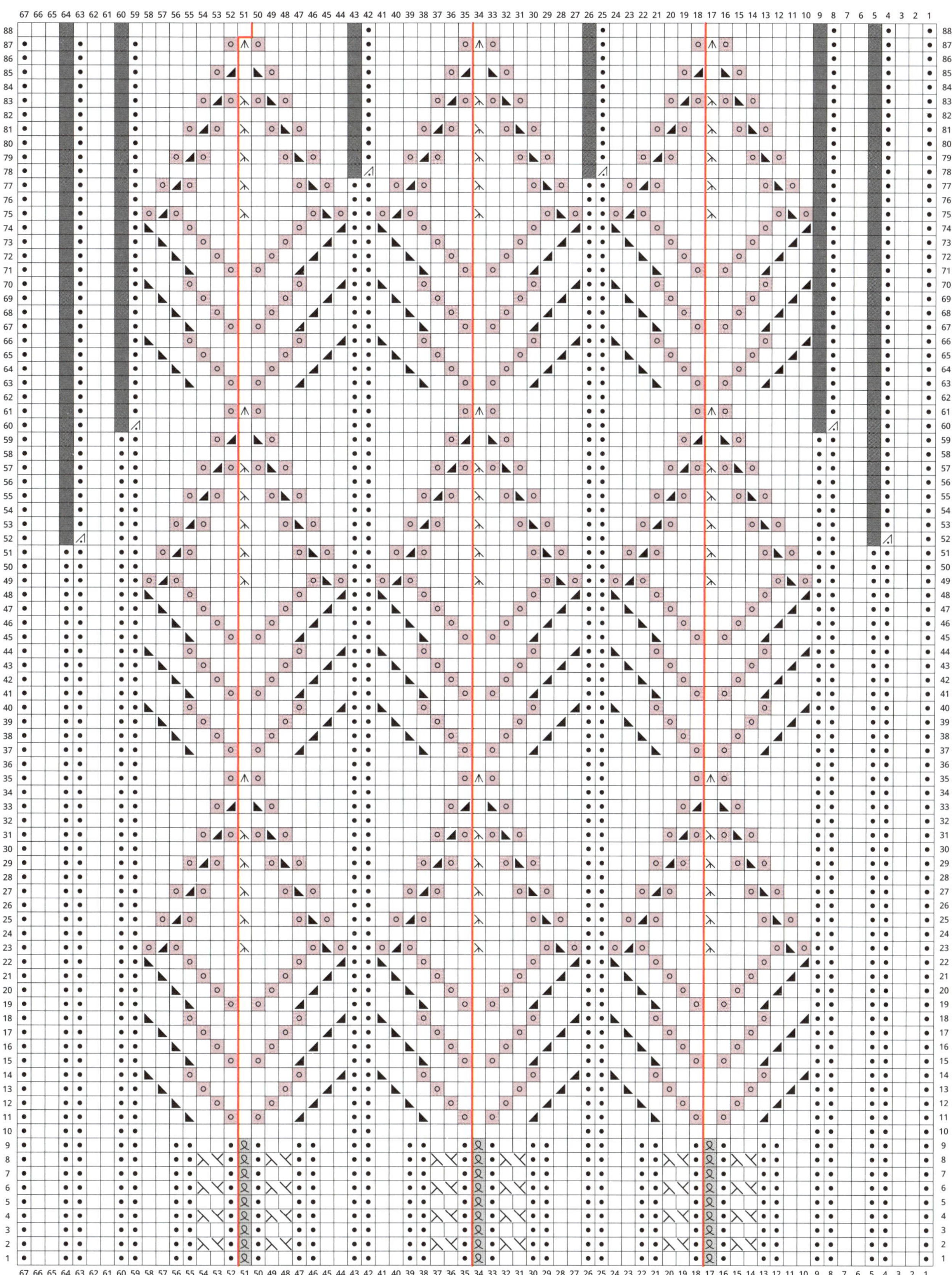

Strickschrift B

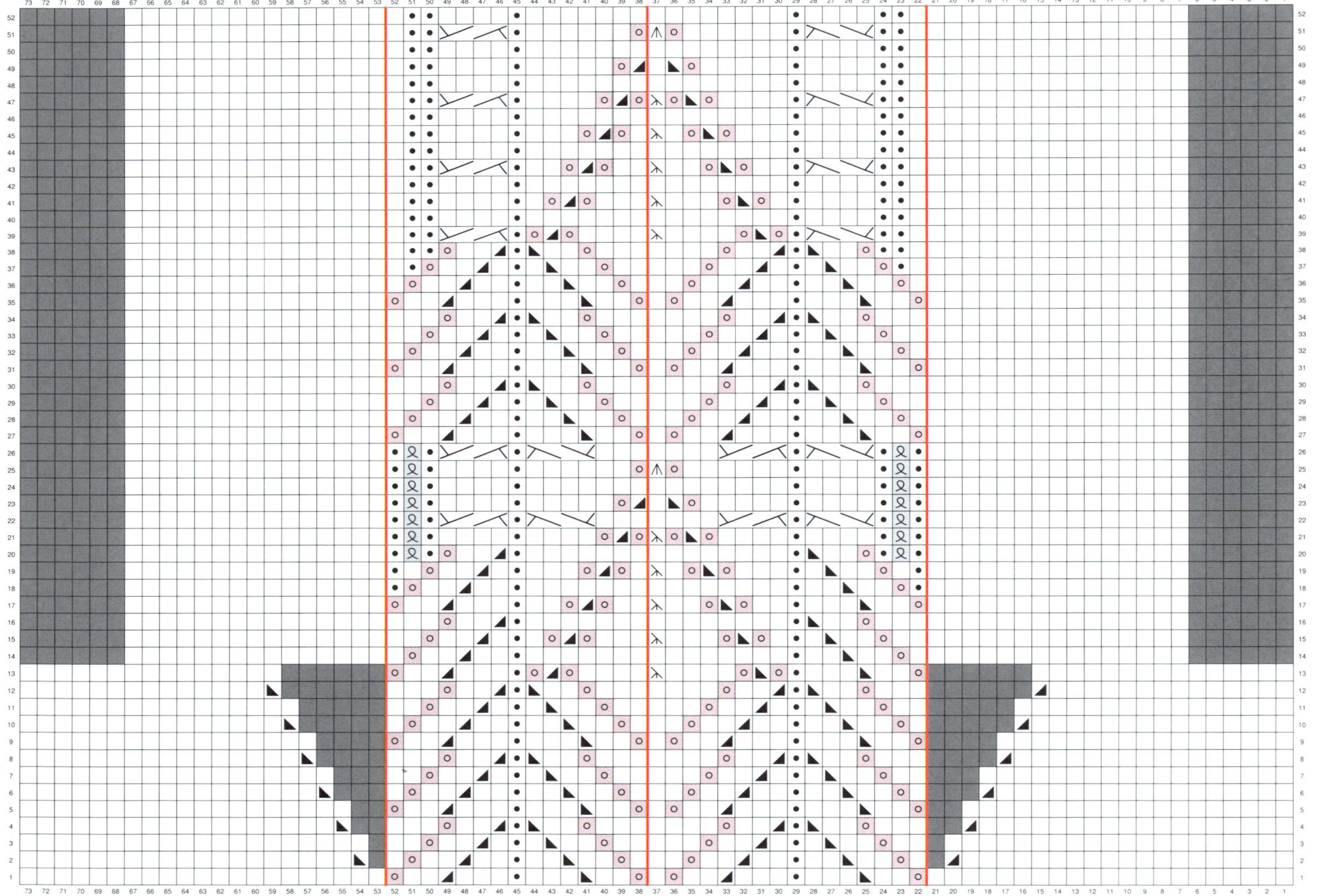

Strickschrift C

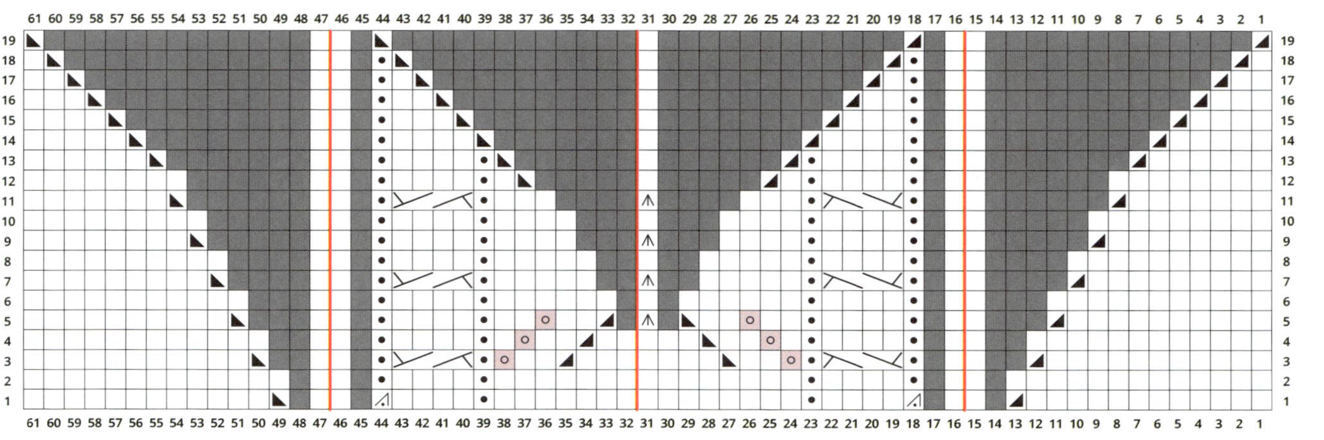

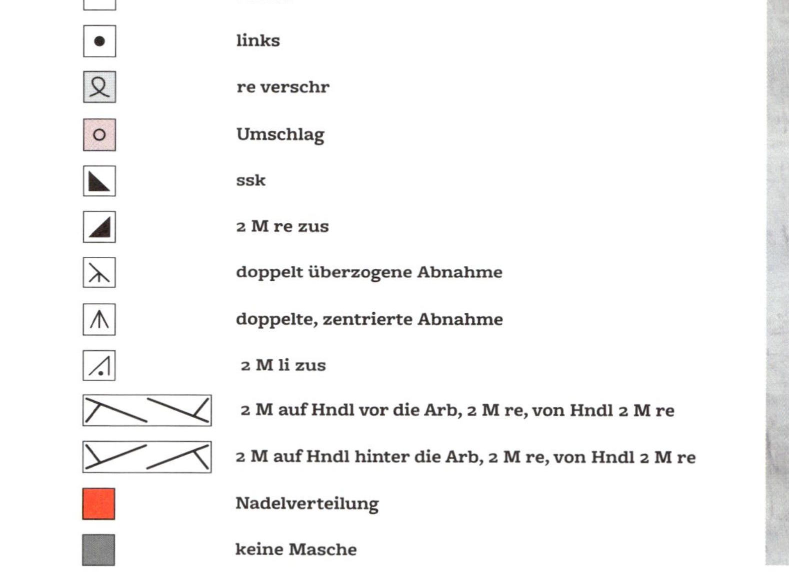

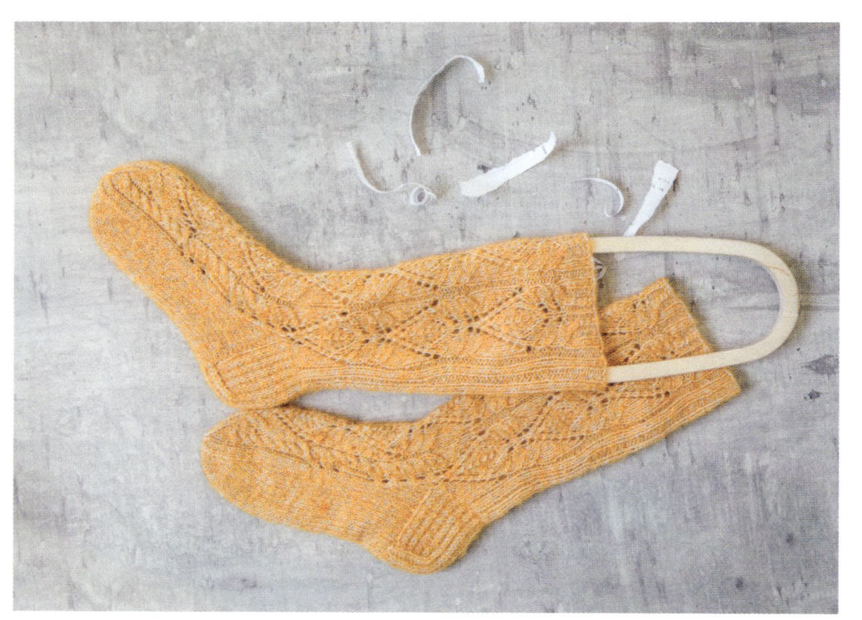

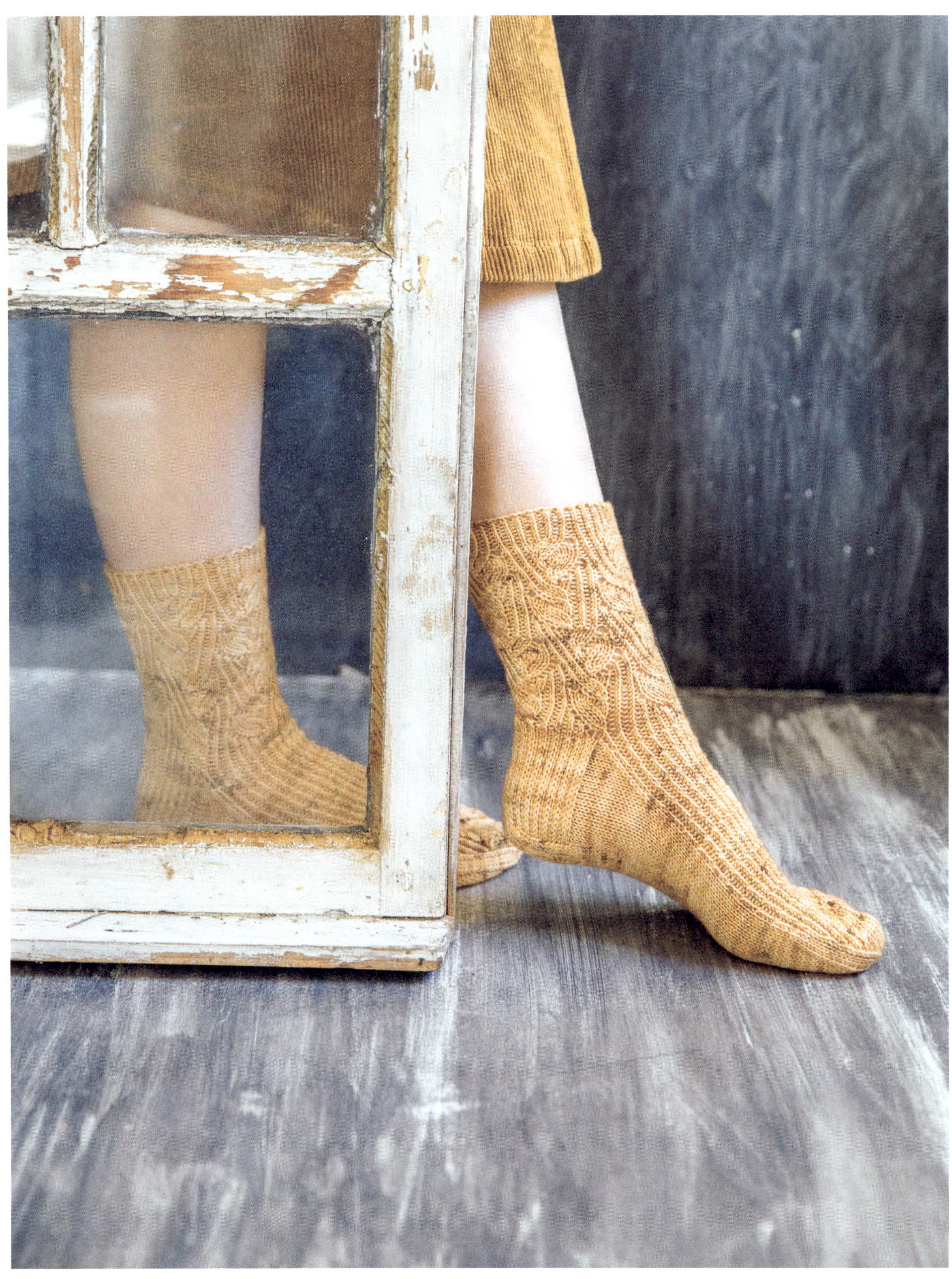

Maschenprobe: 30 M und 41 R glatt rechts = 10 cm x 10 cm

Nadeln: Nadelspiel 2,5 mm oder nach Strickfestigkeit

Größe: 38

Garn: Uschitita Merino Sock (75 % Merino Superwash, 25 % Polyamid, 425 m /100 g), Farbe: Silence, 100 g

Goldflügel

Wie goldene Flügelschläge wirkt das Muster auf dem Schaft, das am Fußrücken in ein anderes übergeht. Die Länge lässt sich leicht an den eigenen Fuß anpassen.

Anleitung

SCHAFT

Mit dem Nadelspiel 72 M (18-18-18-18) anschlagen. Der Rundenbeginn liegt zwischen der 4. und der 1. Nadel in der rückwärtigen Mitte. Für das Bündchen 8 Rd stricken: 1 M re verschr, 1 M li im Wechsel. Die M laut Strickschrift A verteilen, die Rd 1–48 stricken. Die Nadelverteilung ändert sich im Laufe der Arbeit, bitte vor der Ferse kontrollieren: 18-18-18-18 M.

FERSE

Die M der 1. Nadel re auf die 4. Nadel stricken = 36 M. Die übrigen M ruhen. Arbeit wenden. Verstärkte Ferse:

1. R (Rückr): Die 1. M abheben, die übrigen M links stricken.

2. R (Hinr): *1 M abheben, 1 M re*, von * bis * bis R-Ende wiederholen.

Diese 2 R abwechselnd wdh, bis 36 R plus 1 Rückr gestrickt sind.

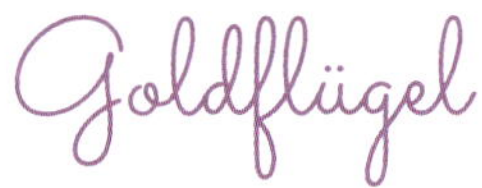

KÄPPCHENABNAHMEN

Die Arbeit wenden. Vom rechten Rand beginnend verstärkt stricken, bis 13 M übrig sind, 2 M re verschr zus, wenden (11 Seitenmaschen übrig).
Die 1. M abheben, li stricken, bis 13 M übrig sind, 2 M li zus, wenden (11 Seitenmaschen übrig).
Die 1. M abheben, weiterhin verstärkt stricken, bis 12 M übrig sind, 2 M re verschr zus, wenden (10 Seitenmaschen übrig).
Die 1. M abheben, li stricken, bis 12 M übrig sind, 2 M li zus, wenden (10 Seitenmaschen übrig).
So fortfahren, bis nur noch die mittleren 12 M übrig sind = Fersenkäppchen. Davon 6 M re auf die freie Nadel = 4. Nadel stricken. Der Faden liegt nun auf der rechten Seite der Arbeit in der Fersenmitte am Rundenbeginn.

ZWICKELABNAHMEN

Die übrigen Käppchenmaschen re auf die 2. freie Nadel stricken und aus dem linken Fersenrand 18+1 M aufnehmen. Die 2. und 3. Nadel laut Strickschrift B1 arbeiten, am Ende der 3. Nadel 1 M abnehmen, aus dem rechten Fersenrand 18+1 M aufnehmen und die 6 Käppchenmaschen re stricken = 25-18-17-25 M. Mit den Zwickelabnahmen beginnen:

1. Rd: Die 1. Nadel re stricken, bis 2 M übrig sind, 2 M re zus. Mit der 2. und 3. Nadel laut Strickschrift B, 1. Rd, arbeiten: zunächst Rd 2–10, dann Rd 6–10 wdh. Mit der 4. Nadel eine links geneigte Abnahme und die übrigen M re stricken.

2. Rd: Weiter im Muster, dabei keine Zwickelabnahmen stricken.

Diese zwei Rd fortlaufend wiederholen, bis 17-18-17-17 M übrig sind.

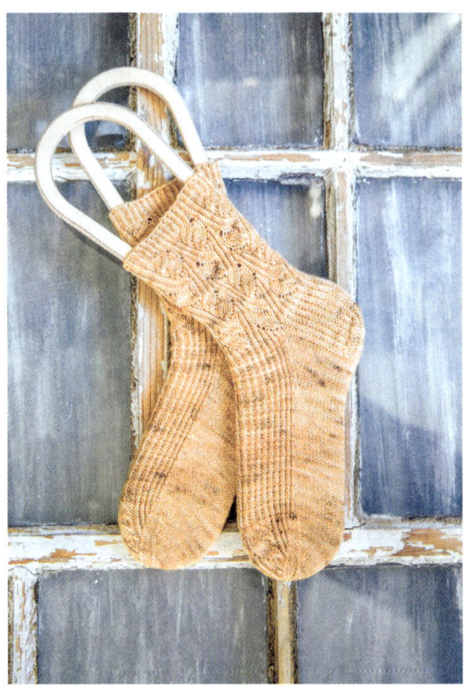

Fuß und Spitzenabnahmen: Mit der 1. und 4. Nadel weiter glatt rechts und mit der 2. und 3. Nadel Rd 6–10 laut Strickschrift arbeiten, bis der kleine Zeh bedeckt ist und zuletzt die 6. Rd gestrickt wurde. Die Spitzenabnahmen laut Strickschrift C stricken. Den Faden abschneiden, fest durch die restlichen Maschen ziehen und die Spitze schließen.

FERTIGSTELLEN

Alle Fadenenden auf der linken Seite der Arbeit vernähen. Die Socken leicht dämpfen oder gemäß den Anweisungen des Garnherstellers behandeln.

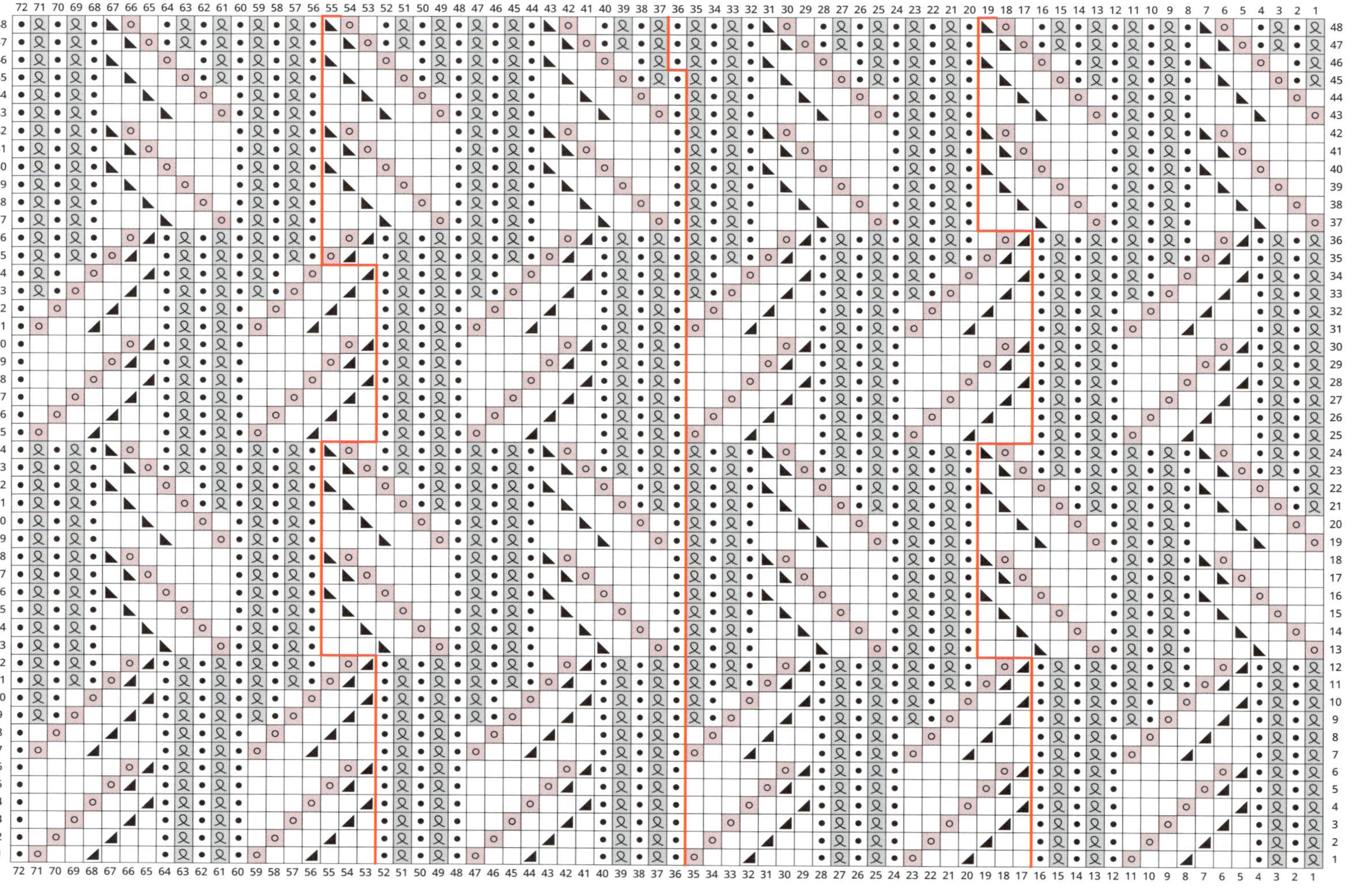

Strickschrift A

- rechts
- links
- re verschr
- Umschlag
- ssk
- M re zus
- Nadelverteilung

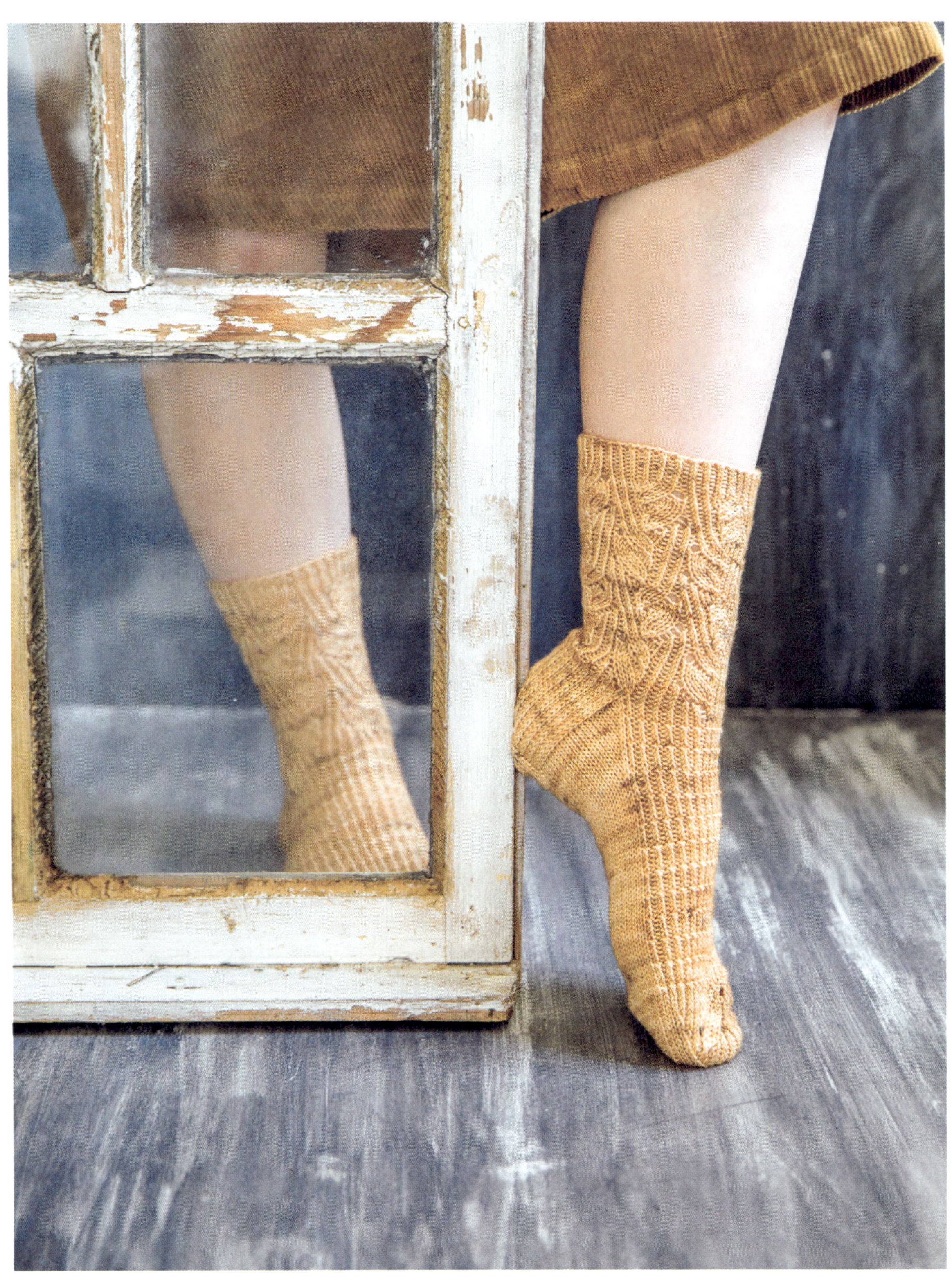

Strickschrift B

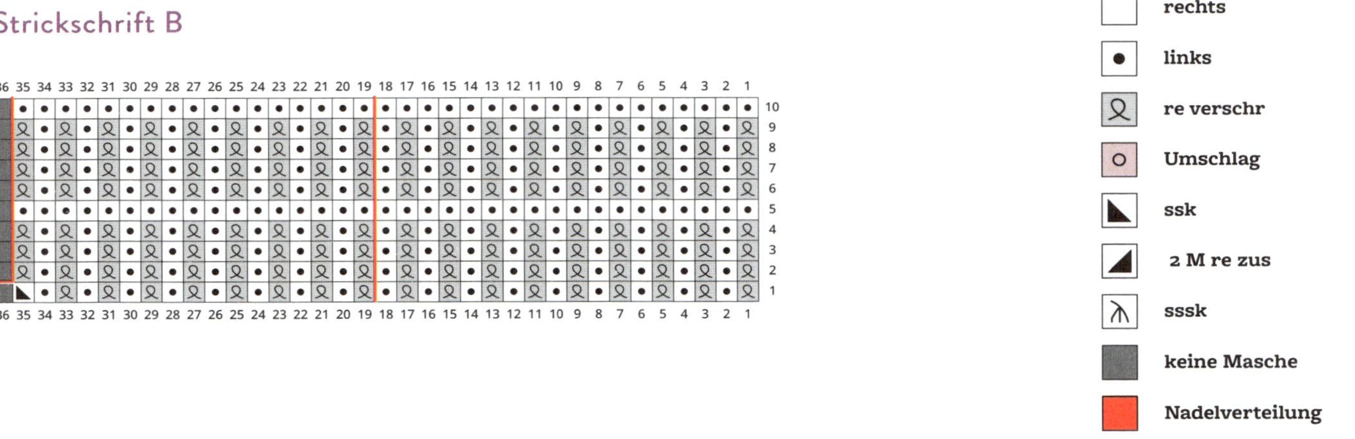

- rechts
- links
- re verschr
- Umschlag
- ssk
- 2 M re zus
- sssk
- keine Masche
- Nadelverteilung

Strickschrift C

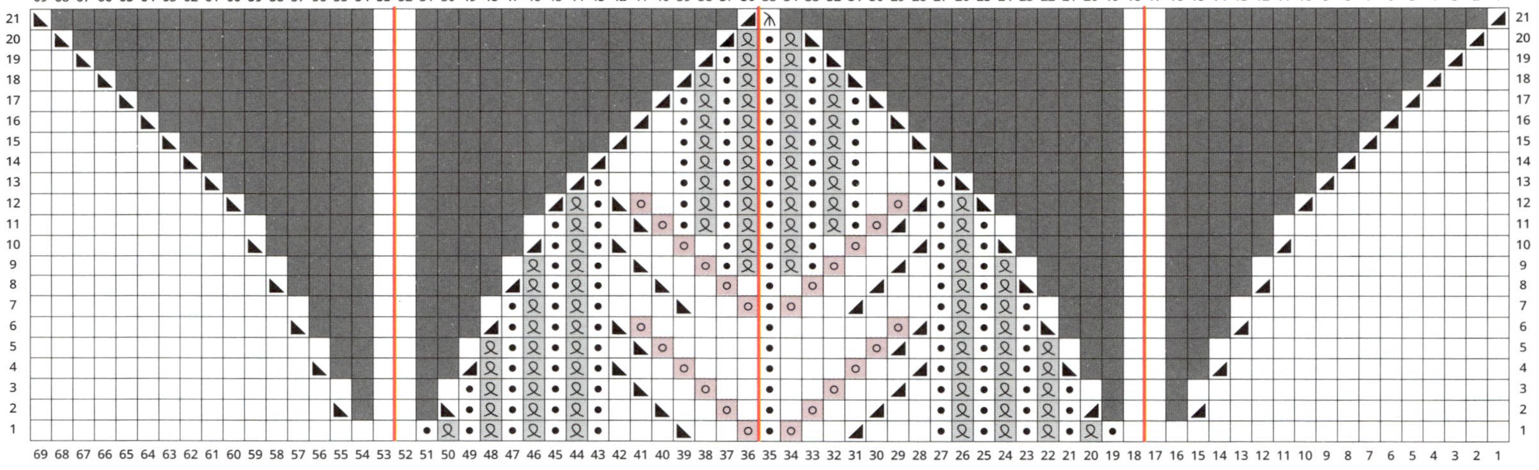

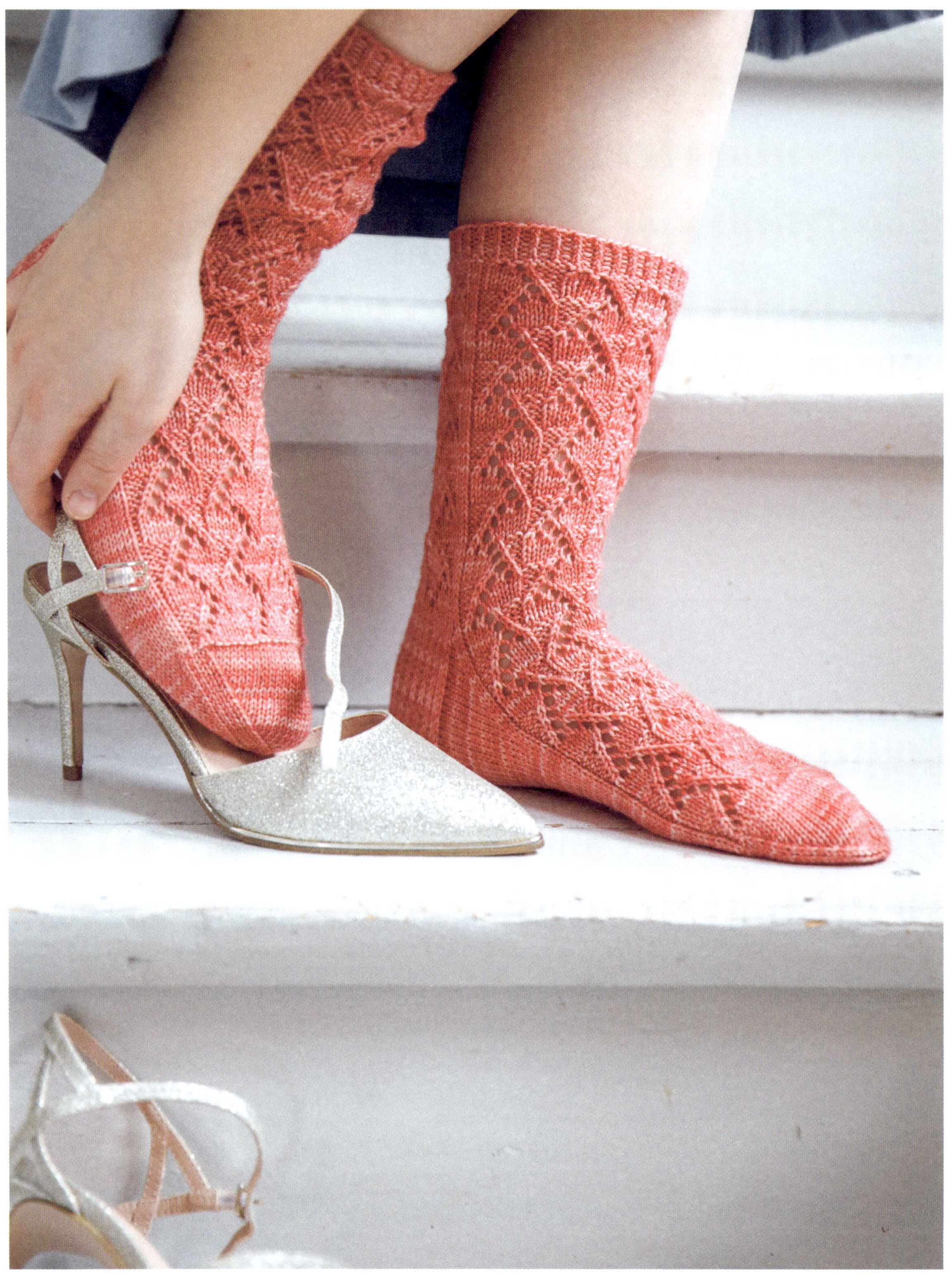

Maschenprobe: 34 M und 40 R glatt rechts 10 cm x 10 cm

Nadeln: Nadelspiel 2,5 mm oder nach Strickfestigkeit

Größe: 38

Garn: Nurja Merino Sock (75 % Merino, 25 % Polyamid, 420 m/100 g), Farbe: Morganit, 100 g

Sommerwalzer

Aus dünnem Garn entstehen diese leichten Socken für den Sommer, in denen sich sogar wunderbar Walzer tanzen lässt.

Anleitung

SCHAFT

Mit dem Nadelspiel 72 M (18-18-18-18) anschlagen. Der Rundenbeginn liegt zwischen der 4. und der 1. Nadel an der linken Seite des Schafts. Für das Bündchen 6 Rd stricken: 1 M re verschr, 1 M li im Wechsel. Noch 1 Rd li und weiter laut Strickschrift mit der 1. und 2. sowie mit der 3. und 4. Nadel, Rd 1–12 insg. 5-mal stricken = 60 Rd.

FERSE

Die M der 1. und 2. Nadel re auf dieselbe Nadel stricken = 36 M. Die übrigen M ruhen. Arbeit wenden.

Verstärkte Ferse:

1. R (Rückr): Die 1. M abheben, die übrigen M links stricken.

2. R (Hinr): *1 M abheben, 1 M re*, von * bis * bis R-Ende wiederholen.

Diese 2 R fortlaufend wiederholen, bis 36 R plus 1 Rückr gestrickt sind.

Sommerwalzer

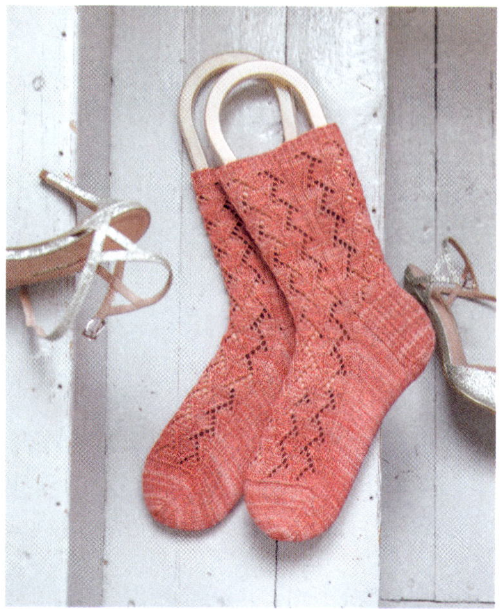

KÄPPCHENABNAHMEN

Die Arbeit wenden. Vom rechten Rand beginnend verstärkt stricken, bis 13 M übrig sind, 2 M re verschr zus, wenden (11 Seitenmaschen übrig).

Die 1. M abheben, li stricken, bis 13 M übrig sind, 2 M li zus, wenden (11 Seitenmaschen übrig).

Die 1. M abheben, weiterhin verstärkt stricken, bis 12 M übrig sind, 2 M re verschr zus, wenden (10 Seitenmaschen übrig).

Die 1. M abheben, li stricken, bis 12 M übrig sind, 2 M li zus, wenden (10 Seitenmaschen übrig).

So fortfahren, bis nur noch die mittleren 12 M übrig sind = Fersenkäppchen. Davon 6 M re auf die freie Nadel = 4. Nadel stricken. Der Faden liegt nun auf der rechten Seite der Arbeit in der Fersenmitte, ab jetzt ist hier der Rundenbeginn.

ZWICKELABNAHMEN

Die übrigen Käppchenmaschen re auf die 2. freie Nadel stricken und aus dem linken Fersenrand 18+1 M aufnehmen. Die 2. und 3. Nadel laut 1. R der Strickschrift arbeiten, aus dem rechten Fersenrand 18+1 M aufnehmen und die 6 Käppchenmaschen re stricken = 25-18-18-25 M. Mit den Zwickelabnahmen beginnen:

1. Rd: Die 1. Nadel re, bis noch 2 M übrig sind, 2 M re zus. Mit der 2. und 3. Nadel laut Strickschrift arbeiten. Mit der 4. Nadel eine nach links geneigte Abnahme, die übrigen M re stricken.

2. Rd: Weiter im Muster, dabei keine Zwickelabnahmen stricken.

Diese 2 Rd fortlaufend wiederholen, bis 16-18-18-16 M übrig sind.

FUSS UND SPITZENABNAHMEN

Mit der 1. und 4. Nadel glatt rechts und mit der 2. und 3. Nadel laut Strickschrift arbeiten, bis der kleine Zeh bedeckt ist und zuletzt die 6. oder 12. Rd gestrickt wurde. Die M neu verteilen: 17-17-17-17. In der nächsten Rd die 1. und 4. Nadel re und die 2. und 3. Nadel li stricken. In der nächsten Rd mit den Spitzenabnahmen beginnen:

1. Rd: Die 1. und 3. Nadel re, bis noch 3 M übrig sind, 2 M re zus, 1 M re. Am Anfang der 2. und 4. Nadel 1 M re, links geneigte Abnahme, re M bis Ende stricken.

2. Rd: Rechte M.

Diese 2 Rd wiederholen, bis noch 8-8-8-8 M übrig sind. Dann in jeder Rd abnehmen, bis noch 2-2-2-2 M übrig sind. Den Faden abschneiden, fest durch die restlichen M ziehen und die Spitze schließen.

FERTIGSTELLEN

Alle Fadenenden auf der linken Seite der Arbeit vernähen. Die Socken leicht dämpfen oder gemäß den Anweisungen des Garnherstellers behandeln.

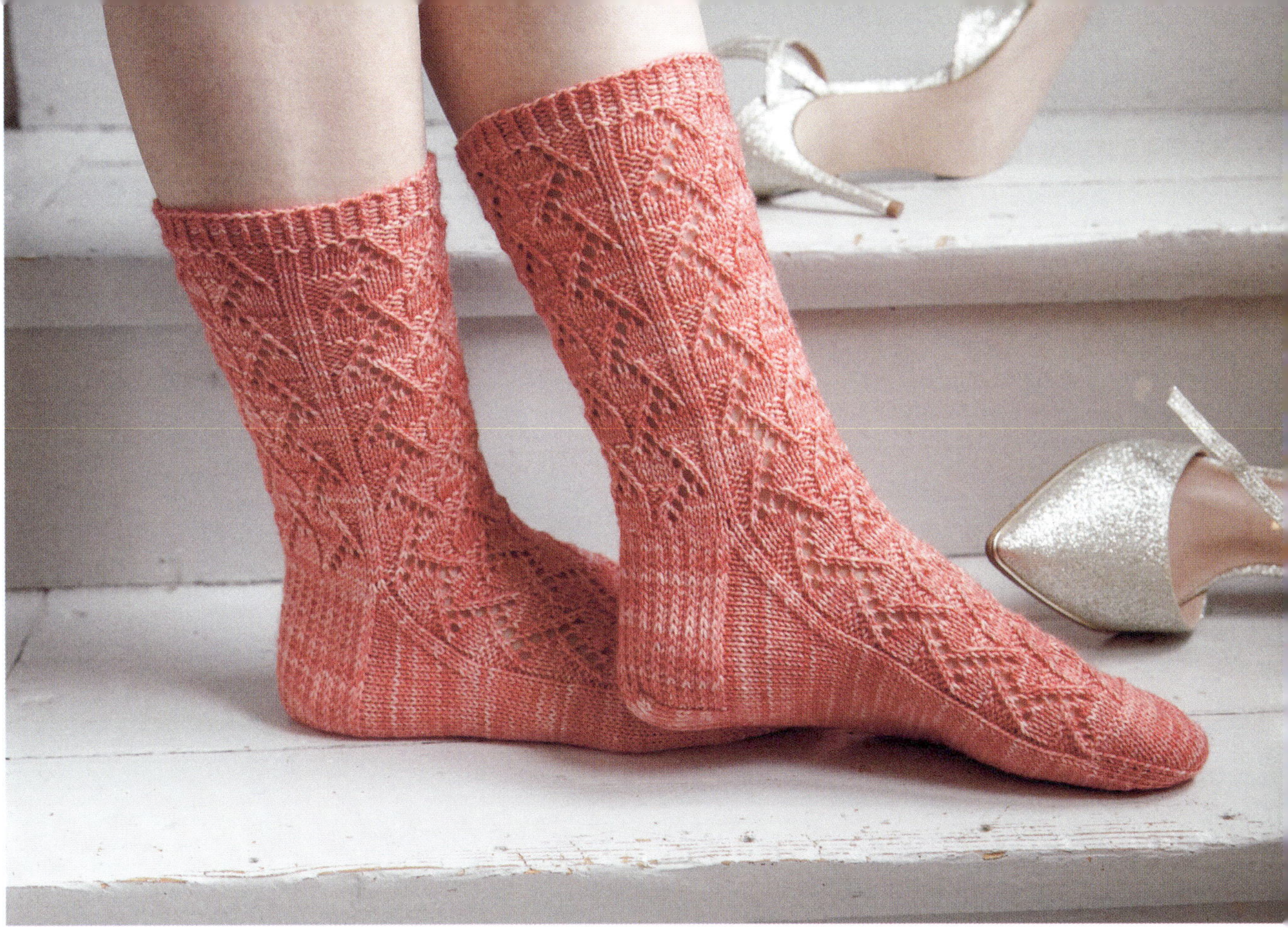

Strickschrift

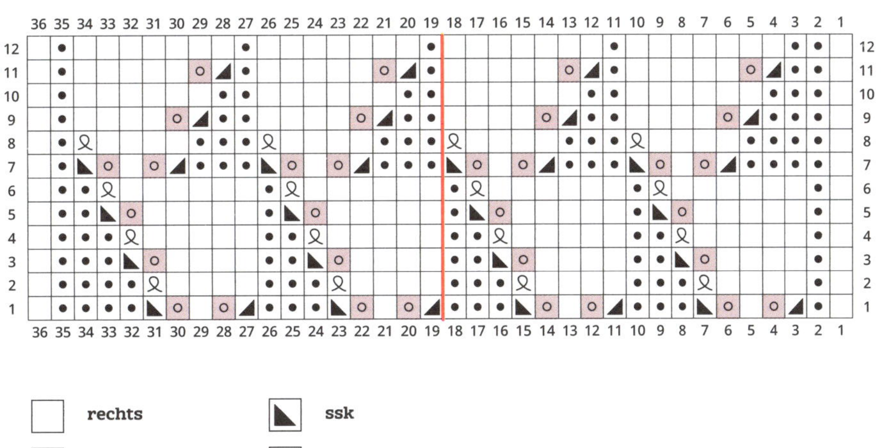

- rechts
- links
- re verschr
- Umschlag
- ssk
- 2 M re zus
- Nadelverteilung

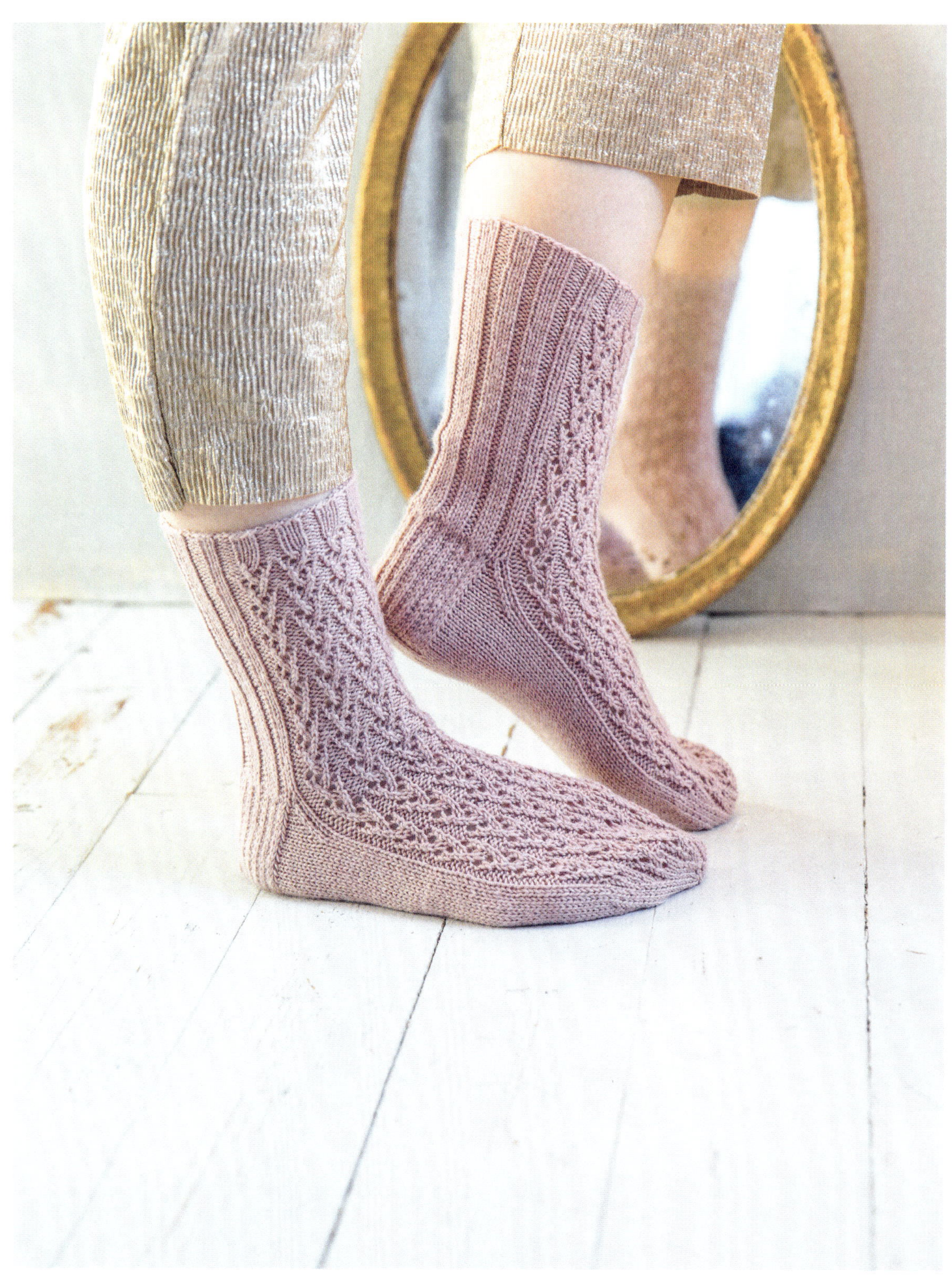

Maschenprobe: 35 M und 45 R glatt rechts = 10 cm x 10 cm

Nadeln: Nadelspiel 2,5 mm oder nach Strickfestigkeit

Größe: 38

Garn: Schachenmayr Regia Premium Silk 4-fädig (55 % Wolle, 25 % Polyamid, 20 % Seide, 400 m/100 g), Farbe: Rose (00031), 70 g

In Träumen versunken

Eine zauberhafte Farbe und ein einfaches Spitzenmuster, daraus sind meine neuen Lieblingswollsocken gemacht. Das Garn ist sehr hochwertig und enthält Seide.

Anleitung

SCHAFT

68 M anschlagen und auf den Nadeln verteilen: 17-17-17-17. Der Rundenbeginn liegt zwischen der 4. und der 1. Nadel an der Seite der Socke. 8 Rd wie folgt stricken:

1. Nadel: 1 M re, 2 M li, 3 M re, 2 M li, 3 M re, 2 M li, 3 M re, 1 M li.

2. Nadel: 1 M li, 3 M re, 2 M li, 3 M re, 2 M li, 3 M re, 2 M li, 1 M re.

3. Nadel: 1 M re, 2 M li, 3 M re, 2 M li, 3 M re, 2 M li, 3 M re, 1 M li.

4. Nadel: 1 M li, 3 M re, 2 M li, 3 M re, 2 M li, 3 M re, 2 M li, 1 M re.

Mit der 1. und 2. Nadel wie oben fortfahren und mit der 3. und 4. Nadel laut Strickschrift A arbeiten, dabei Rd 1–8 insg. 7-mal wiederholen, zuletzt die 8. Rd laut der Strickschrift stricken.

In Träumen versunken

FERSE

Die M der 1. und 2. Nadel re auf dieselbe Nadel stricken, dabei 2 M abnehmen = 32 M. Die übrigen M ruhen. Die Arbeit wenden.

Verstärkte Ferse:

1. R (Rückr): Die 1. M abheben, die übrigen M links stricken.

2. R (Hinr): *1 M abheben, 1 M re*, von * bis * bis R-Ende wiederholen.

Diese 2 R abwechselnd wiederholen, bis 32 R plus 1 Rückr gestrickt sind.

KÄPPCHENABNAHMEN

Die Arbeit wenden. Vom rechten Rand beginnend verstärkt stricken, bis 13 M übrig sind, 2 M re verschr zus, wenden (11 Seitenmaschen übrig).

Die 1. M abheben, li stricken, bis 13 M übrig sind, 2 M li zus, wenden (11 Seitenmaschen übrig).

Die 1. M abheben, weiterhin verstärkt stricken, bis 12 M übrig sind, 2 M re verschr zus, wenden (10 Seitenmaschen übrig).

Die 1. M abheben, li stricken, bis 12 M übrig sind, 2 M li zus, wenden (10 Seitenmaschen übrig).

So fortfahren, bis nur noch die mittleren 8 M übrig sind = Fersenkäppchen. Davon 4 M re auf die freie Nadel = 4. Nadel stricken. Der Faden liegt nun auf der rechten Seite der Arbeit in der Fersenmitte am Rundenbeginn.

ZWICKELABNAHMEN

Die übrigen Käppchenmaschen re auf die 2. freie Nadel stricken und aus dem linken Fersenrand 16+1 M aufnehmen. Die 2. und 3. Nadel laut 1. Rd Strickschrift A stricken, aus dem rechten Fersenrand 16+1 M aufnehmen und die 4 Käppchenmaschen re stricken = 21-17-17-21 M. Mit den Zwickelabnahmen beginnen:

1. Rd: Die 1. Nadel re stricken, bis noch 2 M übrig sind, 2 M re zus. Mit der 2. und 3. Nadel laut Strickschrift A arbeiten. Mit der 4. Nadel eine nach links geneigte Abnahme, die übrigen M re stricken.

2. Rd: Weiter im Muster, dabei keine Zwickelabnahmen stricken.

Diese zwei Runden fortlaufend wiederholen, bis 17-17-17-17 M übrig sind.

FUSS UND SPITZENABNAHMEN

Mit der 1. und 4. Nadel glatt rechts und mit der 2. und 3. Nadel nach Strickschrift A stricken, dabei die Rd 1–8 wiederholen, bis der kleine Zeh bedeckt ist und zuletzt die 8. Rd gestrickt wurde. Die Spitzenabnahmen laut Strickschrift B stricken. Den Faden abschneiden, fest durch die restlichen Maschen ziehen und die Spitze schließen.

FERTIGSTELLEN

Alle Fadenenden auf der linken Seite der Arbeit vernähen. Die Socken leicht dämpfen oder gemäß den Anweisungen des Garnherstellers behandeln.

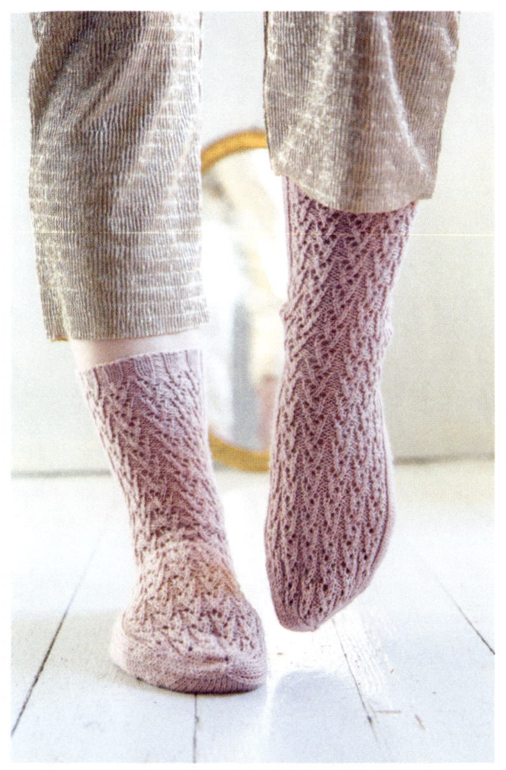

Strickschrift A

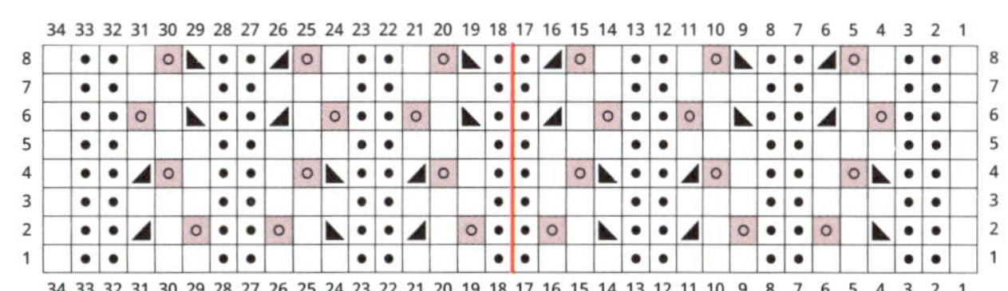

- rechts
- links
- Umschlag
- ssk
- 2 M re zus
- Nadelverteilung
- keine Masche

Strickschrift B

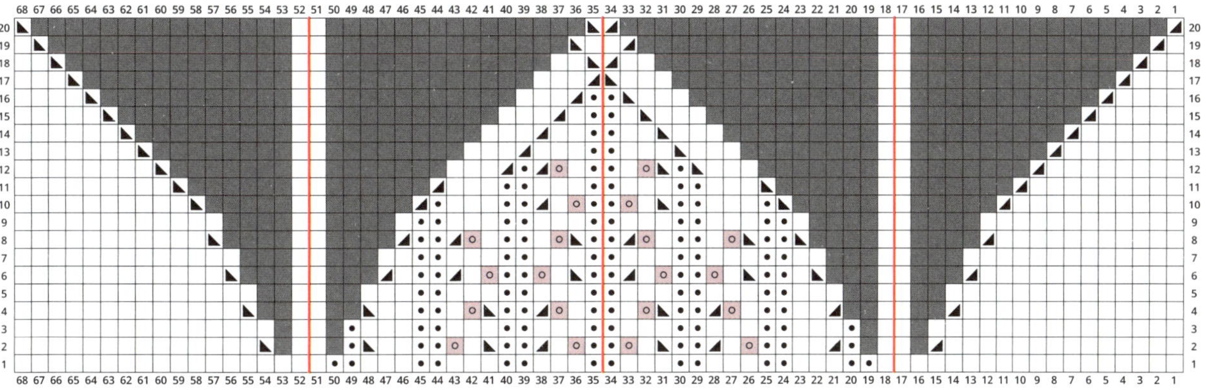

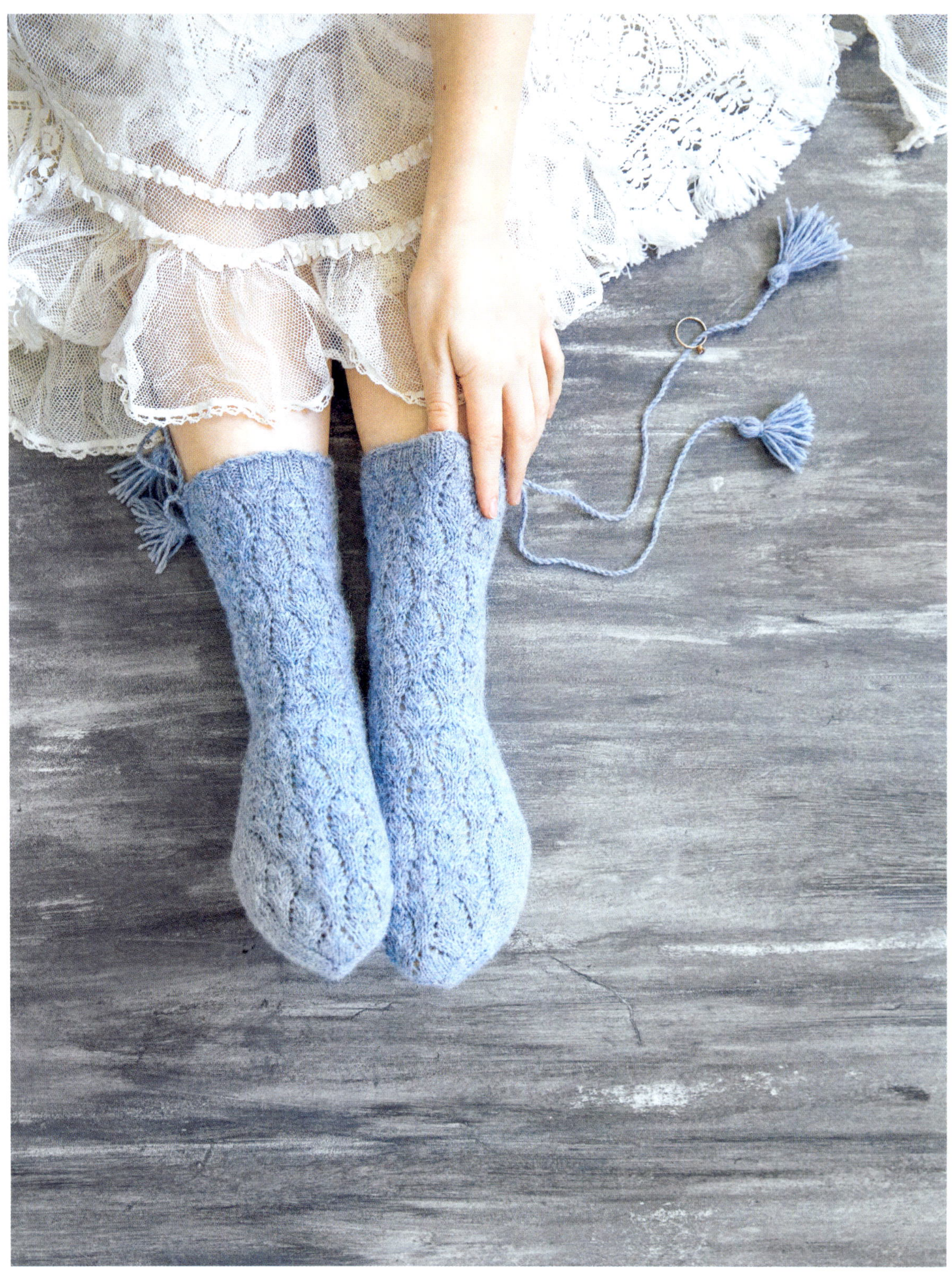

Maschenprobe: 35 M und 45 R glatt rechts = 10 cm x 10 cm

Nadeln: Nadelspiel 2,5 mm oder nach Strickfestigkeit

Größe: 38/39

Garn: Drops Nord (45 % Alpaka, 30 % Polyamid, 25 % Wolle, 170 m/50 g) Farbe: Nebel (08) 90 g

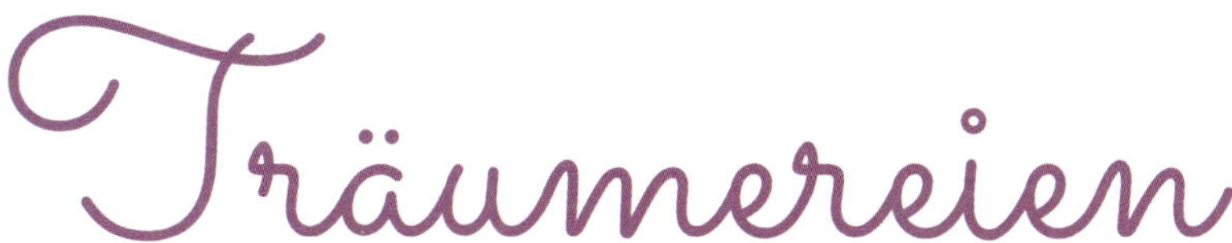

Träumereien

Kleine, leichte Träumereien, neblig verschwommene Ziele. Erstrebenswert, auch wenn sie nicht immer erreichbar sind.
Das Garn ist eine traumhaft leichte Alpaka-Wollmischung. Am Schaft ist eine Kordel eingezogen – eine separate Lochreihe wird dazu nicht benötigt – mit verspielten Quasten an den Enden.

Anleitung

SCHAFT

Mit dem Nadelspiel 70 M (21-15-15-19) anschlagen. Der Rundenbeginn liegt zwischen der 4. und der 1. Nadel in der rückwärtigen Mitte. Alle Rd laut Strickschrift A stricken, dabei die Nadelverteilung beachten und wie angegeben abnehmen.

FERSE

Die M der 1. Nadel re auf die 4. Nadel stricken = 36 M. Die übrigen M ruhen. Die Arbeit wenden.

Verstärkte Ferse:

1. R (Rückr): Die 1. M abheben, die übrigen M links stricken.

2. R (Hinr): *1 M abheben, 1 M re*, von * bis * bis R-Ende wiederholen.

Diese 2 R abwechselnd wiederholen, bis 36 R plus 1 Rückr gestrickt sind.

KÄPPCHENABNAHMEN

Die Arbeit wenden. Vom rechten Rand beginnend verstärkt stricken, bis 13 M übrig sind, 2 M re verschr zus, wenden (11 Seitenmaschen übrig).

Die 1. M abheben, li stricken, bis 13 M übrig sind, 2 M li zus, wenden (11 Seitenmaschen übrig).

Die 1. M abheben, weiterhin verstärkt stricken, bis 12 M übrig sind, 2 M re verschr zus, wenden (10 Seitenmaschen übrig).

Die 1. M abheben, li stricken, bis 12 M übrig sind, 2 M li zus, wenden (10 Seitenmaschen übrig).

So fortfahren, bis nur noch die mittleren 12 M übrig sind = Fersenkäppchen. Davon 6 M re auf die freie Nadel = 4. Nadel stricken. Der Faden liegt nun auf der rechten Seite der Arbeit in der Fersenmitte am Rundenbeginn.

ZWICKELABNAHMEN

Die übrigen Käppchenmaschen re auf die 2. freie Nadel stricken und aus dem linken Fersenrand 18+1 M aufnehmen. Die 2. und 3. Nadel laut Strickschrift B, 1. Rd, abstricken, aus dem rechten Fersenrand 18+1 M aufnehmen und die 6 Käppchenmaschen re stricken = 25-17-16-25 M. Die Zwickelabnahmen laut Strickschrift B arbeiten = 17-17- 16-17 M.

FUSS UND SPITZENABNAHMEN

Weiter laut Strickschrift B bis Rd 41 stricken, danach noch einmal Rd 22–41. Die Spitzenabnahmen laut Strickschrift C arbeiten. Den Faden abschneiden, fest durch die restlichen M ziehen und die Spitze schließen.

KORDEL

Etwa 3 m vom Garn abschneiden und doppelt legen. Ein Ende festhalten und das andere Ende z.B. an einem Türgriff o.ä. fixieren, von dem sich die Kordel nach dem Drehen wieder leicht lösen lässt, falls Ihnen keine zweite Person helfen kann. Die Fäden gerade halten (nicht ziehen) und zwischen den Fingern immer in die gleiche Richtung drehen, bis sie sich um sich selbst zu wickeln beginnen, wenn Sie sie ein wenig lockern. Die Kordel wieder doppelt legen, dazu die Mitte halten und das eine Ende in den Fingern zum fixierten Ende legen. Jetzt schlingen sich die Fäden zu einer Kordel umeinander. Die Kordel ausglätten, falls es Unregelmäßigkeiten gibt, und an den Enden verknoten. Die Kordel direkt in die 1. Rd des Bündchens in die fertige Socke einziehen.

QUASTEN

Den Faden z.B. 15- bis 20-mal um ein ca. 5 cm langes Stück Karton wickeln. Ein ca. 15 cm langes Stück Faden am oberen Ende unter den gewickelten Fäden durchziehen, fest anziehen und verknoten. Diesen Abbindefaden nicht abschneiden. Die Fäden am unteren Ende des Kartons aufschneiden und die Quaste vom Karton abstreifen. Die doppelten Fäden liegen lassen, einen neuen Faden doppelt nehmen und ca. 1 cm vom oberen Ende entfernt mehrmals um die Quaste herumwickeln und fest verknoten. Alle Fäden gleich lang schneiden und die Quaste mit dem ersten Abbindefaden an der Kordel annähen. So insgesamt 4 Quasten herstellen.

FERTIGSTELLEN

Alle Fadenenden auf der linken Seite der Arbeit vernähen. Die Socken leicht dämpfen oder gemäß den Anweisungen des Garnherstellers behandeln. Aus Alpakagarn gestrickte Socken am Schluss evtl. mit einer weichen Bürste bürsten, damit sie flauschiger werden.

Strickschrift A

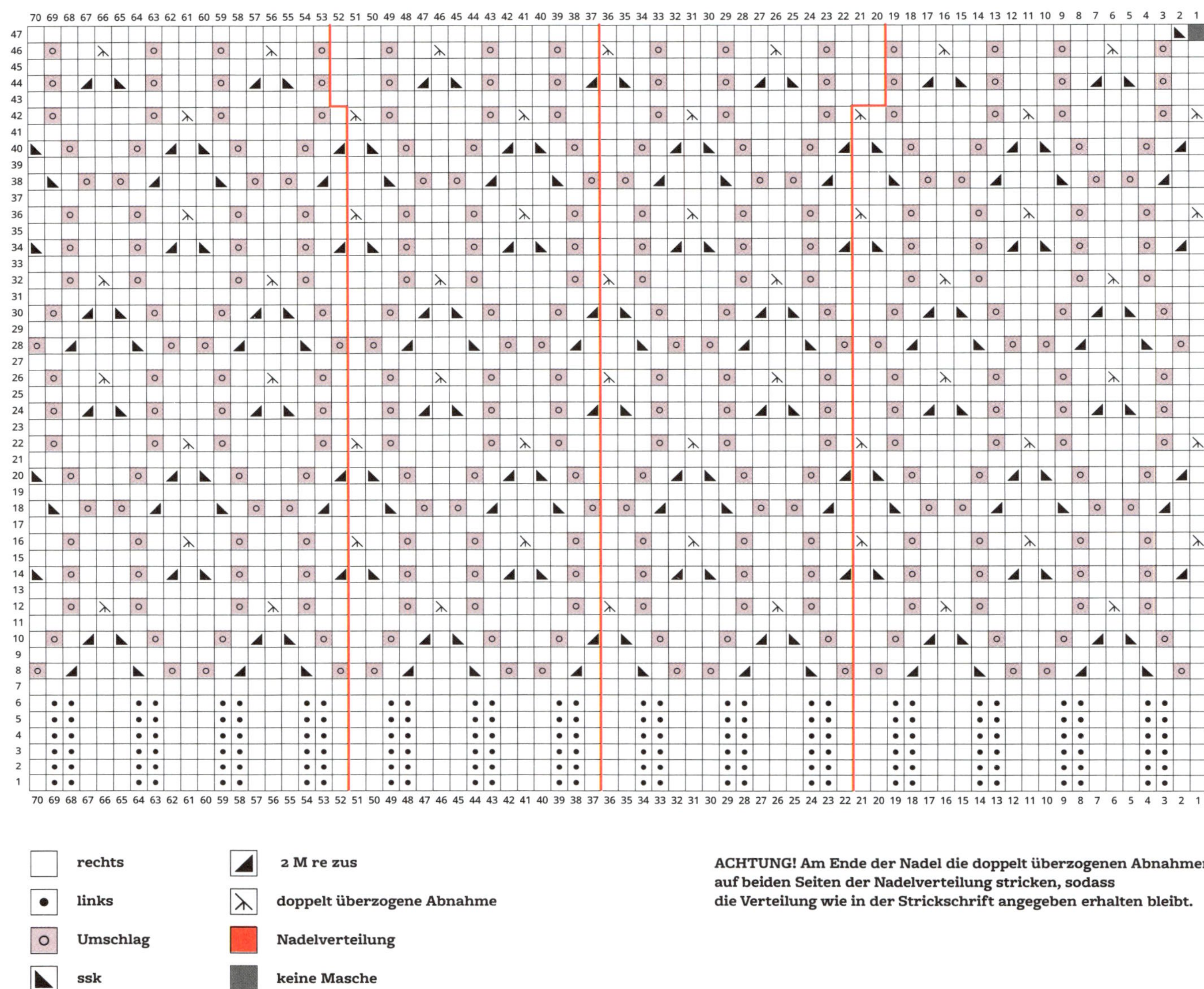

- rechts
- links
- Umschlag
- ssk
- 2 M re zus
- doppelt überzogene Abnahme
- Nadelverteilung
- keine Masche

ACHTUNG! Am Ende der Nadel die doppelt überzogenen Abnahmen auf beiden Seiten der Nadelverteilung stricken, sodass die Verteilung wie in der Strickschrift angegeben erhalten bleibt.

Strickschrift B

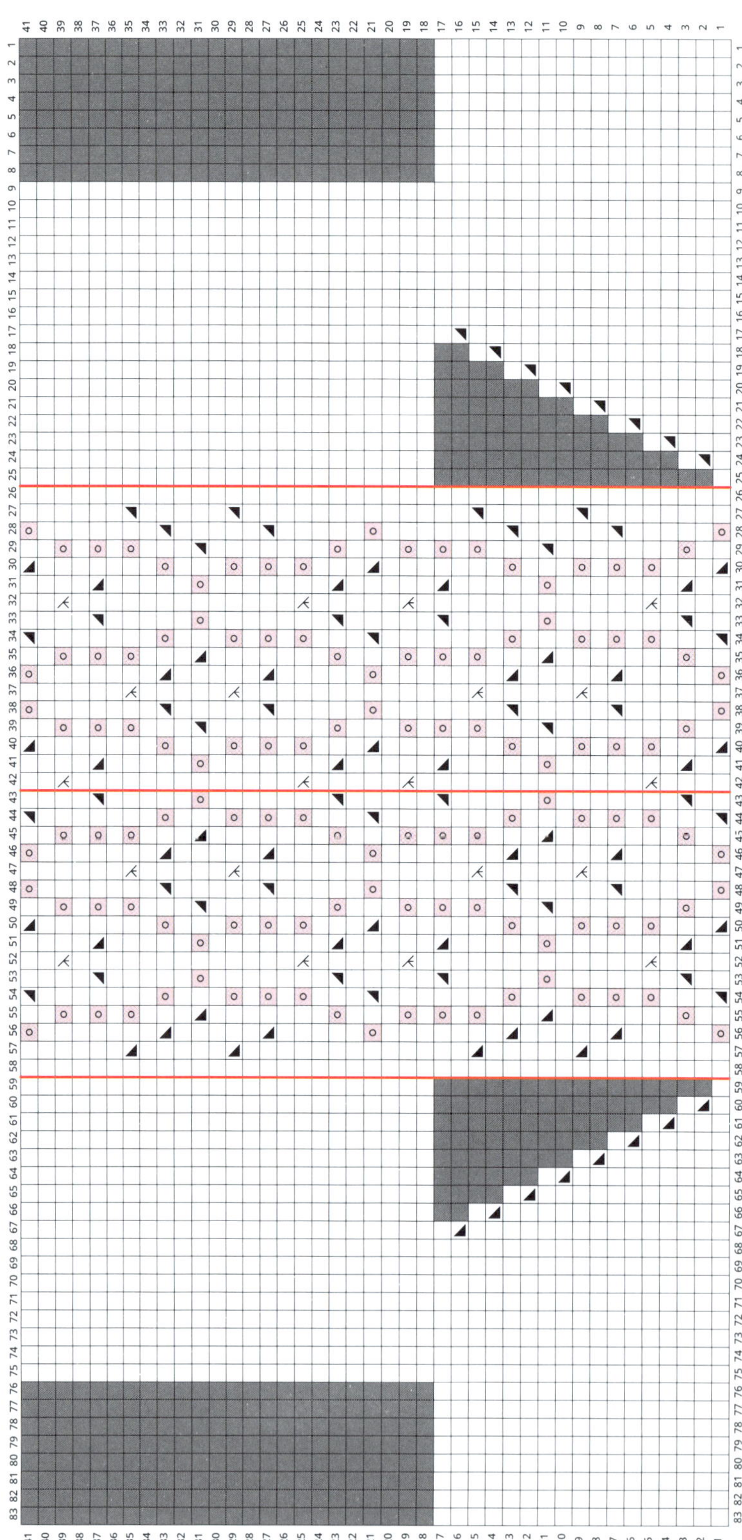

Strickschrift C

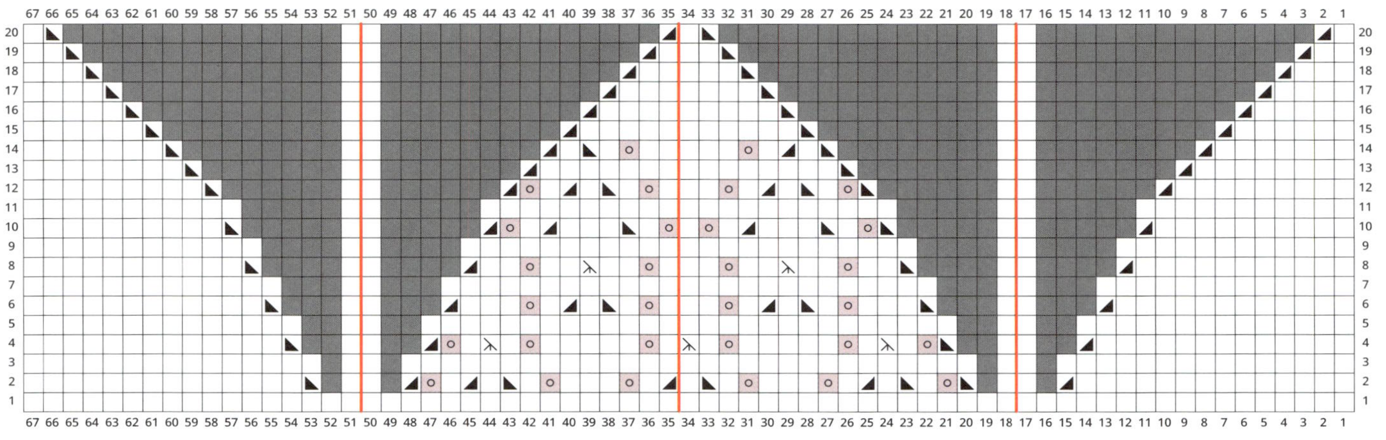

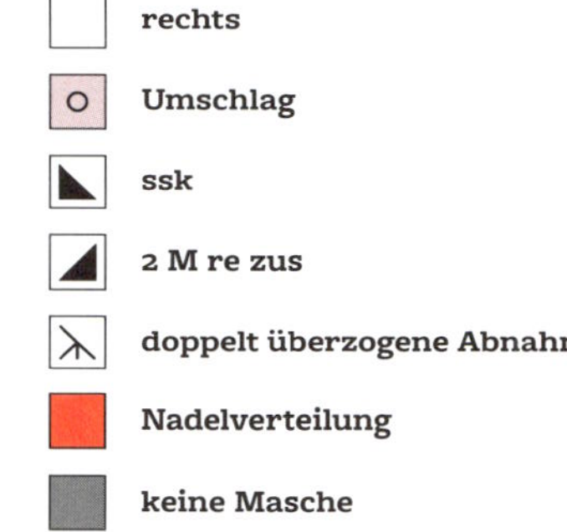

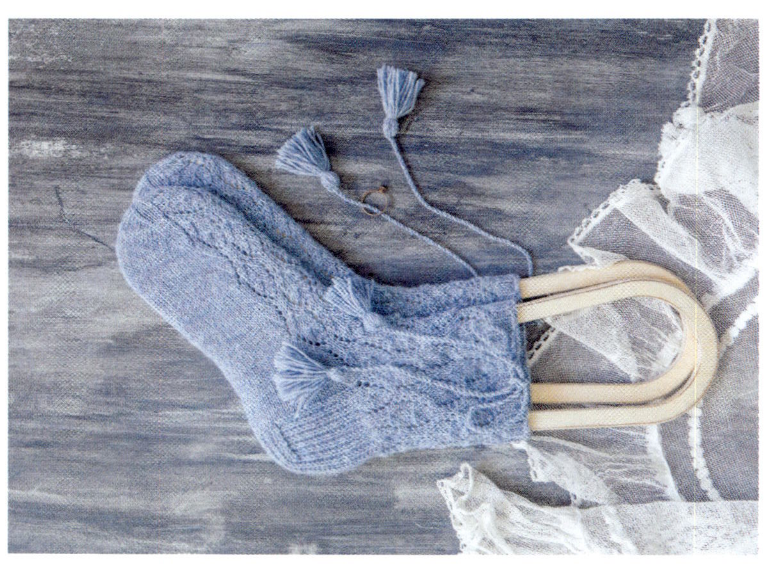

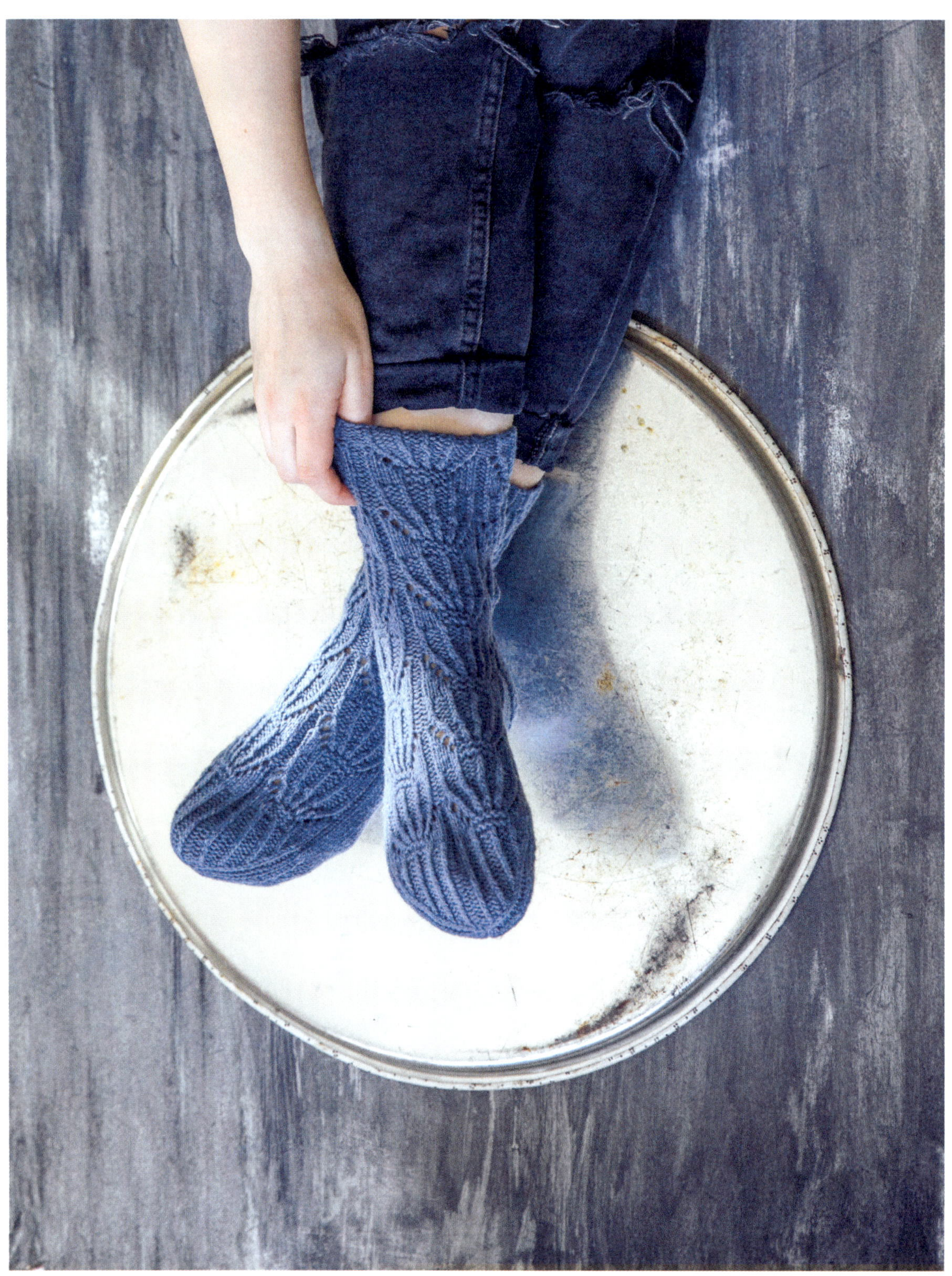

Maschenprobe: 31 M und 39 R glatt rechts = 10 cm x 10 cm

Nadeln: Nadelspiel 2,75 mm oder nach Strickfestigkeit

Größe: 38

Garn: Katia Kashwool Socks (70 % Superwash-Wolle, 25 % Polyamid, 5 % Kaschmir, 410 m/100 g), Farbe: Blau (306), 65 g

Wie Asche im Wind

Das Sockengarn mit voluminösem, aber dennoch leichtem Kaschmir bildet die verschränkten Maschen des Musters wunderbar ab und ist selbst barfuß angenehm weich. Obwohl das Garn dünn ist, ist dieses Modell schnell gemacht und sieht in seiner ganzen Einfachheit großartig aus. Da sich Kaschwool nicht dehnen lässt, sollten Sie locker stricken.

Anleitung

SCHAFT

Mit dem Nadelspiel 60 M anschlagen (15-15-15-15). Der Rundenbeginn liegt zwischen der 4. und 1. Nadel in der rückwärtigen Mitte. Alle 48 Rd laut Strickschrift A stricken; der Mustersatz wiederholt sich 4-mal in der Rd. Am Ende der 4. Nadel den Faden abschneiden und am Anfang der 4. Nadel erneut beginnen.

FERSE

Die M der 1. und 4. Nadel auf eine Nadel stricken = 30 M. Die übrigen M ruhen.

1. R (Hinr): Die 1. M abh, *1 M re verschr, 2 M li*, von * bis * wdh, bis 2 M übrig sind, 1 M re verschr, 1 M li.

2. R (Rückr): Die 1. M abh, *1 M li verschr, 2 M re*, von * bis * wdh, bis 2 M übrig sind, 1 M li verschr, 1 M re.

3. R (Hinr): Die 1. M abh, *1 M re verschr, 2 M li*, von * bis * wdh, bis 2 M übrig sind, 1 M re verschr, 1 M li.

4. R (Rückr): Die 1. M abh, 1 M li verschr, *2 M re, 1 M li abh (Faden vor der Arbeit)*, von * bis * wdh, bis 1 M übrig ist, 1 M re.

Die Rd 3–4 wdh, bis insg. 26 R und zuletzt eine 4. Rückr gestrickt wurde.

Wie Asche im Wind

Strickschrift A

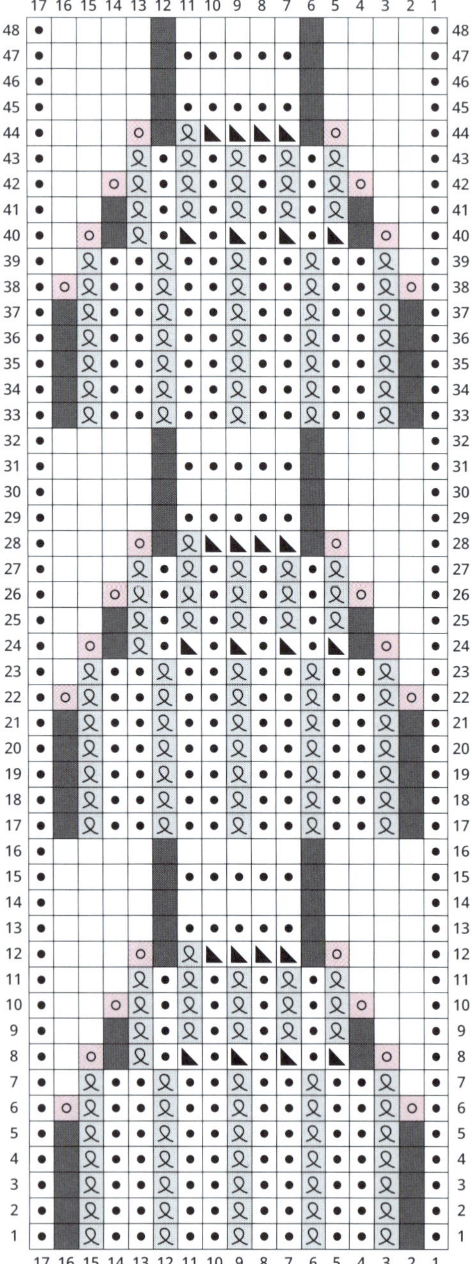

KÄPPCHENABNAHMEN

Die Arbeit wenden. Vom rechten Rand beginnend laut der 3. R für die Ferse stricken, bis 11 M übrig sind, 2 M re verschr zus, wenden (9 Seitenmaschen übrig).

Die 1. M abh, 2 M re, 1 M li abh, 2 M re, 1 M li abh, 2 M re, 2 M li zus, wenden (9 Seitenmaschen übrig).

Die 1. M abh, 2 M li, 1 M re verschr, 2 M li, 1 M re verschr, 2 M li, 2 M re verschr zus, wenden (8 Seitenmaschen übrig).

Die 1. M abh, 2 M re, 1 M li abh, 2 M re, 1 M li abh, 2 M re, 2 M li zus, wenden (8 Seitenmaschen übrig).

So fortfahren, bis nur noch die mittleren 10 M übrig sind = Fersenkäppchen. Davon 5 M re auf die freie Nadel = 4. Nadel stricken. Der Faden liegt nun auf der rechten Seite der Arbeit in der Fersenmitte am Rundenbeginn.

ZWICKELABNAHMEN

Die übrigen Käppchenmaschen re auf die 2. freie Nadel stricken und aus dem linken Fersenrand 15+1 M aufnehmen. Die 2. und 3. Nadel laut Strickschrift B, 1. Rd, abstricken, aus dem rechten Fersenrand 15+1 M aufnehmen und die 5 Käppchenmaschen re stricken = 21-15-15-21 M. Mit den Zwickelabnahmen beginnen:

1. Rd:

1. Nadel: Rechts stricken, bis 2 M übrig sind, 2 M re zus.

2. und 3. Nadel: Im Muster laut Strickschrift B stricken.

4. Nadel: Links geneigte Abnahme, re bis zum Ende der Nadel stricken.

Strickschrift B

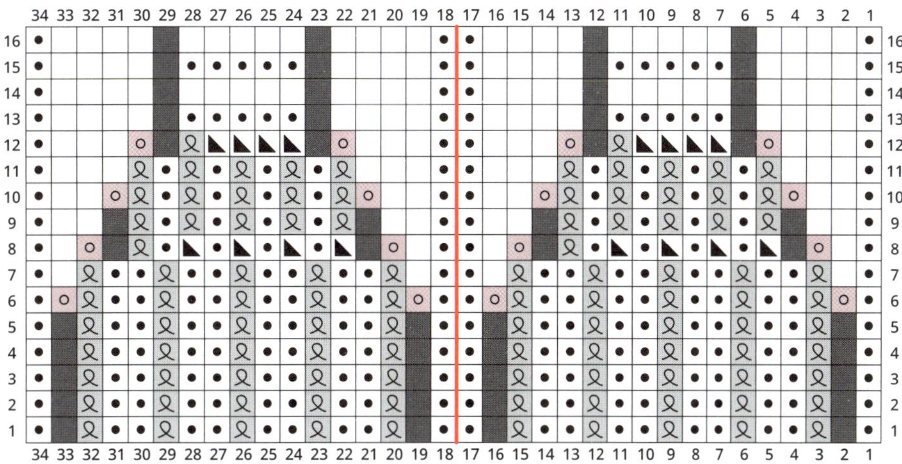

- rechts
- links
- Umschlag
- re verschr
- ssk
- Nadelverteilung
- keine Masche

2. Rd:

Die 1. und 4. Nadel ohne Abnahmen re und mit der 2. und 3. Nadel weiter nach Strickschrift B arbeiten.

Diese 2 Rd wiederholen, bis 15-15-15-15 M übrig sind.

FUSS UND SPITZENABNAHMEN

Den Fuß laut Strickschrift B weiterstricken. Rd 1–16 wiederholen, bis der kleine Zeh bedeckt ist und zuletzt entweder die 16. R oder eine der 1.–5. Rd gestrickt wurde. Die Spitzenabnahmen laut Strickschrift C stricken. Den Faden abschneiden, durch die restlichen M ziehen und die Spitze vorsichtig schließen.

FERTIGSTELLEN

Alle Fadenenden auf der linken Seite der Arbeit vernähen. Die Socken leicht dämpfen oder gemäß den Anweisungen des Garnherstellers behandeln.

Wie Asche im Wind

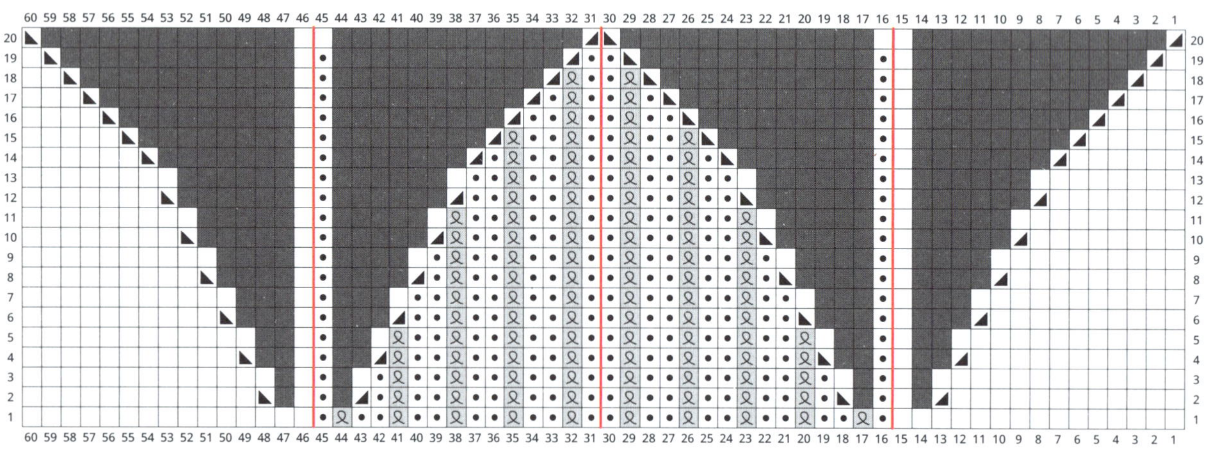

Strickschrift C

□	rechts
•	links
Ջ	re verschr
◢	2 M re zus
◣	ssk
(rot)	Nadelverteilung
(dunkelgrau)	keine Masche

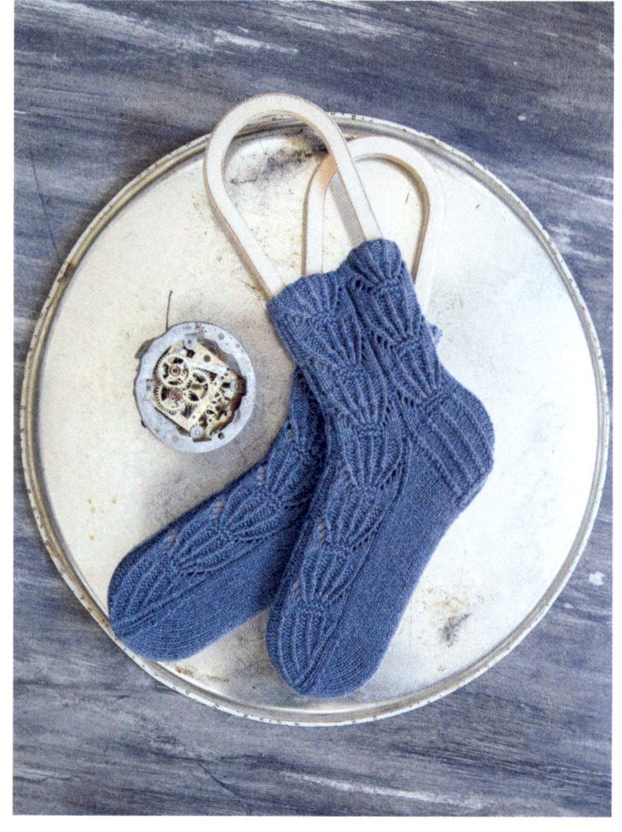

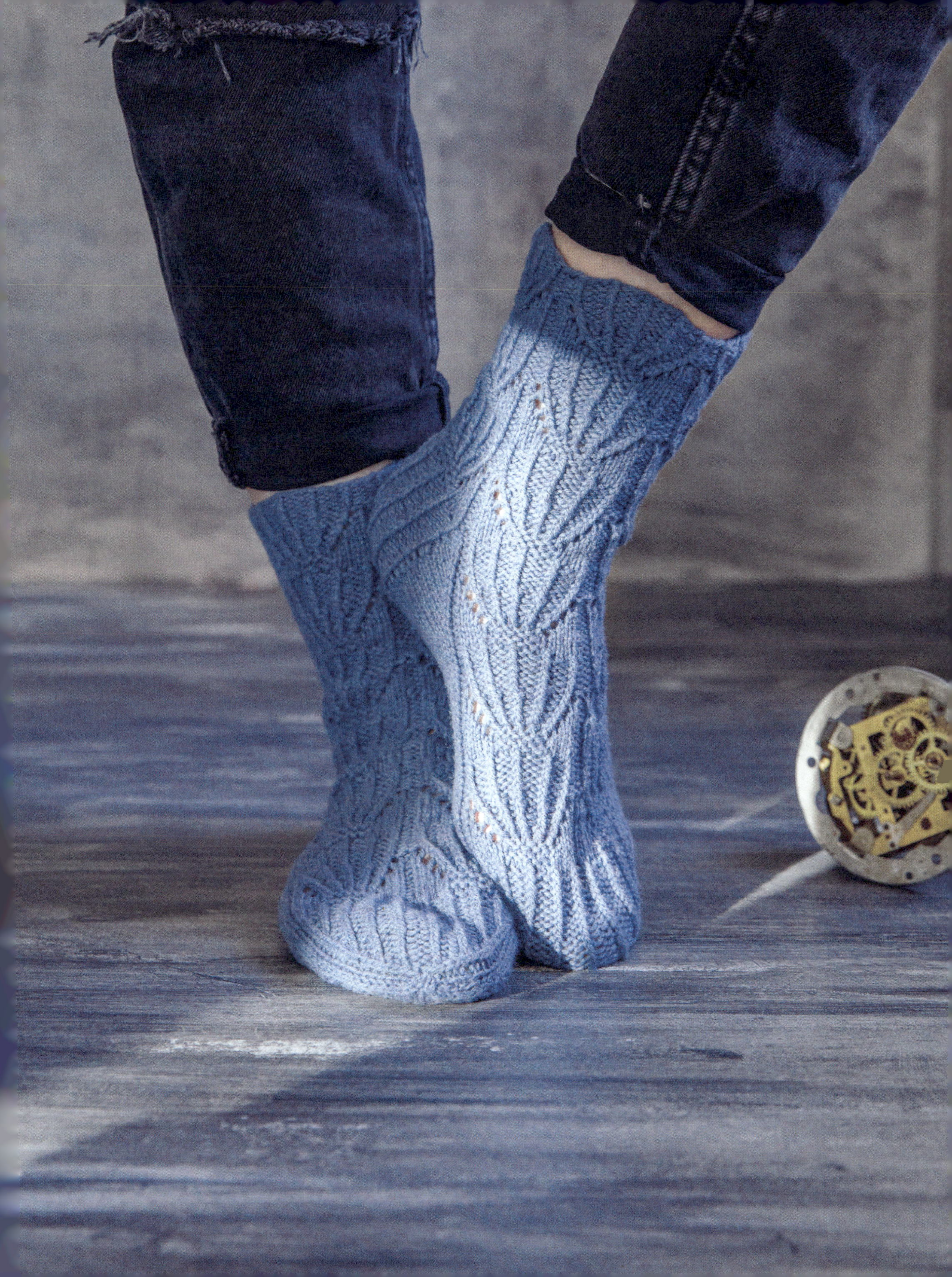

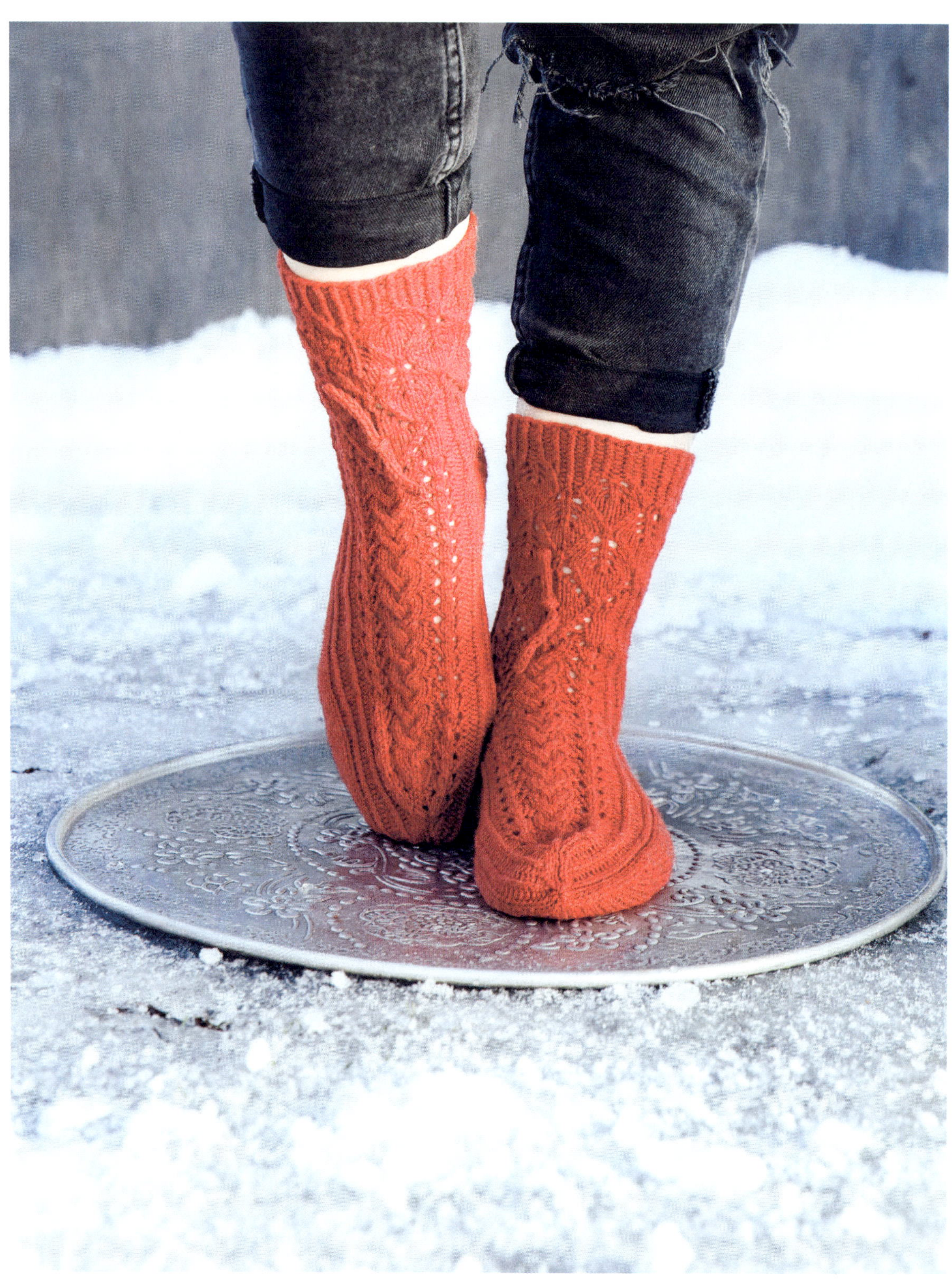

Maschenprobe: 31 M und 39 R glatt rechts = 10 cm x 10 cm

Nadeln: Nadelspiel 2,75 mm oder nach Strickfestigkeit, Hilfsnadel

Größe: 38

Garn: Katia Kashwool Socks (70 % Superwash-Wolle, 25 % Polyamid, 5 % Kaschmir, 410 m/100 g), Farbe: Rot (302), 70 g

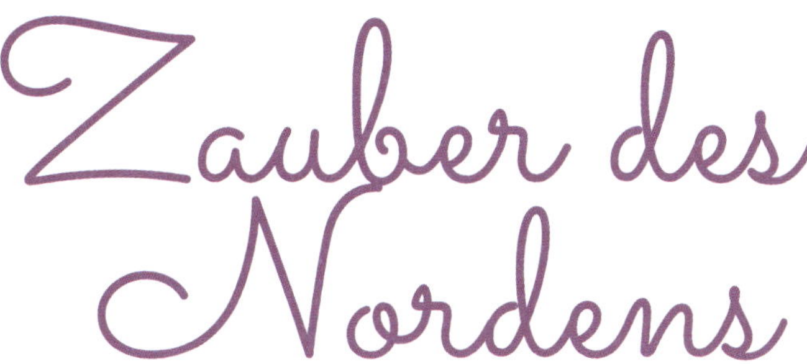

Zauber des Nordens

Zauber des Nordens ist eine Modifikation meines zuvor veröffentlichten Modells Schönheit des Nordens. Am oberen Schaft befindet sich ein attraktiver Streifen im Blattspitzenmuster und auf der Sockenrückseite einzelne Blättermotive vor der Ferse.

Anleitung

SCHAFT

Mit dem Nadelspiel 61 M (16-15-15-15) anschlagen. Der Rundenbeginn liegt zwischen der 4. und 1. Nadel in der rückwärtigen Mitte. Alle Rd (1–57) laut Strickschrift A stricken, dabei die Nadelverteilung beachten = 15-15-14-16 M.
Die doppelten, zentrierten Abnahmen am Ende der Nadel bei zwei Nadeln so stricken, dass die Abnahme an der in der Strickschrift markierten Stelle bleibt.

FERSE

Die M der 1. Nadel re auf die 4. Nadel stricken wie folgt: *1 M re verschr, 1 M li*, von * bis * wiederholen, 1 M re verschr = 31 M.
Die übrigen M ruhen. Die Arbeit wenden.
Die Ferse laut Strickschrift verstärkt stricken, mit der Rückr am linken Rand der Strickschrift beginnen und die R 1–2 abwechselnd arbeiten, bis 30 R gestrickt sind.

Zauber des Nordens

Strickschrift A

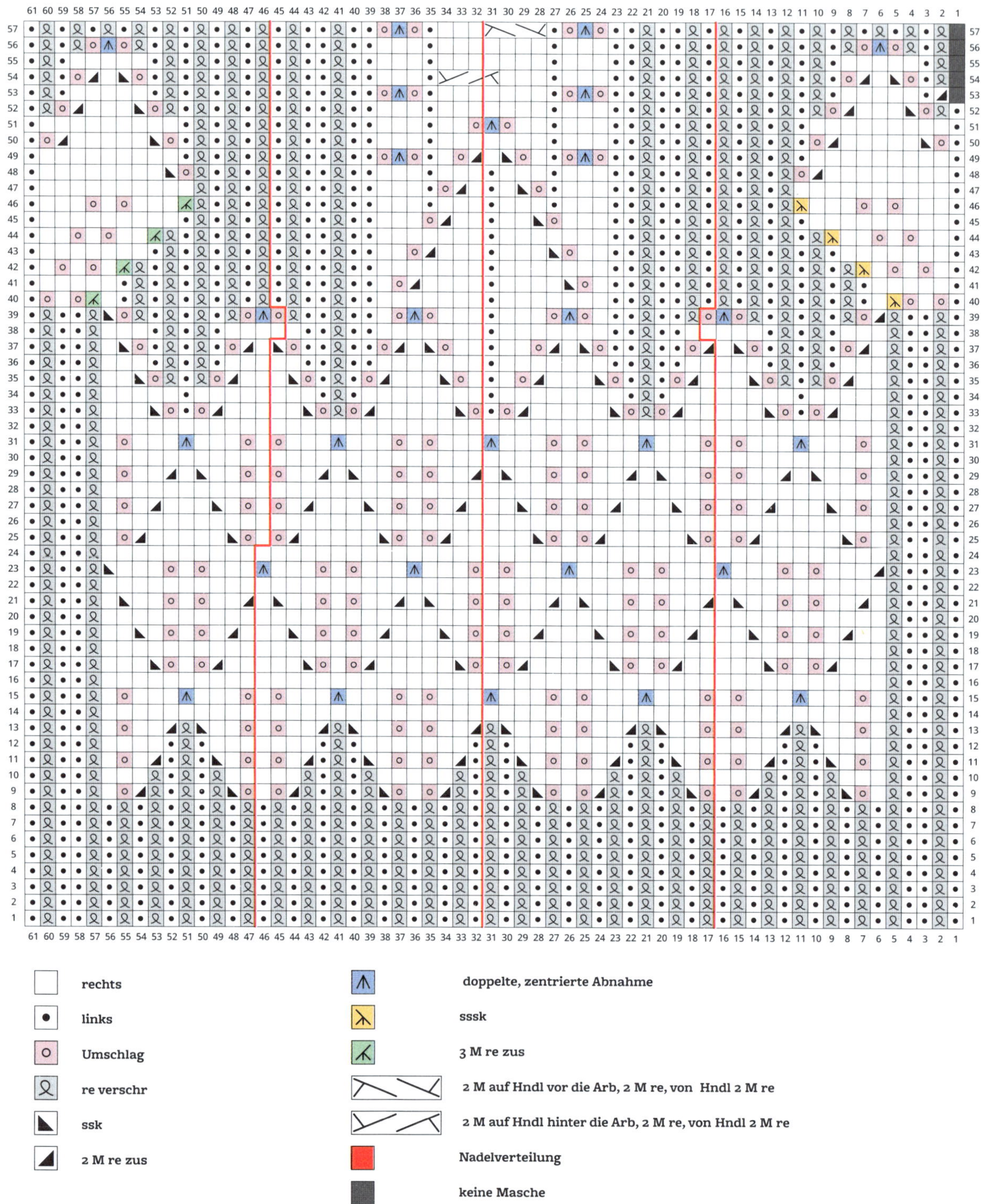

- rechts
- links
- Umschlag
- re verschr
- ssk
- 2 M re zus
- doppelte, zentrierte Abnahme
- sssk
- 3 M re zus
- 2 M auf Hndl vor die Arb, 2 M re, von Hndl 2 M re
- 2 M auf Hndl hinter die Arb, 2 M re, von Hndl 2 M re
- Nadelverteilung
- keine Masche

KÄPPCHENABNAHMEN

Die Arbeit wenden. Vom rechten Rand beginnend verstärkt stricken, bis 11 M übrig sind, 2 M re verschr zus, wenden (9 Seitenmaschen übrig).

Die 1. M abheben, verstärkt stricken, bis 11 M übrig sind, 2 M li zus, wenden (9 Seitenmaschen übrig).

Die 1. M abheben, weiterhin verstärkt stricken, bis 10 M übrig sind, 2 M re verschr zus, wenden (8 Seitenmaschen übrig).

Die 1. M abheben, verstärkt stricken, bis 10 M übrig sind, 2 M li zus, wenden (8 Seitenmaschen übrig).

So fortfahren, bis nur noch die mittleren 11 M übrig sind = Fersenkäppchen. Davon 6 M re auf die freie Nadel = 4. Nadel stricken. Der Faden liegt nun auf der rechten Seite der Arbeit in der Fersenmitte am Rundenbeginn.

ZWICKELABNAHMEN

1. Rd laut Strickschrift B arbeiten, dabei 5 M vom Fersenkäppchen auf die 2. freie Nadel stricken und zusätzlich 15+1 M aus dem linken Fersenrand aufnehmen, mit der 2. und 3. Nadel das Muster laut der 1. Rd der Strickschrift arbeiten und aus dem rechten Fersenrand 15+1 M aufnehmen, vom Fersenkäppchen 4 M re, 2 M re zus = 21-15-14-21 M. Die Zwickelabnahmen bis zum Ende stricken = 15-15-14-15 M.

FUSS UND SPITZENABNAHMEN

Den Fuß laut den Mustersätzen 1 und 2 von Strickschrift B fortsetzen, bis die Arbeit den kleinen Zeh bedeckt. Zum Schluss die 3. Rd von Mustersatz 1 stricken und die Spitzenabnahmen laut Strickschrift C arbeiten. Den Faden abschneiden, durch die restlichen M ziehen und die Spitze vorsichtig schließen.

STRICKSCHNUR

3 M auf einer Spielnadel anschlagen, *3 M re, die M an das rechte Ende der Nadel schieben*. Von * bis * wiederholen, ohne die Arbeit zu wenden, bis die Schnur etwa 10 cm lang ist. Faden abschneiden, 3 M re verschr zus, Faden durch die M ziehen und festziehen. Die Fäden an beiden Enden in das Innere der Schnur ziehen. Die Schnur an der Schaftvorderseite um die mittleren 3 M in der 40. R knoten.

FERTIGSTELLEN

Alle Fadenenden auf der linken Seite der Arbeit vernähen. Die Socken leicht dämpfen oder gemäß den Anweisungen des Garnherstellers behandeln.

Strickschrift, Ferse

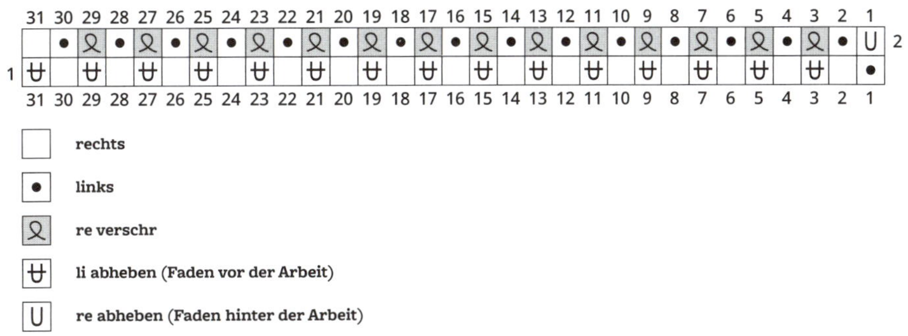

	31	30	29	28	27	26	25	24	23	22	21	20	19	18	17	16	15	14	13	12	11	10	9	8	7	6	5	4	3	2	1	
		•	Ω	•	Ω	•	Ω	•	Ω	•	Ω	•	Ω	•	Ω	•	Ω	•	Ω	•	Ω	•	Ω	•	Ω	•	Ω	•	Ω	•	U	2
1	Ʉ		Ʉ		Ʉ		Ʉ		Ʉ		Ʉ		Ʉ		Ʉ		Ʉ		Ʉ		Ʉ		Ʉ		Ʉ		Ʉ		Ʉ		•	
	31	30	29	28	27	26	25	24	23	22	21	20	19	18	17	16	15	14	13	12	11	10	9	8	7	6	5	4	3	2	1	

- (leer) rechts
- • links
- Ω re verschr
- Ʉ li abheben (Faden vor der Arbeit)
- U re abheben (Faden hinter der Arbeit)

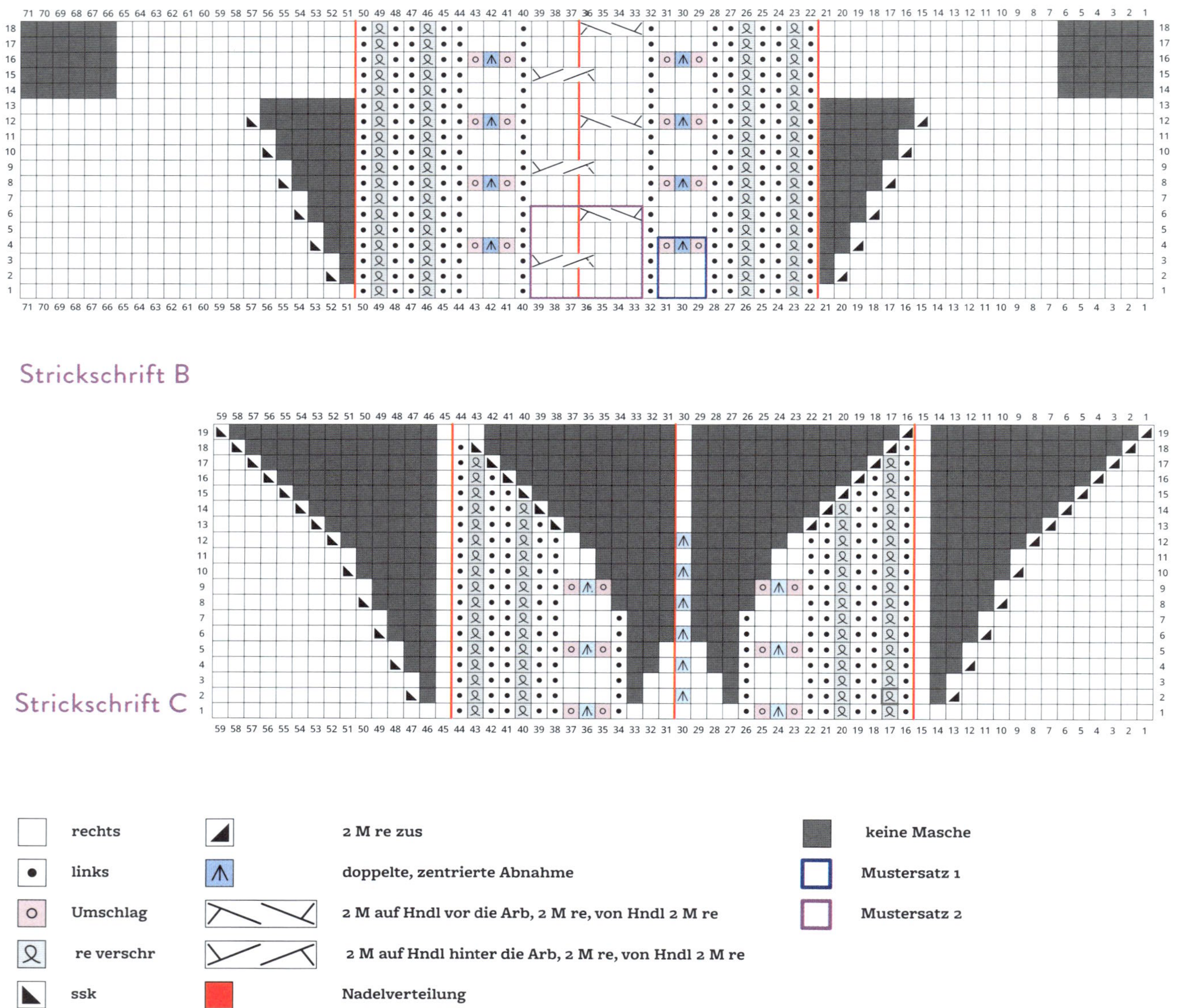
Strickschrift B
Strickschrift C
rechts
links
Umschlag
re verschr
ssk
2 M re zus
doppelte, zentrierte Abnahme
2 M auf Hndl vor die Arb, 2 M re, von Hndl 2 M re
2 M auf Hndl hinter die Arb, 2 M re, von Hndl 2 M re
Nadelverteilung
keine Masche
Mustersatz 1
Mustersatz 2

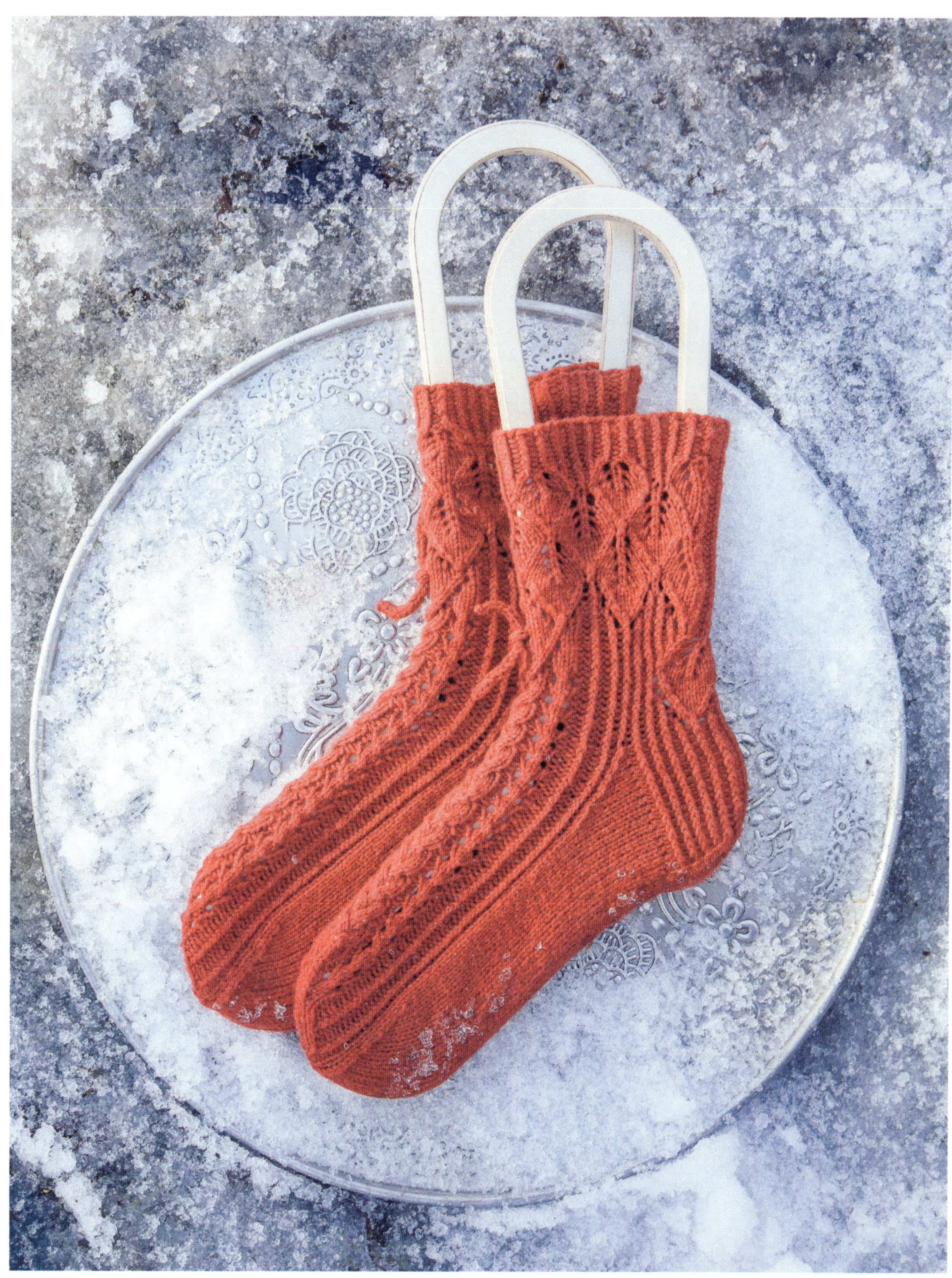

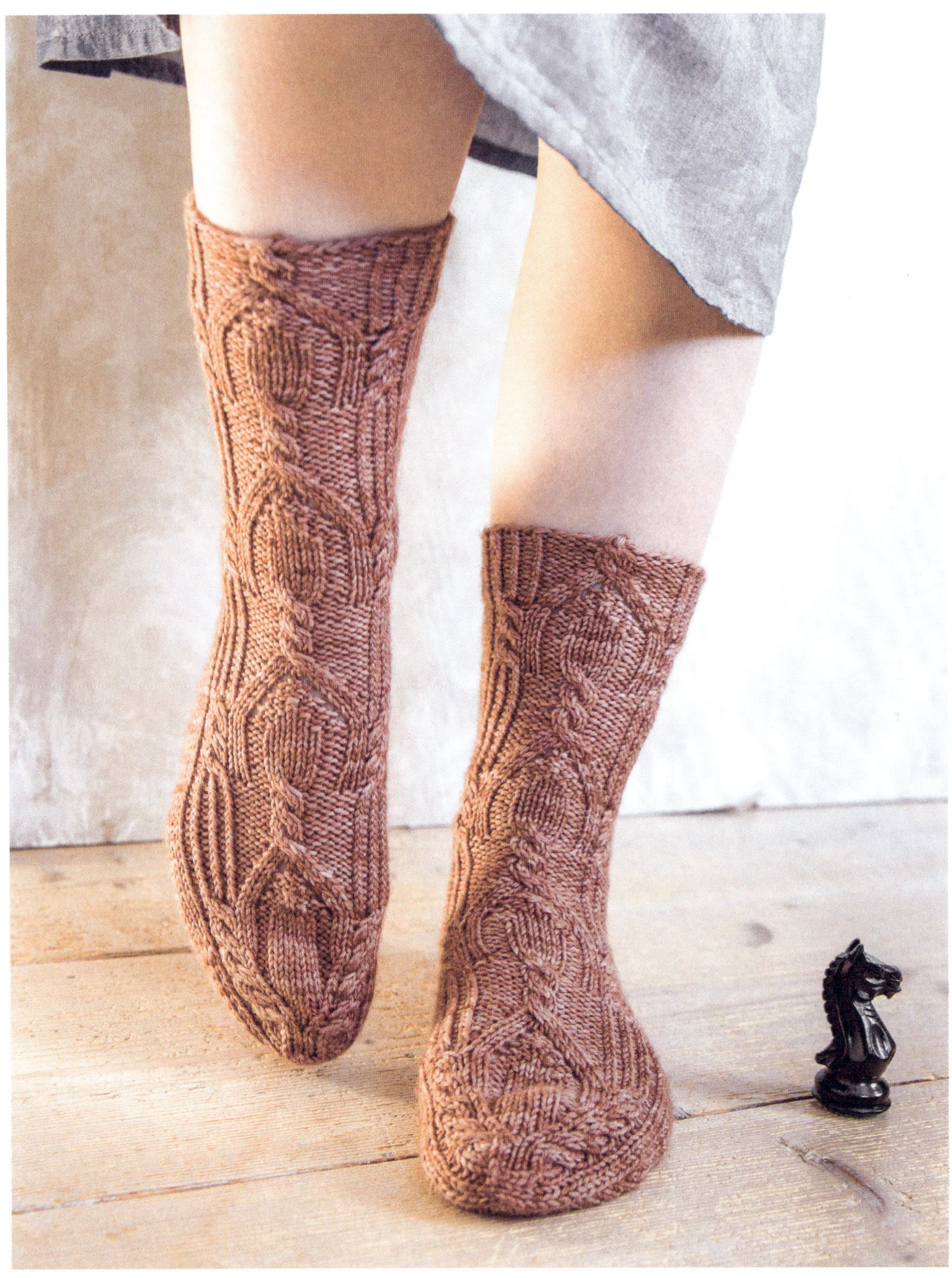

Mitteldicke Garne

225–260 m/100 g

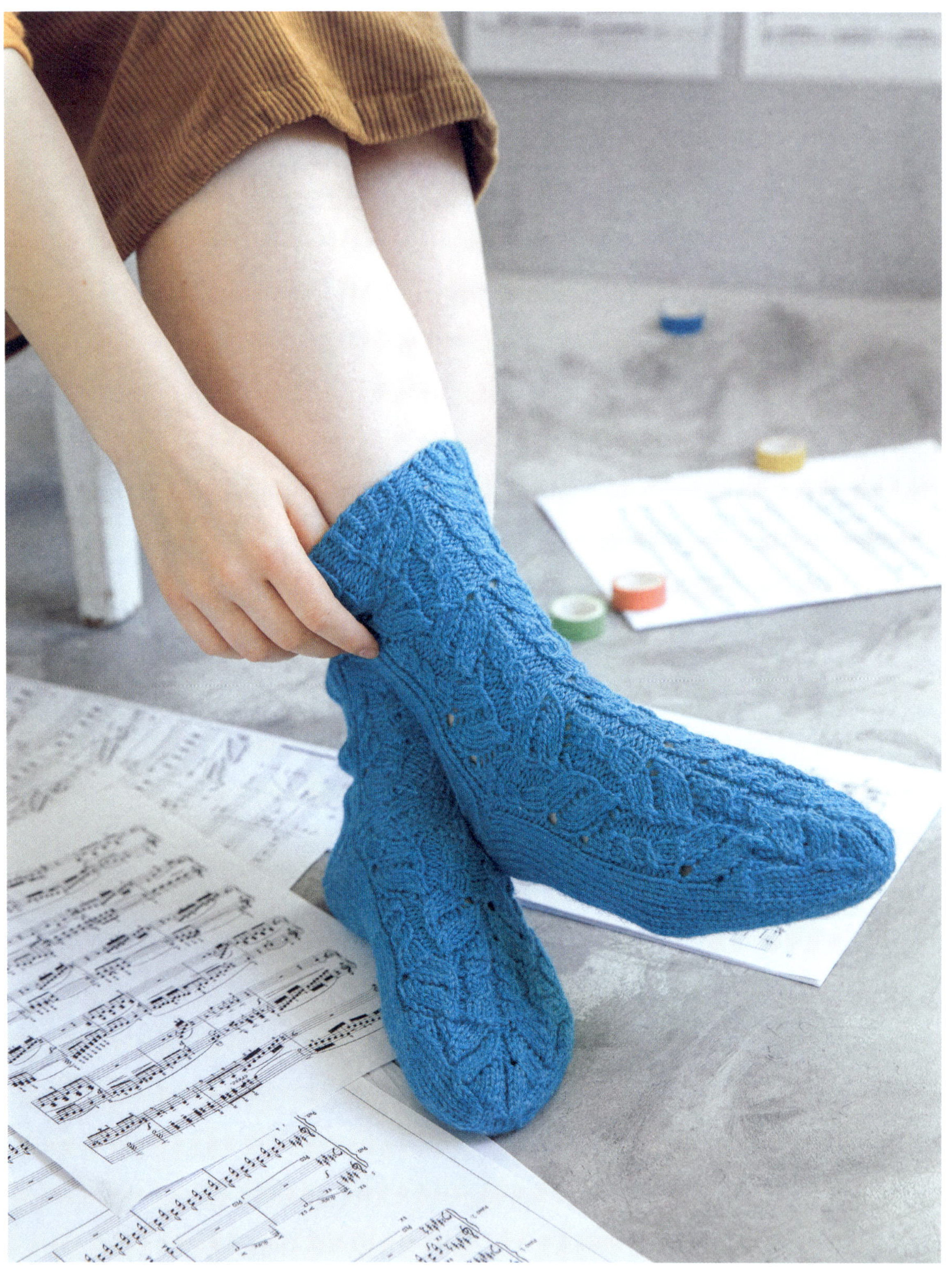

Maschenprobe: 26 M und 31 R glatt rechts = 10 cm x 10 cm

Nadeln: Nadelspiel 3,0 mm oder nach Strickfestigkeit, Hilfsnadel

Größe: 38/39

Garn: Gründl Hot Socks 6 ply (75 % Merinowolle, 25 % Polyamid, 375 m/150 g), Farbe: Petrol (05), 100 g

Sommerbrise

Die Sommerbrise bringt den Sommer.
Vögel singen und Blumen blühen. Die Socke hat eine Bumerangferse, die Sie jedoch durch eine andere ersetzen können, wenn Sie möchten.

Anleitung

SCHAFT

55 M anschlagen und auf den Nadeln verteilen (14-13-14-14). Der Rundenbeginn liegt zwischen der 4. und der 1. Nadel an der Seite der Socke, die M der 1. und 2. Nadel sind für den hinteren Sockenteil.

Alle Runden laut Strickschrift A stricken.

BUMERANGFERSE

Die Ferse weiter im Muster wie bisher mit der 1. und 2. Nadel stricken. Zuerst bis zum Ende der 1. Nadel stricken, d.h. 14 M laut Strickschrift für die Ferse, der Rundenbeginn liegt ab jetzt an dieser Stelle. Mit den verkürzten Reihen laut Strickschrift beginnen. Wenn alle R der Strickschrift gestrickt sind, sind 5 M auf der 4. Nadel, 4 M auf der 1. Nadel und 9 Doppelmaschen an beiden Seiten.

Sommerbrise

Strickschrift A

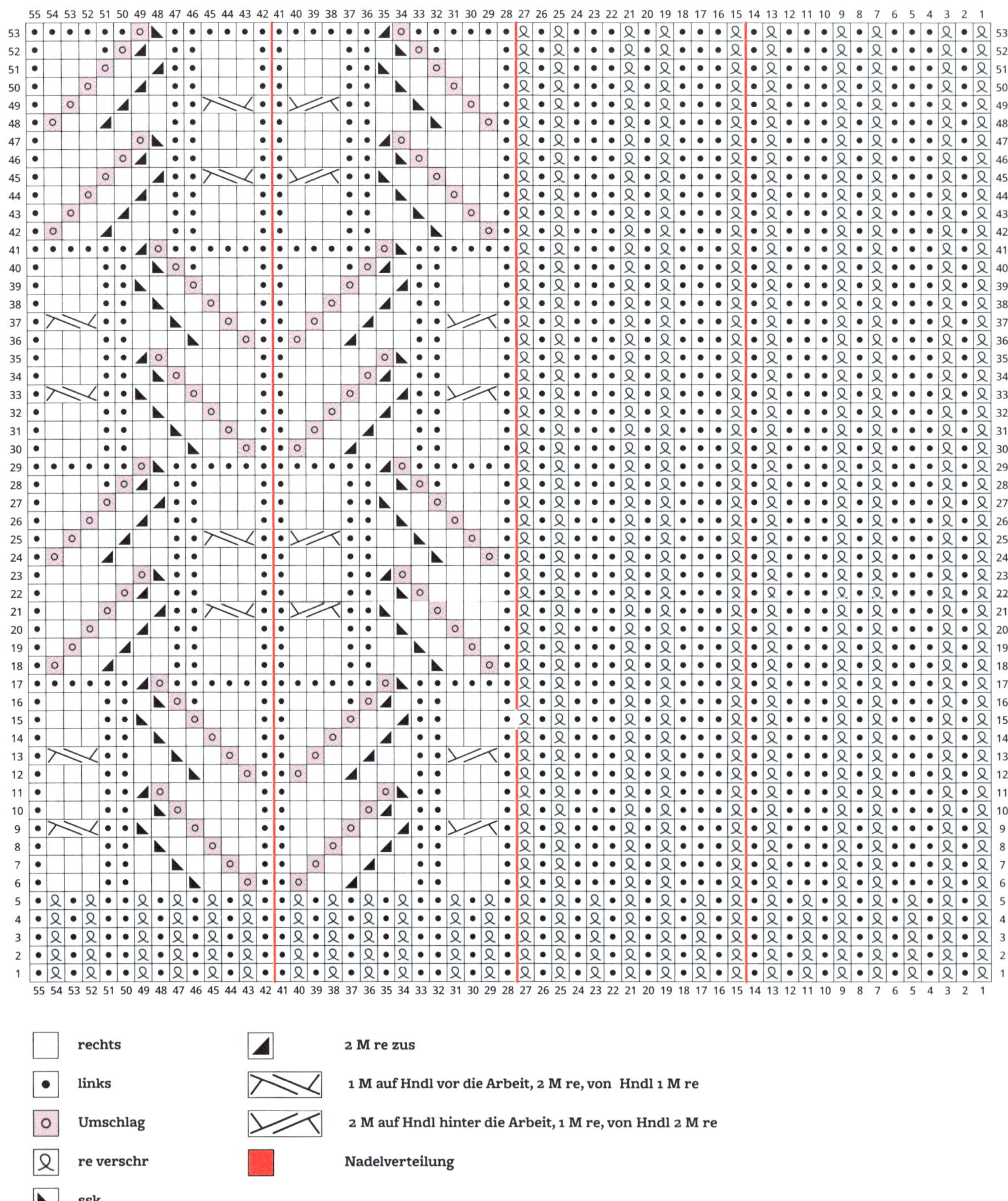

rechts

links

Umschlag

re verschr

ssk

2 M re zus

1 M auf Hndl vor die Arbeit, 2 M re, von Hndl 1 M re

2 M auf Hndl hinter die Arbeit, 1 M re, von Hndl 2 M re

Nadelverteilung

1 Rd stricken: mit 1. und 4. Nadel auf der rechten Seite der Arbeit re, dabei die Doppelmaschen re stricken, mit 2. und 3. Nadel laut R 1 Strickschrift B arbeiten. Dann mit den Zunahmen beginnen:

Hinr: Von der 1. Nadel 4 M auf die 4. Nadel = 9 M. Wenden.

Rückr: Die 1. M li abh, den Faden fest nach hinten ziehen, sodass eine Doppelmasche entsteht, 8 M li, wenden.

Hinr: Die 1. M li abh, den Faden fest nach hinten ziehen, sodass eine Doppelmasche entsteht. 7 M re, Doppelmasche re, 1 M re. Wenden.

Rückr: Die 1. M li abh, den Faden fest nach hinten ziehen, sodass eine Doppelmasche entsteht. 8 M li, Doppelmasche li, 1 M li. Wenden.

So fortfahren, d.h. immer die 1. M li abh, Doppelmasche bilden, und re (Hinr) oder li (Rückr) stricken. Die Doppelmasche und die Masche danach re (Hinr) oder li (Rückr) stricken. So fortfahren, bis die hinzugefügten M aufgebraucht sind. Wenden, am Anfang der Nadel die 1. M li abheben, Doppelmasche bilden, 26 M li, wenden.

Die 1. M li abheben, Doppelmasche bilden, 13 M re. Der Faden liegt in der Fersenmitte am Rundenbeginn. An beiden Rändern der Ferse sind Doppelmaschen, die in der nächsten R re gestrickt werden. Gleichzeitig am Ende der 1. Nadel 1 M zunehmen = 14-14-14-14 M. Weiter im Muster in Runden stricken.

FUSS UND SPITZENABNAHMEN

Mit der 1. und 4. Nadel glatt rechts und mit der 2. und 3. Nadel laut Strickschrift B stricken, bis der kleine Zeh bedeckt ist. Die Spitzenabnahmen laut Strickschrift C arbeiten = 4-4-4-4 M. Die M der 1. Nadel re auf die 4. Nadel stricken und die M der 2. und 3. Nadel auf die 2. Nadel heben. Den Faden auf ca. 20 cm abschneiden.

MASCHENSTICH

Die Spitze wird im Maschenstich geschlossen. Dies erfolgt mit zwei Nadeln: Auf der hinteren Nadel liegen die M der 4. und 1. Nadel und auf der vorderen Nadel die M der 2. und 3. Nadel, wenn die Nadeln in der linken Hand gehalten werden und der Arbeitsfaden am rechten Rand der hinteren Nadel liegt.

Eine dritte Nadel nehmen und 1 M li mit der vorderen Nadel stricken, die M von der Nadel gleiten lassen und den Faden durchziehen. Die nächste M re stricken, auf der Nadel lassen und den Faden durchziehen.

1 M re auf der hinteren Nadel stricken, die M von der Nadel gleiten lassen und den Faden durchziehen. Die nächste M li stricken, die M auf der Nadel lassen und den Faden durchziehen.

So abwechselnd mit jeder Nadel weiterarbeiten, bis 2 M übrig sind. Diese 2 M re zusammenstricken, von der Nadel gleiten lassen und den Faden durchziehen.

FERTIGSTELLEN

Alle Fadenenden auf der linken Seite der Arbeit vernähen. Die Socken leicht dämpfen oder gemäß den Anweisungen des Garnherstellers behandeln.

Sommerbrise

Strickschrift Ferse

Reihe	27	26	25	24	23	22	21	20	19	18	17	16	15	14	13	12	11	10	9	8	7	6	5	4	3	2	1	Reihe
	ꝏ	ꝏ	ꝏ	ꝏ	ꝏ	ꝏ	ꝏ	ꝏ	ꝏ	•	•	•	Ω	•	Ω	•	•	•	Ʉ	ꝏ	ꝏ	ꝏ	ꝏ	ꝏ	ꝏ	ꝏ	ꝏ	19
18	ꝏ	ꝏ	ꝏ	ꝏ	ꝏ	ꝏ	ꝏ	ꝏ	Ʉ	•	•	•	Ω	•	Ω	•	•	•	re	ꝏ	ꝏ	ꝏ	ꝏ	ꝏ	ꝏ	ꝏ	ꝏ	
	ꝏ	ꝏ	ꝏ	ꝏ	ꝏ	ꝏ	ꝏ	ꝏ	re	•	•	•	Ω	•	Ω	•	•	•	Ω	Ʉ	ꝏ	ꝏ	ꝏ	ꝏ	ꝏ	ꝏ	ꝏ	17
16	ꝏ	ꝏ	ꝏ	ꝏ	ꝏ	ꝏ	ꝏ	Ʉ	Ω	•	•	•	Ω	•	Ω	•	•	•	Ω	re	ꝏ	ꝏ	ꝏ	ꝏ	ꝏ	ꝏ	ꝏ	
	ꝏ	ꝏ	ꝏ	ꝏ	ꝏ	ꝏ	ꝏ	re	Ω	•	•	•	Ω	•	Ω	•	•	•	Ω	•	Ʉ	ꝏ	ꝏ	ꝏ	ꝏ	ꝏ	ꝏ	15
14	ꝏ	ꝏ	ꝏ	ꝏ	ꝏ	ꝏ	Ʉ	•	Ω	•	•	•	Ω	•	Ω	•	•	•	Ω	•	re	ꝏ	ꝏ	ꝏ	ꝏ	ꝏ	ꝏ	
	ꝏ	ꝏ	ꝏ	ꝏ	ꝏ	ꝏ	re	•	Ω	•	•	•	Ω	•	Ω	•	•	•	Ω	•	Ω	Ʉ	ꝏ	ꝏ	ꝏ	ꝏ	ꝏ	13
12	ꝏ	ꝏ	ꝏ	ꝏ	ꝏ	Ʉ	Ω	•	Ω	•	•	•	Ω	•	Ω	•	•	•	Ω	•	Ω	re	ꝏ	ꝏ	ꝏ	ꝏ	ꝏ	
	ꝏ	ꝏ	ꝏ	ꝏ	ꝏ	re	Ω	•	Ω	•	•	•	Ω	•	Ω	•	•	•	Ω	•	Ω	•	Ʉ	ꝏ	ꝏ	ꝏ	ꝏ	11
10	ꝏ	ꝏ	ꝏ	ꝏ	Ʉ	•	Ω	•	Ω	•	•	•	Ω	•	Ω	•	•	•	Ω	•	Ω	•	re	ꝏ	ꝏ	ꝏ	ꝏ	
	ꝏ	ꝏ	ꝏ	ꝏ	re	•	Ω	•	Ω	•	•	•	Ω	•	Ω	•	•	•	Ω	•	Ω	•	•	Ʉ	ꝏ	ꝏ	ꝏ	9
8	ꝏ	ꝏ	ꝏ	Ʉ	•	•	Ω	•	Ω	•	•	•	Ω	•	Ω	•	•	•	Ω	•	Ω	•	•	re	ꝏ	ꝏ	ꝏ	
	ꝏ	ꝏ	ꝏ	re	•	•	Ω	•	Ω	•	•	•	Ω	•	Ω	•	•	•	Ω	•	Ω	•	•	•	Ʉ	ꝏ	ꝏ	7
6	ꝏ	ꝏ	Ʉ	•	•	•	Ω	•	Ω	•	•	•	Ω	•	Ω	•	•	•	Ω	•	Ω	•	•	•	re	ꝏ	ꝏ	
	ꝏ	ꝏ	re	•	•	•	Ω	•	Ω	•	•	•	Ω	•	Ω	•	•	•	Ω	•	Ω	•	•	•	Ω	Ʉ	ꝏ	5
4	ꝏ	Ʉ	Ω	•	•	•	Ω	•	Ω	•	•	•	Ω	•	Ω	•	•	•	Ω	•	Ω	•	•	•	Ω	re	ꝏ	
	ꝏ	re	Ω	•	•	•	Ω	•	Ω	•	•	•	Ω	•	Ω	•	•	•	Ω	•	Ω	•	•	•	Ω	•	Ʉ	3
2	Ʉ	•	Ω	•	•	•	Ω	•	Ω	•	•	•	Ω	•	Ω	•	•	•	Ω	•	Ω	•	•	•	Ω	•	re	
	re	•	Ω	•	•	•	Ω	•	Ω	•	•	•	Ω	•	Ω	•	•	•	Ω	•	Ω	•	•	•	Ω	•	Ω	1
	27	26	25	24	23	22	21	20	19	18	17	16	15	14	13	12	11	10	9	8	7	6	5	4	3	2	1	

- • **Hinr: li**
  Rückr: re
- ꝏ **Doppelmasche**
- (rot) **Nadelverteilung**
- Ω **Hinr: re verschr**
  Rückr: li verschr
- Ʉ **die 1. M li abh, den Faden fest nach hinten ziehen, so dass eine Doppelmasche entsteht**
- re (grün) **rechts**

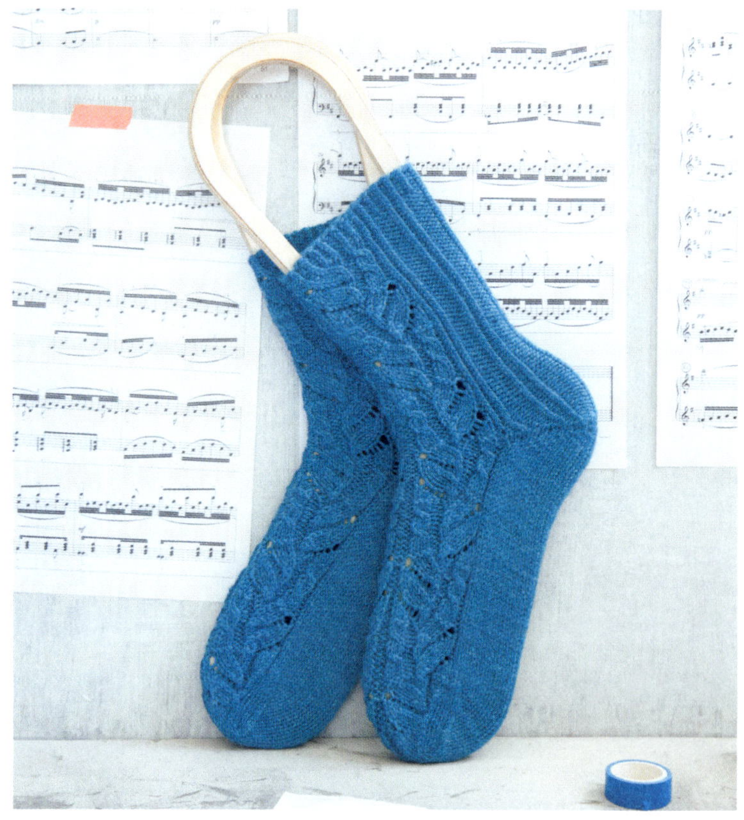

Strickschrift B

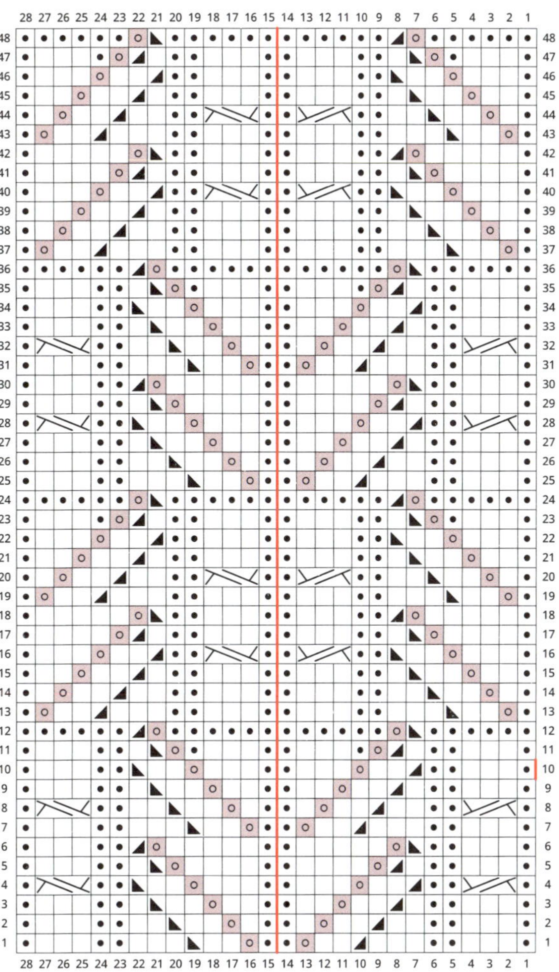

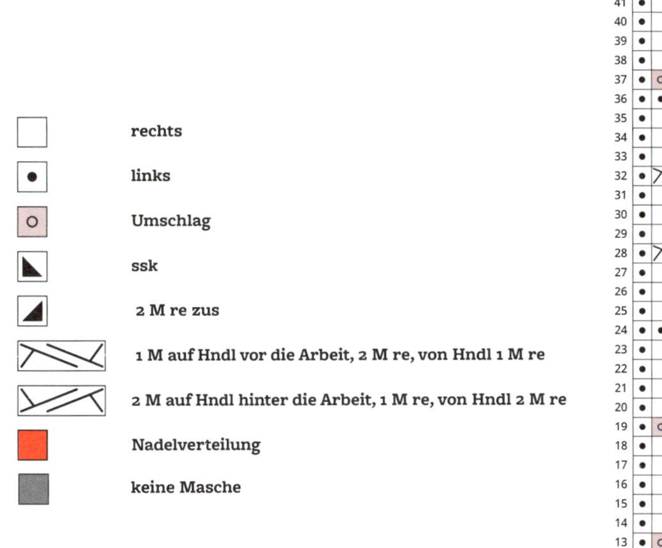

Strickschrift C

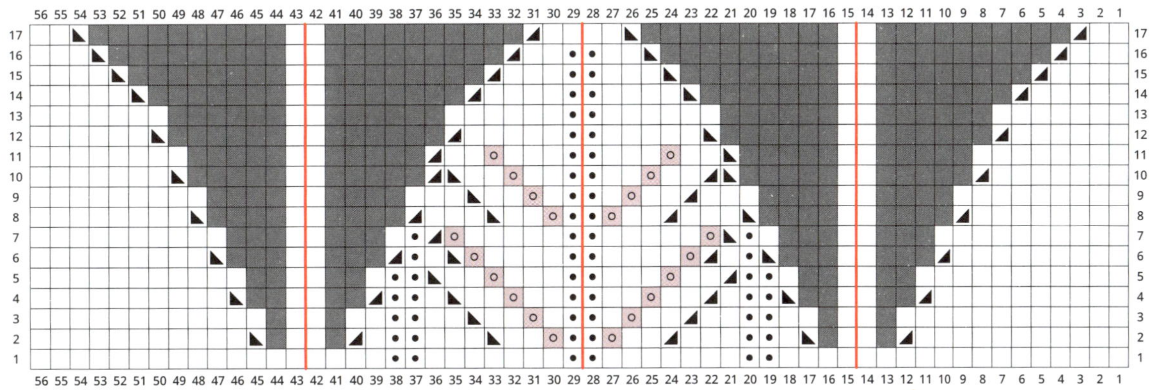

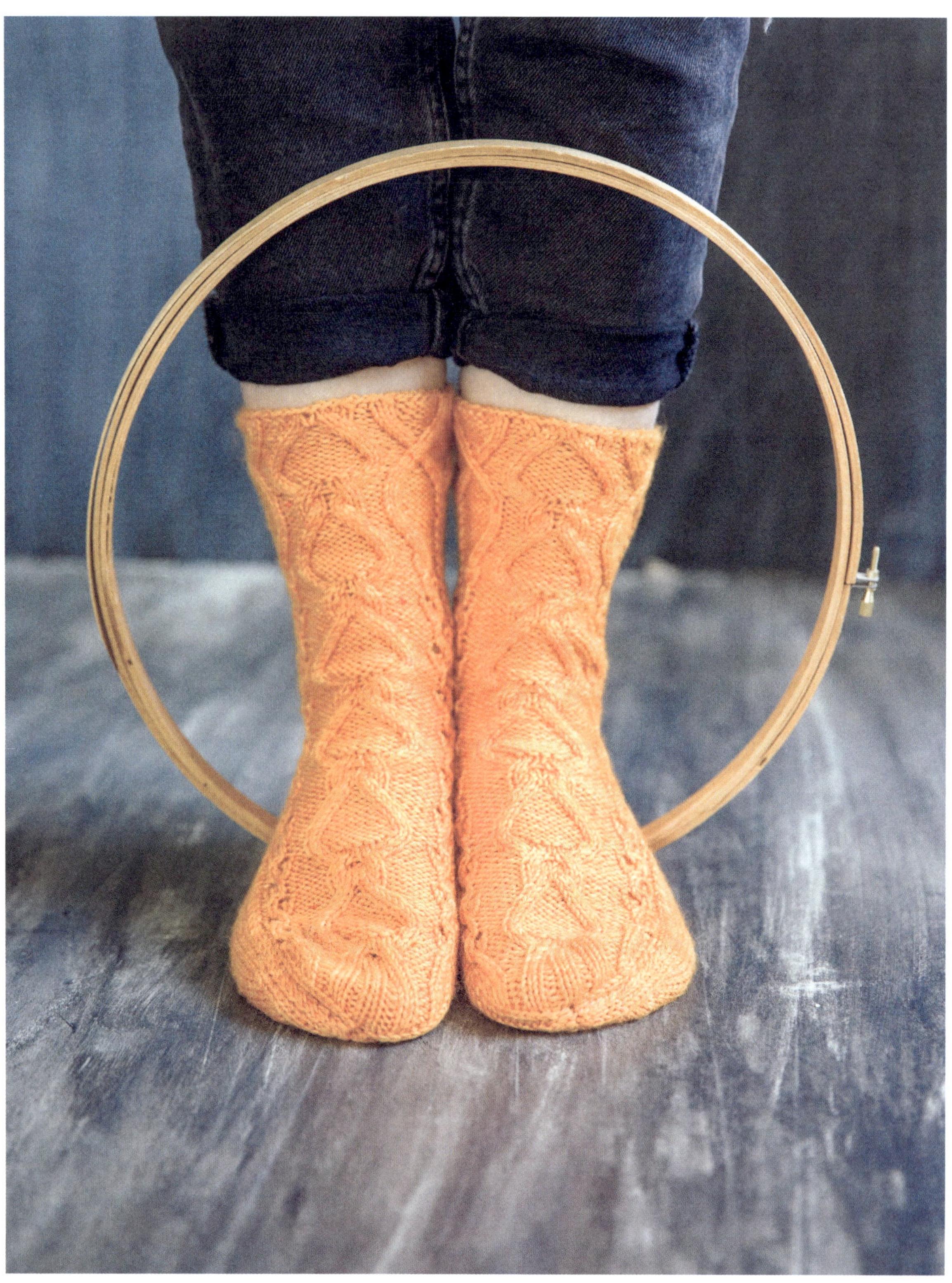

Maschenprobe: 26 M und 36 R glatt rechts = 10 cm x 10 cm

Nadeln: Nadelspiel 3,0 mm oder nach Strickfestigkeit, Hilfsnadel

Größe: 38/39

Garn: Louhittaren Luola Väinämöinen
Wolle 75 %, Polyamid 25 %, 260 m/100g)
Farbe: Mango, 90 g

Abrakadabra

Zauberformel und Zauberwort, das im Laufe der Jahrhunderte viele verschiedene Bedeutungen hatte. Hier bedeutet es verschlungene Zöpfe und Spitzenstrick. Die frische Mangofarbe runden die Socken mit einer holländischen Ferse schön ab.

Anleitung

SCHAFT

64 M anschlagen und auf den Nadeln verteilen (16-16-16-16). Der Rundenbeginn liegt zwischen der 4. und 1. Nadel in der rückwärtigen Mitte. Die Rd 1–54 laut Strickschrift A stricken, dabei an den markierten Stellen abnehmen. In der letzten Rd der Strickschrift hat die Arbeit 14-15-15-14 M.

FERSE

Die M der 1. Nadel re auf die 4. Nadel stricken = 28 M. Die übrigen M ruhen. Die Arbeit wenden.

Verstärkte Ferse:

1. R (Rückr): Die 1. M abheben, die übrigen M links stricken.

2. R (Hinr): *1 M abheben, 1 M re*, von * bis * bis R-Ende wiederholen.

Diese 2 R abwechselnd wiederholen, bis 28 R plus 1 Rückr gestrickt sind.

Abrakadabra

Strickschrift A

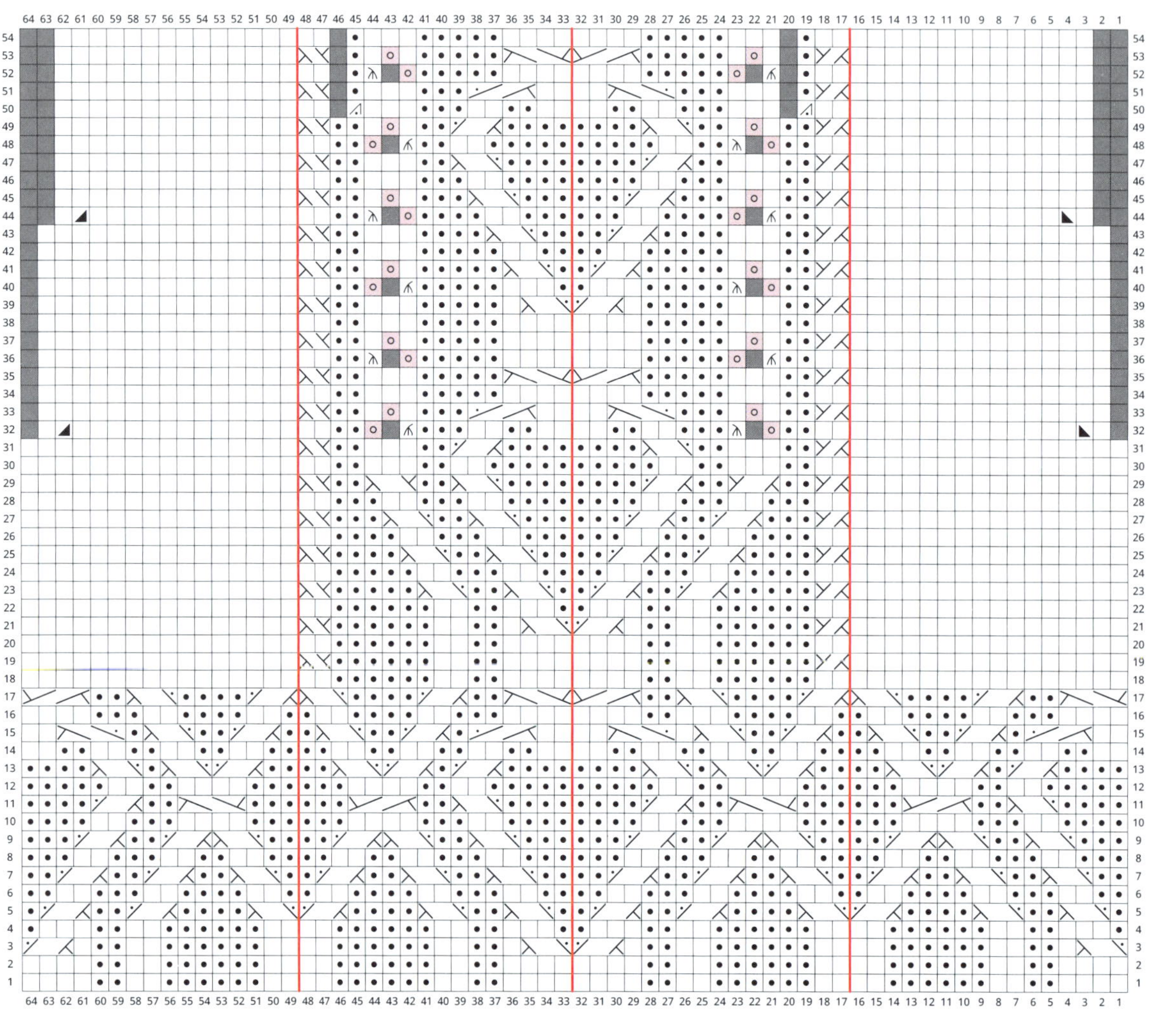

(leeres Kästchen)	rechts
(Punkt)	links
(Kreis)	Umschlag
	3 M re verschr zus
	3 M re zus
	2 M li zus
	2 M re verschr zus
	2 M re zus
	1 M auf Hndl vor die Arb, 1 M re, die 1 M der Hndl re
	1 M auf Hndl hinter die Arb, 1 M re, die 1 M der Hndl re
	1 M auf Hndl hinter die Arb, 1 M re, die 1 M der Hndl re
	1 M auf Hndl hinter die Arb, 2 M re, die 1 M der Hndl re
	2 M auf Hndl vor die Arb, 1 M li, die 2 M der Hndl re
	1 M auf Hndl hinter die Arb, 2 M re, die 1 M der Hndl li
	2 M auf Hndl vor die Arb, 2 M re, die 2 M der Hndl re
	2 M auf Hndl vor die Arb, 2 M li, die 2 M der Hndl re
	2 M auf Hndl hinter die Arb, 2 M re, die 2 M der H
	2 M auf Hndl hinter die Arb, 2 M re, die 2 M der H
(rot)	Nadelverteilung
(grau)	keine Masche

KÄPPCHENABNAHMEN

Die Arbeit wenden. Vom rechten Rand beginnend verstärkt stricken, bis 11 M übrig sind, 2 M re verschr zus, wenden (9 Seitenmaschen übrig).

Die 1. M abheben, li stricken, bis 11 M übrig sind, 2 M li zus, wenden (9 Seitenmaschen übrig).

Die 1. M abheben, weiterhin verstärkt stricken, bis 10 M übrig sind, 2 M re verschr zus, wenden (8 Seitenmaschen übrig).

Die 1. M abheben, li stricken, bis 10 M übrig sind, 2 M li zus, wenden (8 Seitenmaschen übrig).

So fortfahren, bis nur noch die mittleren 8 M übrig sind = Fersenkäppchen. Davon 4 M re auf die freie Nadel = 4. Nadel stricken. Der Faden liegt nun auf der rechten Seite der Arbeit in der Fersenmitte am Rundenbeginn.

ZWICKELABNAHMEN

Die übrigen Käppchenmaschen re auf die 2. freie Nadel stricken und aus dem linken Fersenrand 14+1 M aufnehmen. Mit der 2. und 3. Nadel das Muster ab der 1. Rd laut Strickschrift B arbeiten. Aus dem rechten Fersenrand 14+1 M aufnehmen, 4 M re = 19-15-15-19 M.

Mit den Zwickelabnahmen beginnen:

1. Rd:

1. Nadel: Re stricken, bis 2 M übrig sind, 2 M re zus.

2. und 3. Nadel: Laut Strickschrift B stricken.

4. Nadel: Links geneigte Abnahme, bis zum Ende der Nadel re stricken.

2. Rd:

Mit der 1. und 4. Nadel re und mit der 2. und 3. Nadel laut Strickschrift B ohne Zwickelabnahmen stricken.

Diese 2 R wdh, bis 14-15-15-14 M übrig sind.

FUSS UND SPITZENABNAHMEN

Mit der 1. und 4. Nadel glatt rechts und mit der 2. und 3. Nadel nach Strickschrift B stricken. Die Spitzenabnahmen laut Strickschrift C arbeiten = 2-2-2-2 M. Den Faden abschneiden, durch die restlichen M ziehen und die Spitze schließen.

FERTIGSTELLEN

Alle Fadenenden auf der linken Seite der Arbeit vernähen. Die Socken leicht dämpfen oder gemäß den Anweisungen des Garnherstellers behandeln.

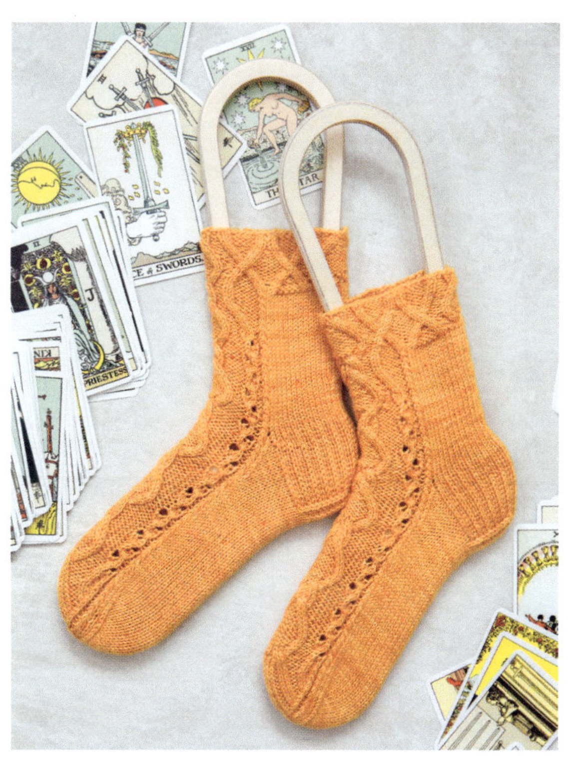

Abrakadabra

Strickschrift B

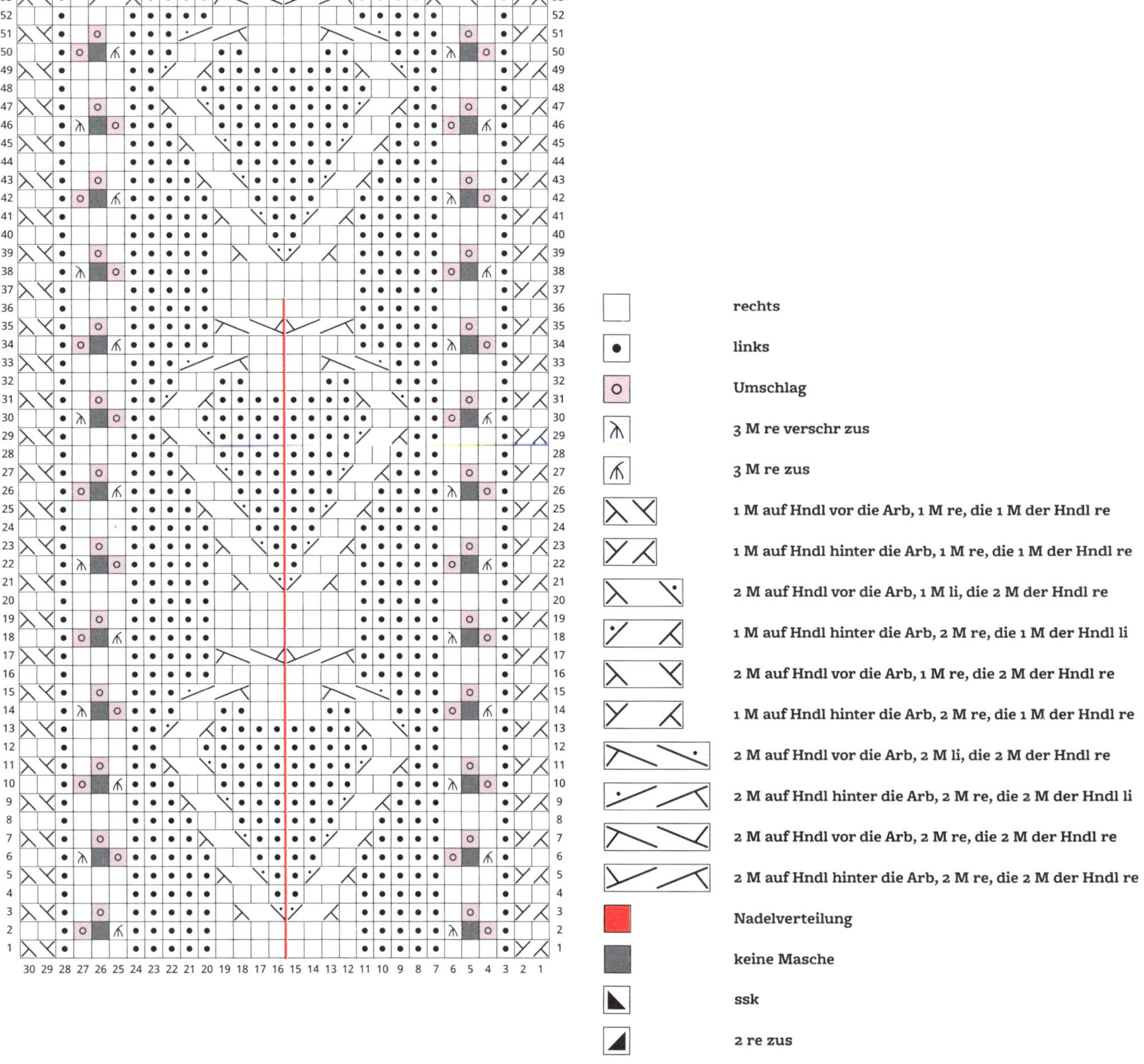

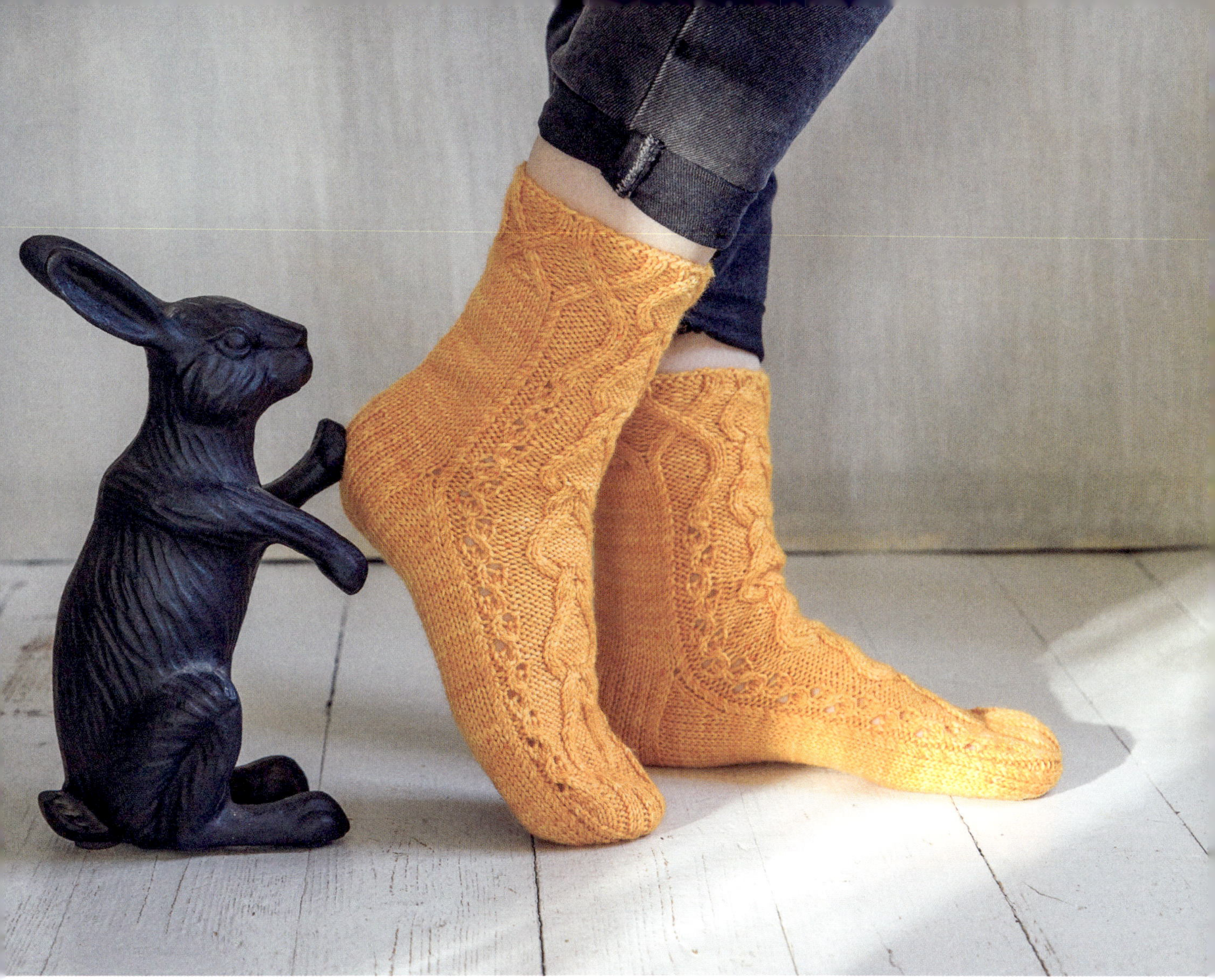

Strickschrift C

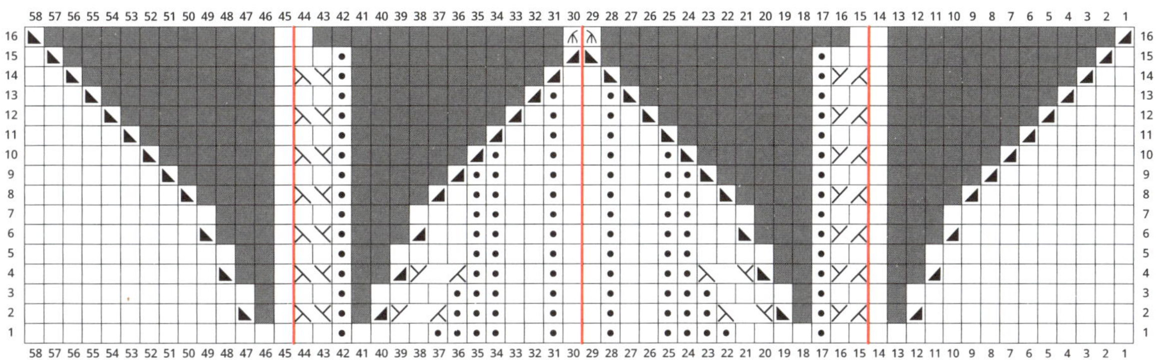

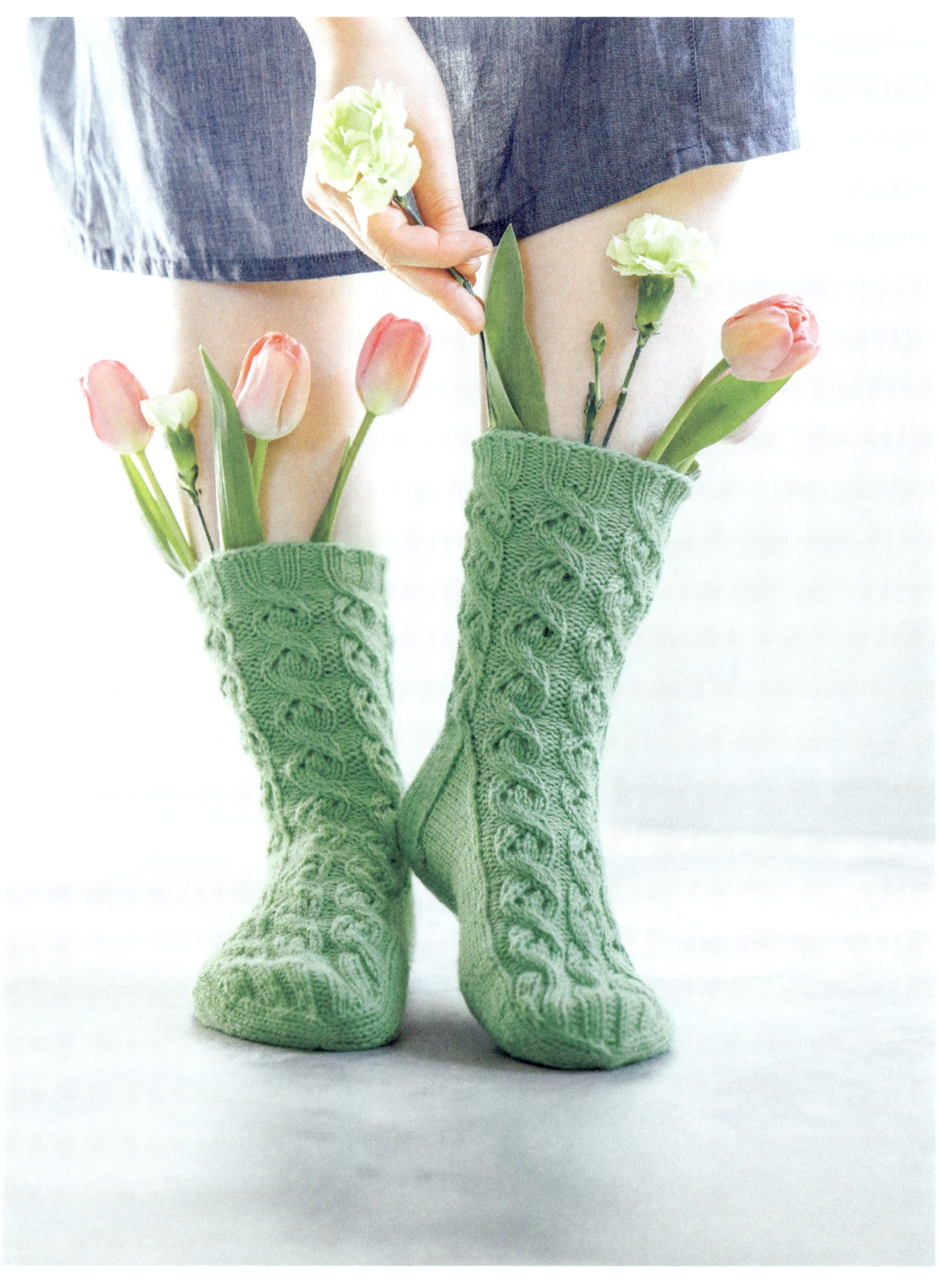

Maschenprobe: 26 M und 31 R glatt rechts = 10 cm x 10 cm

Nadeln: Nadelspiel 3,0 mm oder nach Strickfestigkeit, Hilfsnadel

Größe: 38/39

Garn: Opal 6-ply (Wolle 75 %, Nylon 25 %, 260 m/100 g), Farbe: Grün (7903), 100 g

Knospen

Die verschlungenen Zöpfe und das zarte Lochmuster bilden zusammen eine Komposition, die an Knospen erinnert und die an der Sockenspitze in ein Rippenmuster übergeht. Die Socke hat eine französische Ferse.

Anleitung

SCHAFT

Mit dem Nadelspiel 56 M (15-13-13-15) anschlagen. Der Rundenbeginn liegt zwischen der 4. und 1. Nadel auf der Sockenrückseite. Laut Strickschrift A arbeiten, dabei zunächst alle Rd einmal stricken und danach die Rd 18–27 noch dreimal wiederholen. Die M auf den Nadeln verteilen: 14-14-14-14.

FRANZÖSISCHE FERSE

Die M der 1. Nadel re auf die 4. Nadel stricken = 28 M. Die übrigen M ruhen. Arbeit wenden. Verstärkte Ferse:

1. R (Rückr): Die 1. M abheben, die übrigen M links stricken.

2. R (Hinr): *1 M abheben, 1 M re*, von * bis * bis R-Ende wiederholen.

Diese 2 R abwechselnd wiederholen, bis 24 R plus 1 Rückr gestrickt sind.

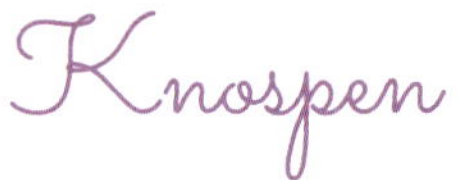

Knospen

KÄPPCHENABNAHMEN

Die Arbeit wenden. Vom rechten Rand beginnend verstärkt stricken, bis 11 M übrig sind, 2 M re verschr zus, 1 M re, wenden (8 Seitenmaschen übrig).

Die 1. M abheben, li stricken, bis 11 M übrig sind, 2 M li zus, 1 M li, wenden (8 Seitenmaschen übrig).

Die 1. M abheben, re stricken, bis 9 M übrig sind, M re verschr zus, 1 M re, wenden (6 Seitenmaschen übrig).

Die 1. M abheben, li stricken, bis 9 M übrig sind, 2 M li zus, 1 M li, wenden (6 Seitenmaschen übrig).

So fortfahren, bis nur noch die mittleren 18 M übrig sind = Fersenkäppchen. Davon 9 M re auf die freie Nadel = 4. Nadel stricken. Der Faden liegt nun auf der rechten Seite der Arbeit in der Fersenmitte am Rundenbeginn.

ZWICKELABNAHMEN

Die übrigen Käppchenmaschen re auf die 2. freie Nadel stricken. Aus dem linken und rechten Fersenrand jeweils 12+1 M laut Strickschrift B aufnehmen. Die Zwickelabnahmen laut Strickschrift B arbeiten.

FUSS UND SPITZENABNAHMEN

Alle Rd laut Strickschrift B einmal stricken, danach die Rd 21–30 und 21–24 wiederholen. Die Spitzenabnahmen laut Strickschrift C arbeiten.

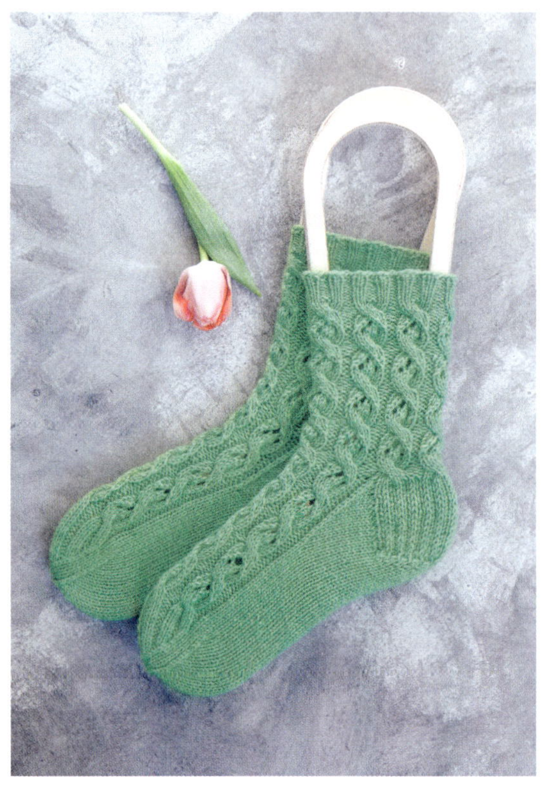

Den Faden abschneiden, durch die restlichen M ziehen und die Spitze schließen.

FERTIGSTELLEN

Alle Fadenenden auf der linken Seite der Arbeit vernähen. Die Socken leicht dämpfen oder gemäß den Anweisungen des Garnherstellers behandeln.

Strickschrift A

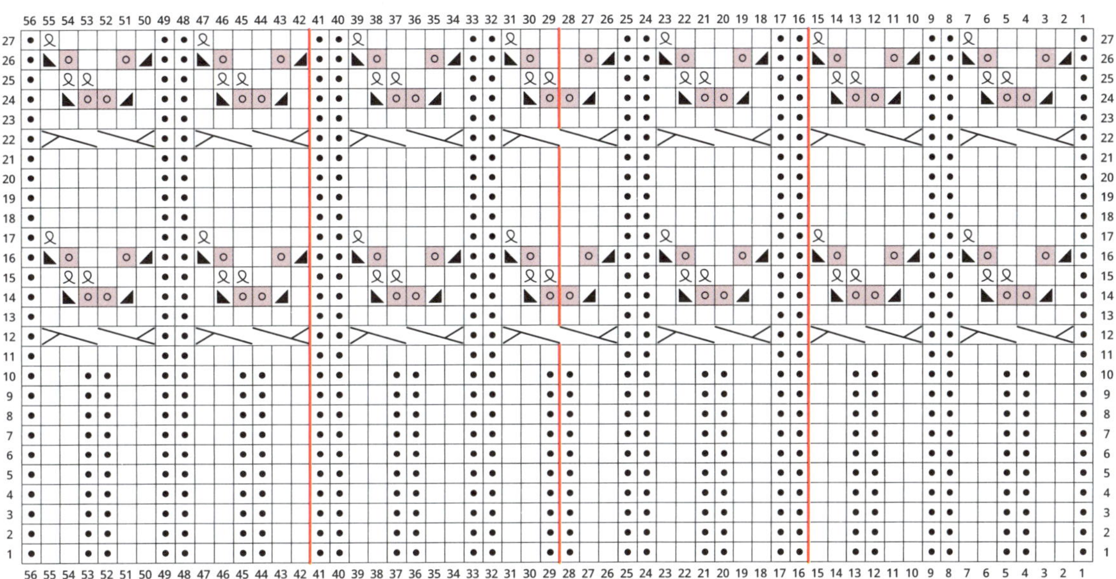

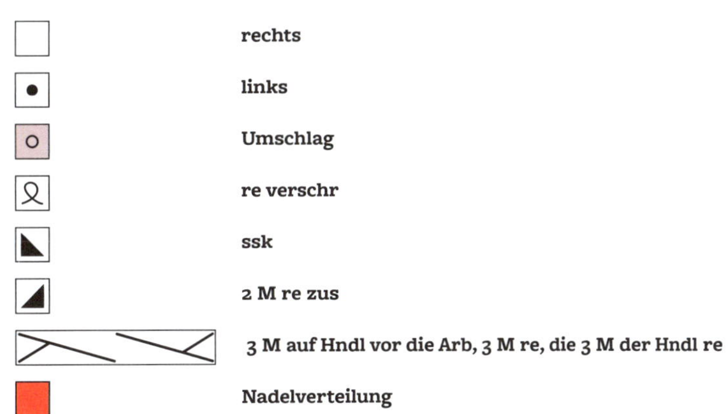

Knospen

Strickschrift B

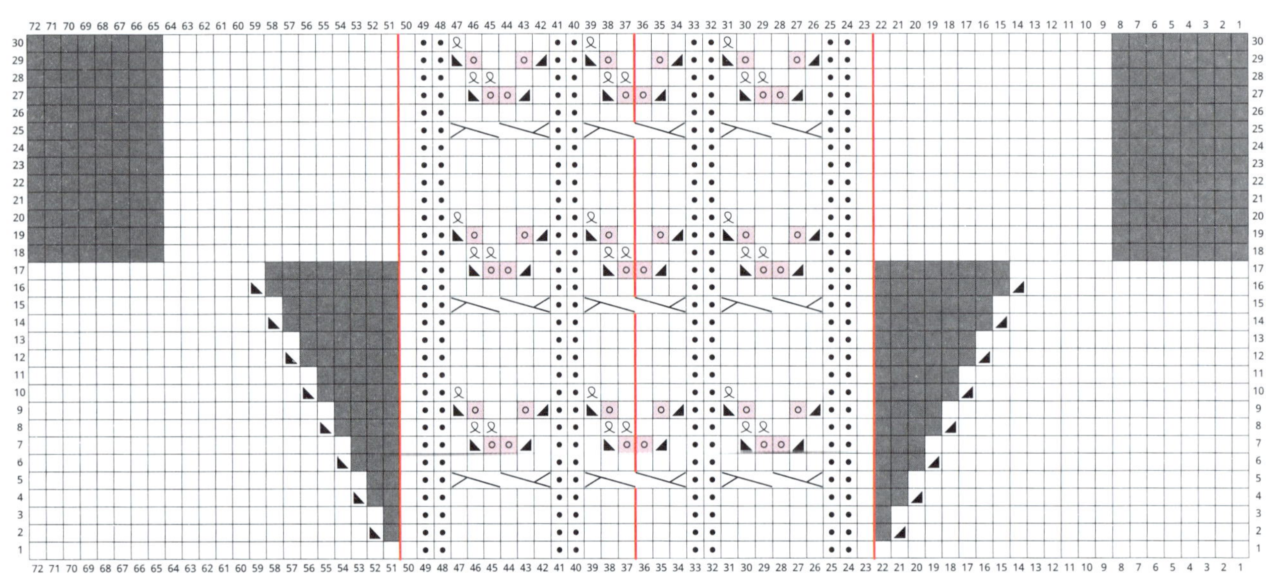

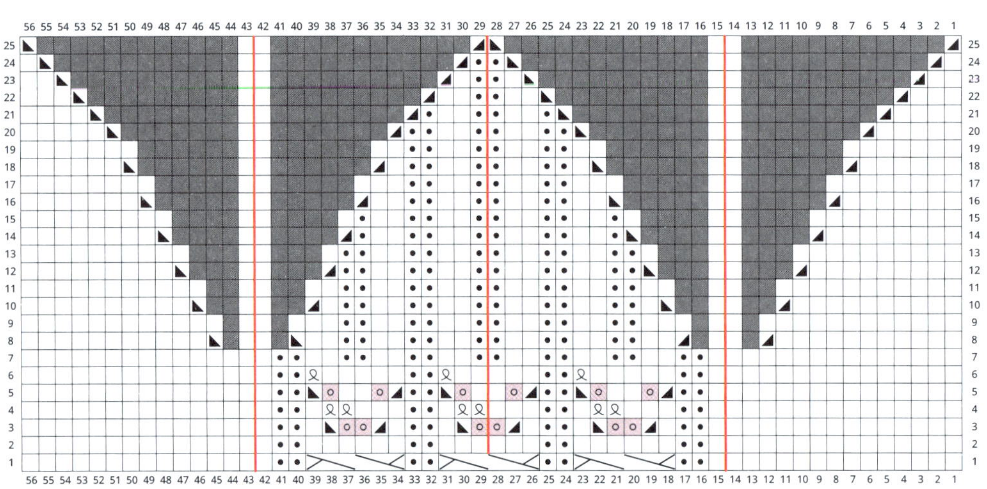

Strickschrift C

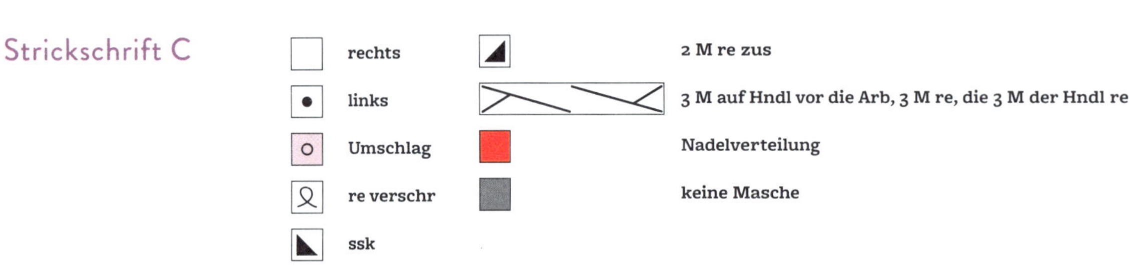

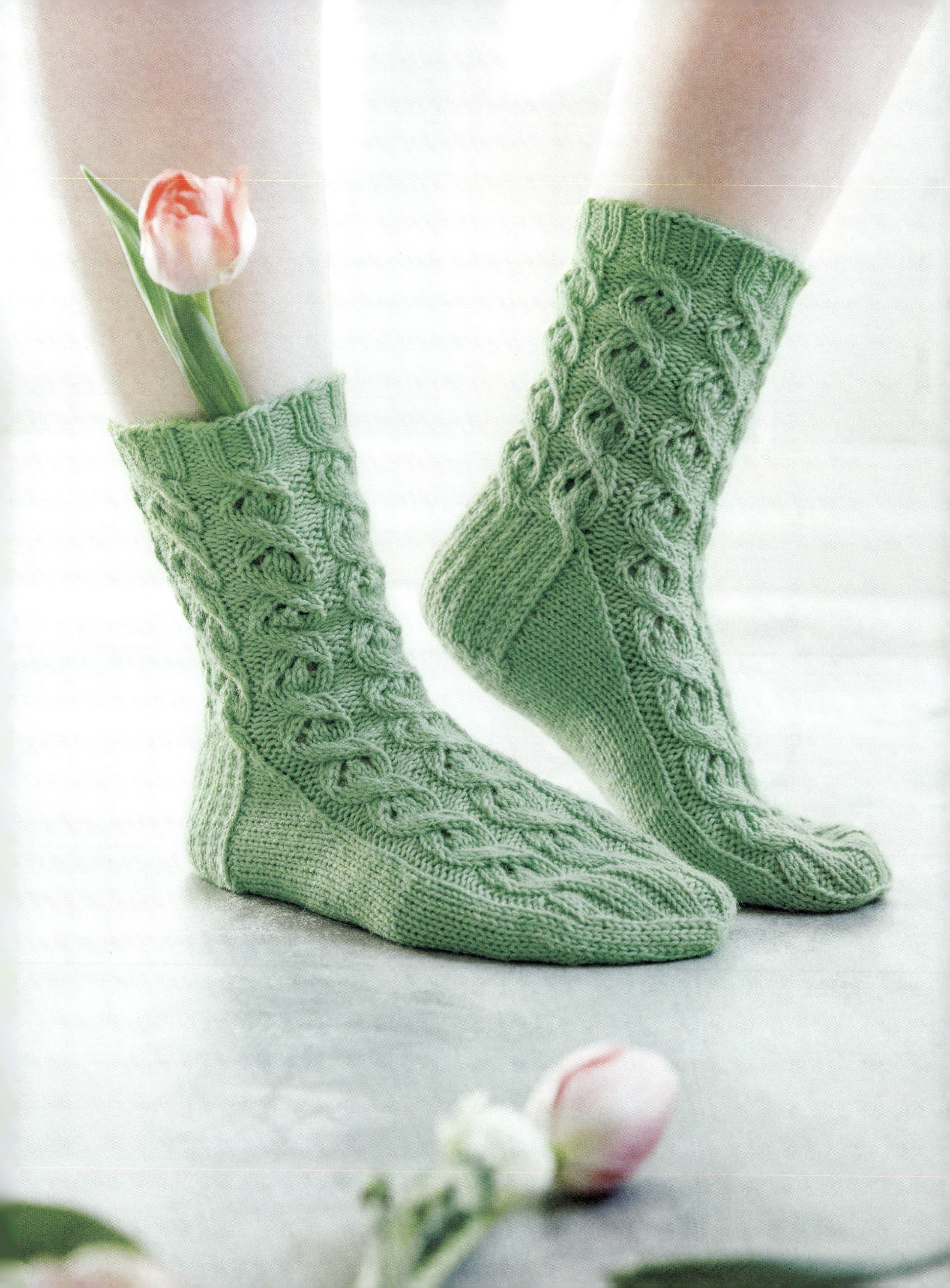

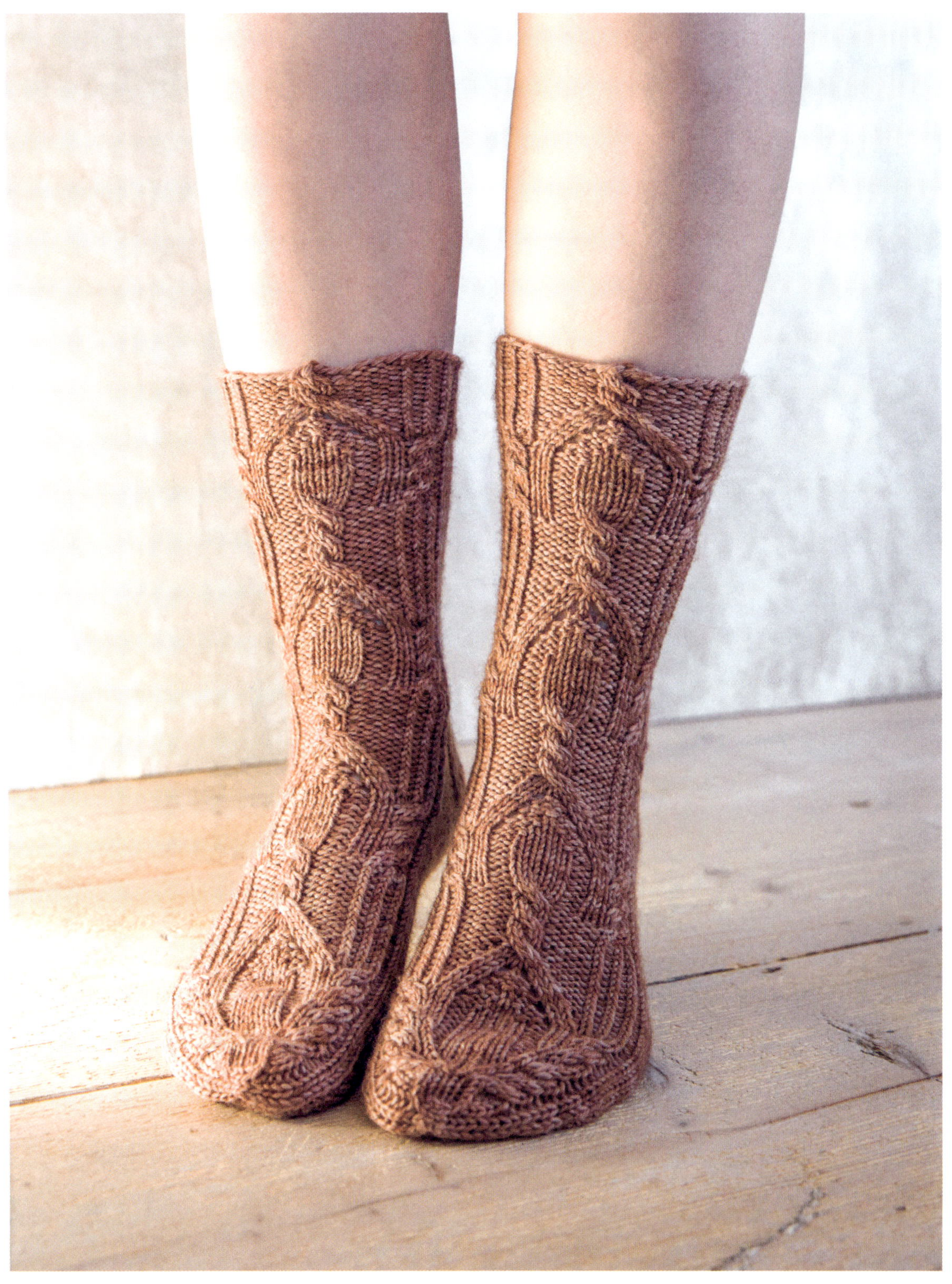

Maschenprobe: 25 M und 31 R glatt rechts = 10 cm x 10 cm

Nadeln: Nadelspiel 3,0 mm oder nach Strickfestigkeit, Hilfsnadel

Größe: 38/39

Garn: Louhittaren Luola Väinämöinen (Wolle 75 %, Polyamid 25 %, 260 m/100 g), Farbe: Ton, 85 g

Hut des Zauberers

Das Muster des »Hut des Zauberers« besteht aus Zöpfen und einem Spitzenmuster. Das Strickmuster setzt sich über die Socke bis zur Spitze fort. Die Sockenrückseite wird glatt rechts gestrickt, bis auf eine links gestrickte Runde vor der Fersenwand.

Anleitung

SCHAFT

52 M anschlagen und auf den Nadeln verteilen (13-15-10-14). Der Rundenbeginn liegt zwischen der 4. und der 1. Nadel in der rückwärtigen Mitte. Laut Strickschrift A die Rd 1–53 stricken, dabei in der letzten Rd am Ende der 4. Nadel 1 M abnehmen = 13-15-10-13 M.

FERSE

Die M der 1. Nadel li auf die 4. Nadel stricken = 26 M. Die übrigen M ruhen. Die Arbeit wenden.

Verstärkte Ferse:

1. R (Rückr): Die 1. M abheben, die übrigen M links stricken.

2. R (Hinr): *1 M abheben, 1 M re*, von * bis * bis R-Ende wiederholen.

Diese 2 R abwechselnd wiederholen, bis 26 R plus 1 Rückr gestrickt wurden.

Hut des Zauberers

Strickschrift A

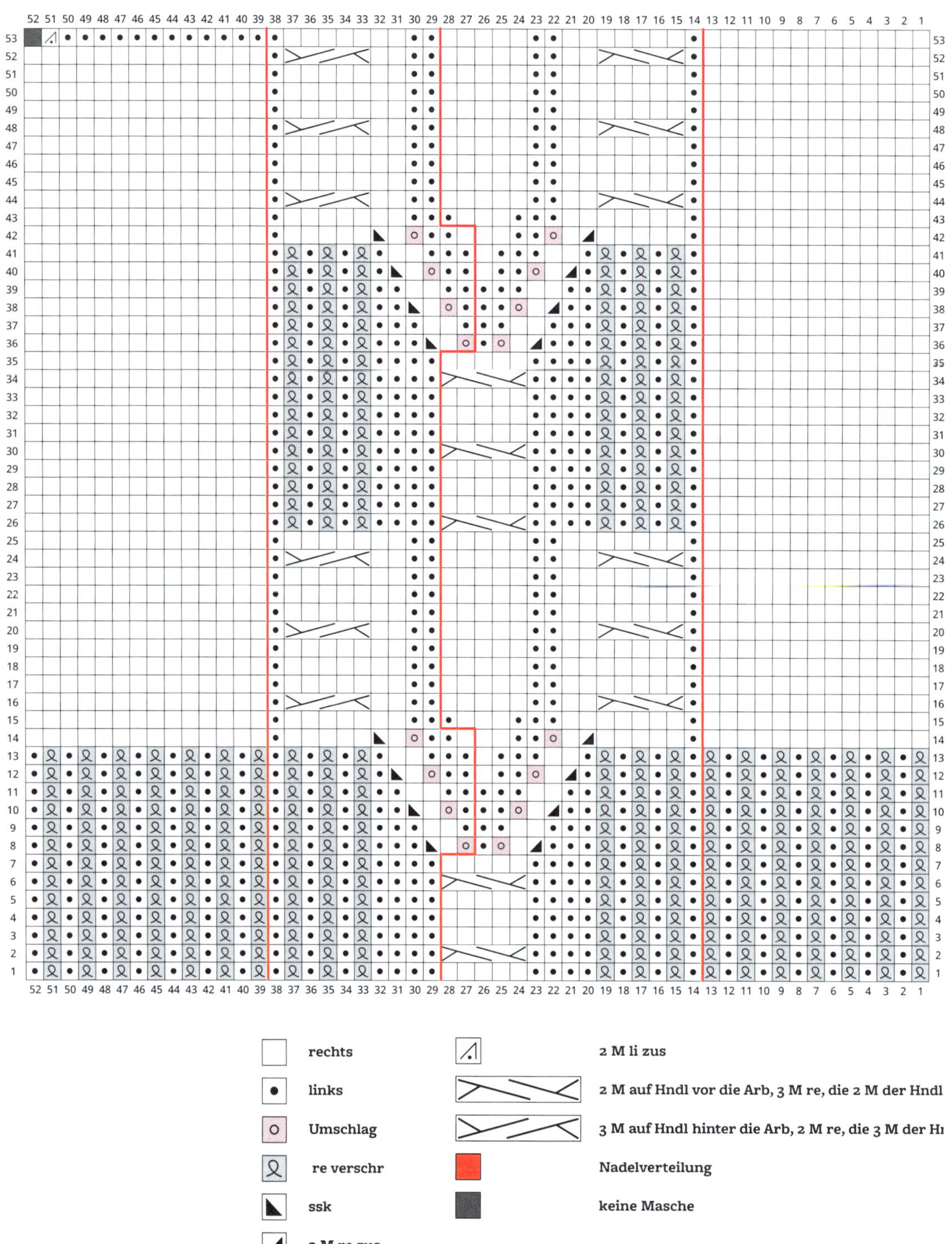

KÄPPCHENABNAHMEN

Die Arbeit wenden. Vom rechten Rand beginnend verstärkt stricken, bis 9 M übrig sind, 2 M re verschr zus, wenden (7 Seitenmaschen übrig).

Die 1. M abheben, li stricken, bis 9 M übrig sind, 2 M li zus, wenden (7 Seitenmaschen übrig).

Die 1. M abheben, weiterhin verstärkt stricken, bis 8 M übrig sind, 2 M re verschr zus, wenden (6 Seitenmaschen übrig).

Die 1. M abheben, li stricken, bis 8 M übrig sind, 2 M li zus, wenden (6 Seitenmaschen übrig).

So fortfahren, bis nur noch die mittleren 10 M übrig sind = Fersenkäppchen. Davon 5 M re auf die freie Nadel = 4. Nadel stricken. Der Faden liegt nun auf der rechten Seite der Arbeit in der Fersenmitte am Rundenbeginn.

ZWICKELABNAHMEN

Die 1. Rd laut Strickschrift B stricken. Die 5 Käppchenmaschen re auf die 2. freie Nadel stricken und aus dem linken Fersenrand 13+1 M aufnehmen, mit der 2. und 3. Nadel die 1. Rd laut Strickschrift B arbeiten, aus dem rechten Fersenrand 13+1 M aufnehmen, die 5 Käppchenmaschen re = 19-15-10-19 M. Die Zwickelabnahmen fertig stricken = 13-15-10-13 M.

FUSS UND SPITZENABNAHMEN

Den Fuß weiter laut Strickschrift B arbeiten, dabei zum Schluss die Rd 49–52 wiederholen, bis der kleine Zeh bedeckt ist und zuletzt die 52. Rd gestrickt wurde. Die Spitzenabnahmen laut Strickschrift C arbeiten.

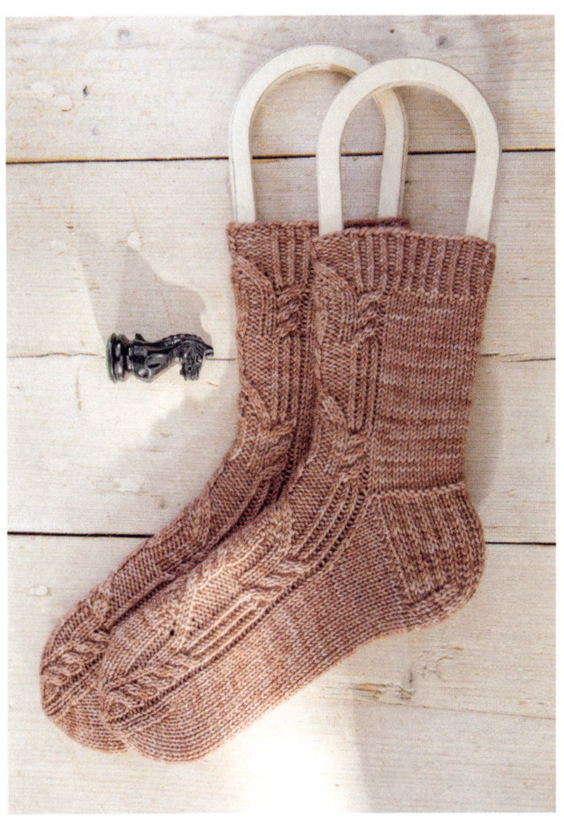

Den Faden abschneiden, durch die restlichen M ziehen und die Spitze schließen.

FERTIGSTELLEN

Alle Fadenenden auf der linken Seite der Arbeit vernähen. Die Socken leicht dämpfen oder gemäß den Anweisungen des Garnherstellers behandeln.

Hut des Zauberers

Strickschrift B

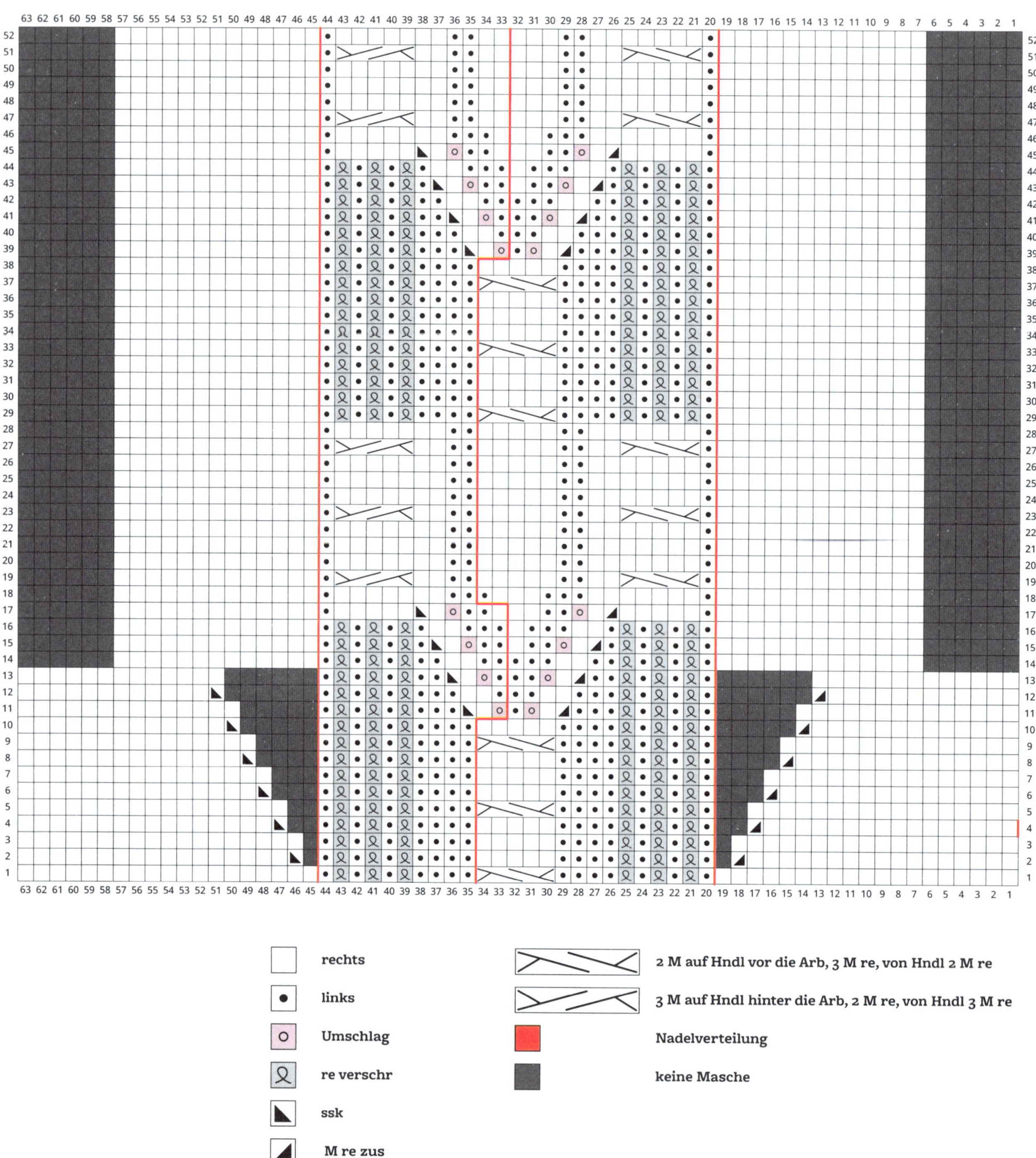

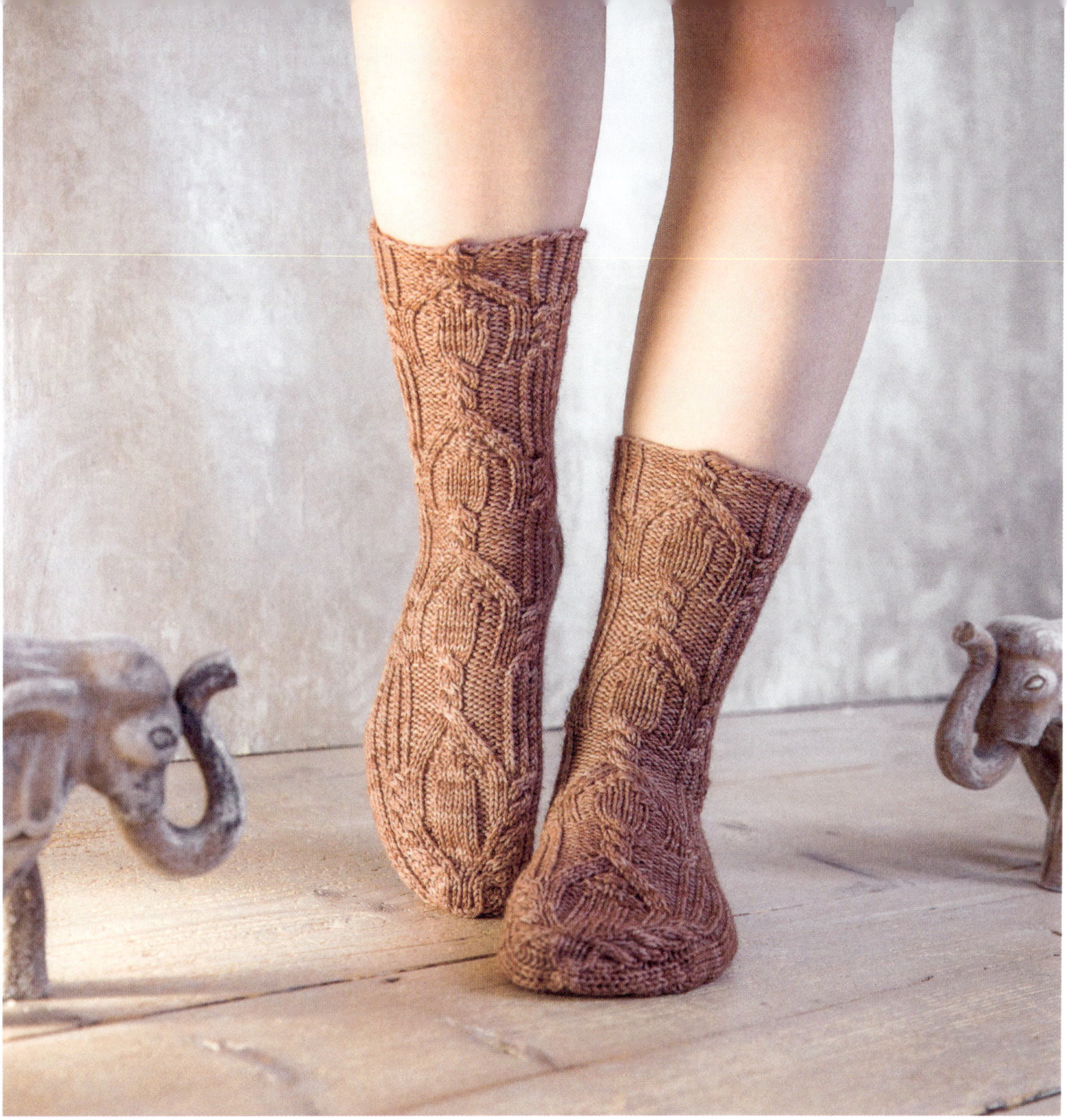

Strickschrift C

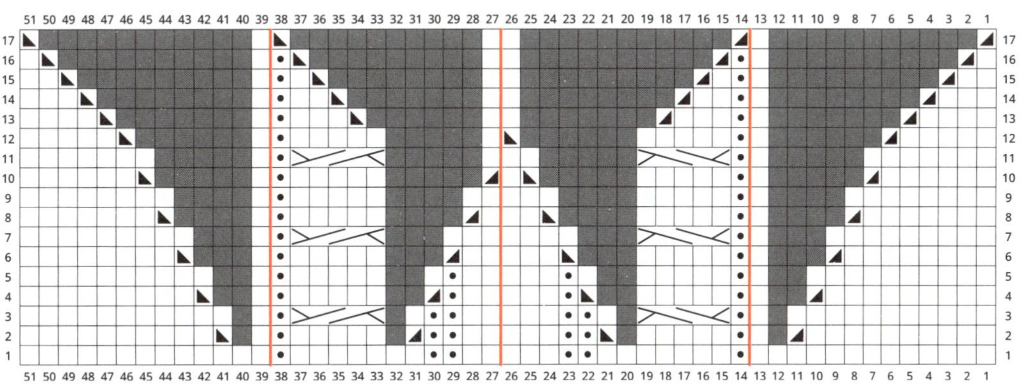

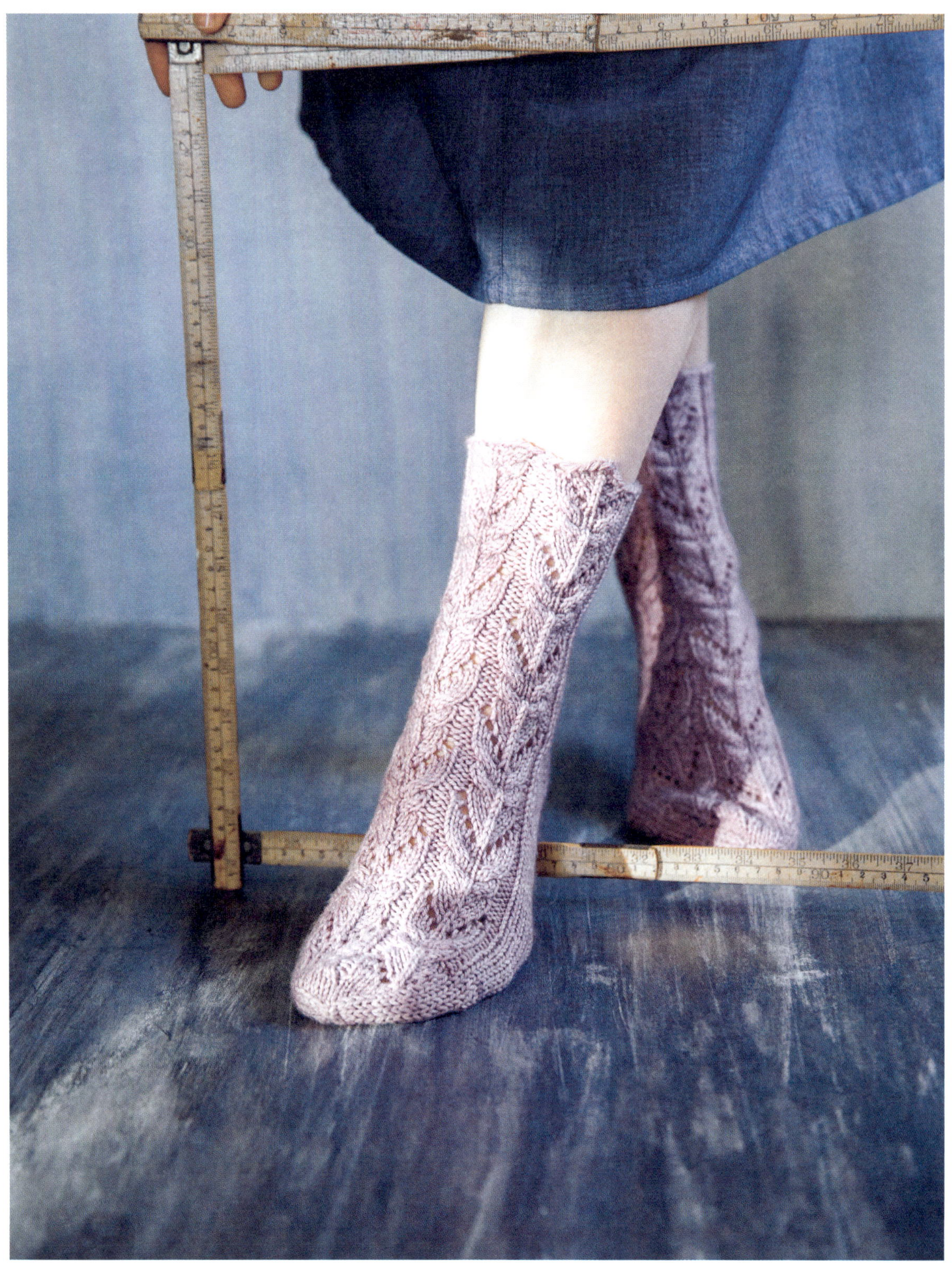

Maschenprobe: 24 M und 30 R glatt rechts 10 cm x 10 cm

Nadeln: Nadelspiel 3,25 mm oder nach Strickfestigkeit, Hilfsnadel

Größe: 38/39

Garn: The uncommon thread (75 % Superwash Merinowolle, 25 % Nylon, 225 m/100 g), Farbe: Into dust, 100 g

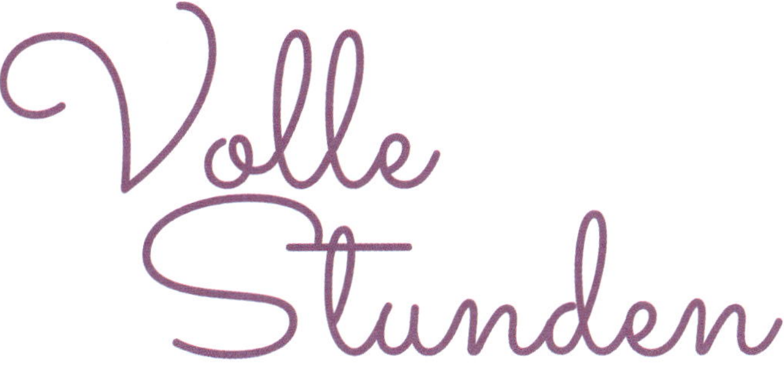

Die Lochmuster- und Zopfstreifen in unterschiedlichen Rhythmen setzen sich bis zur Sockenspitze fort, die mit einer breiten Bandspitze abschließt. Als Ferse wird die bekannte holländische Version gearbeitet.

Anleitung

SCHAFT, RECHTE SOCKE

Mit dem Nadelspiel 52 M anschlagen (13-13-13-13). Der Rundenbeginn liegt zwischen der 4. und der 1. Nadel in der rückwärtigen Mitte. Das Bündchen in Runden stricken: Mit der 1. Nadel 1 M re, *2 M li, 2 M re*, von * bis * fortlaufend wiederholen. Mit der 2. und 3. Nadel laut Strickschrift A (rechts) stricken. Mit der 4. Nadel *2 M re, 2 M li*, von * bis * wiederholen, bis 1 M übrig ist, 1 M re. So mit der 1. und 4. Nadel 10 Rd und mit der 2. und 3. Nadel laut Strickschrift A (rechts) die Rd 1–10 stricken. Dann mit der 1. und 4. Nadel glatt rechts und mit der 2. und 3. Nadel laut Strickschrift A die Rd 11–16 arbeiten, danach die Rd 1–16 noch zweimal wiederholen.

FERSE

Die M der 1. Nadel re auf die 4. Nadel stricken = 26 M. Die übrigen M ruhen. Die Arbeit wenden.

1. R (Rückr): Die 1. M abheben, die übrigen M links stricken. Wenden.

2. R (Hinr): *1 M abheben, 1 M re*, von * bis * bis R-Ende wdh. Wenden.

Diese 2 R abwechselnd wiederholen, bis 26 R plus 1 Rückr gestrickt sind.

KÄPPCHENABNAHMEN

Die Arbeit wenden. Verstärkt stricken, bis 9 M übrig sind, 2 M re verschr zus oder eine links geneigte Abn stricken, wenden (7 Seitenmaschen übrig).

Die 1. M abheben, li stricken, bis 9 M übrig sind, 2 M li zus, wenden (7 Seitenmaschen übrig).

Die 1. M abheben, verstärkt stricken, bis 8 M übrig sind, 2 M re verschr zus oder eine links geneigte Abn stricken, wenden.

Die 1. M abheben, li stricken, bis 8 M übrig sind, 2 M li zus, wenden.

So fortfahren, bis nur noch die mittleren 10 M übrig sind = Fersenkäppchen. Davon 5 M re auf die freie Nadel = 4. Nadel stricken. Der Faden liegt nun auf der rechten Seite der Arbeit in der Fersenmitte am Rundenbeginn.

ZWICKELABNAHMEN

Die übrigen Käppchenmaschen re auf die 2. freie Nadel stricken, dazu aus dem linken Fersenrand 13+1 M aufnehmen. Die 2. und 3. Nadel laut Strickschrift A (rechts), 1. Rd, stricken. Mit der 4. Nadel aus dem rechten Fersenrand 13+1 M aufnehmen und die 5 Käppchenmaschen re stricken = 19-13-13-19 M.

Mit den Zwickelabnahmen beginnen:

1. Rd: Die 1. Nadel re stricken, bis 2 M übrig sind, 2 M re zus. Mit der 2. und 3. Nadel weiter laut Strickschrift A, mit der 4. Nadel eine nach links geneigte Abnahme, die übrigen M re stricken.

2. Rd: Weiter im Muster, dabei keine Zwickelabnahmen stricken.

Diese zwei Rd abwechselnd wdh, bis 13-13-13-13 M übrig sind.

FUSS UND SPITZENABNAHMEN

Mit der 1. und 4. Nadel weiter glatt rechts und die Socke fertig stricken. Mit der 2. und 3. Nadel nach Strickschrift A (rechts), dabei die Rd 1–16 wdh, bis der kleine Zeh bedeckt ist und zuletzt die 15. Rd gestrickt wurde. Die Spitzenabnahmen laut Strickschrift B (rechts) arbeiten. Den Faden abschneiden, durch die restlichen M ziehen und die Spitze schließen.

Die linke Socke genauso stricken, jedoch laut Strickschrft A (links) und B (links).

FERTIGSTELLEN

Alle Fadenenden auf der linken Seite der Arbeit vernähen. Die Socken leicht dämpfen oder gemäß den Anweisungen des Garnherstellers behandeln.

Strickschrift A, rechts

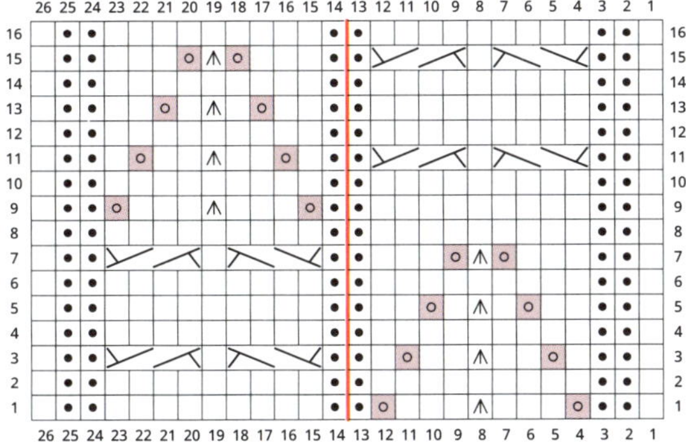

Strickschrift A, links

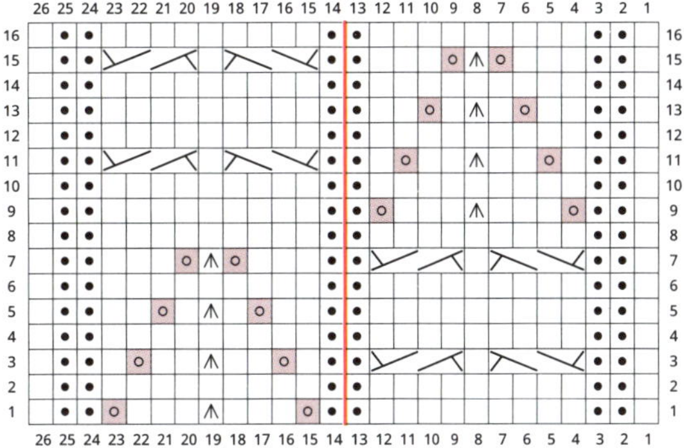

☐	rechts
•	links
o	Umschlag
⩚	doppelte, zentrierte Abnahme
(Zopf nach links)	2 M auf Hndl vor die Arbeit, 2 M re, die 2 M der Hndl re
(Zopf nach rechts)	2 M auf Hndl hinter die Arbeit, 2 M re, die 2 M der Hndl re
(rot)	Nadelverteilung

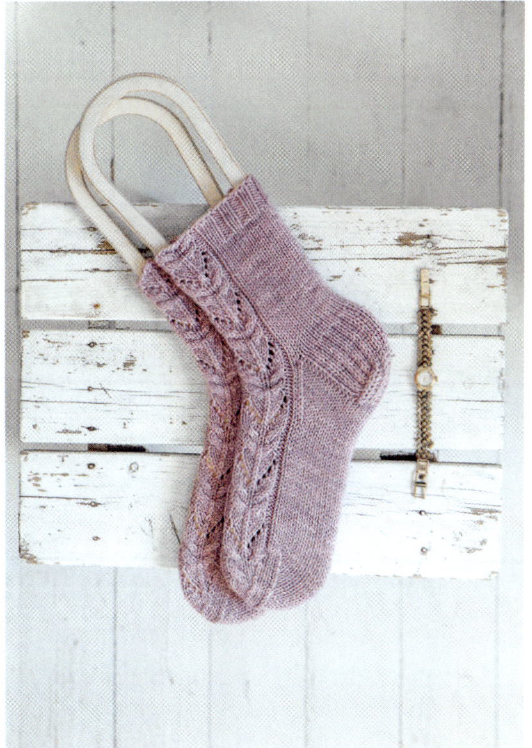

Volle Stunden

Strickschrift B, rechts

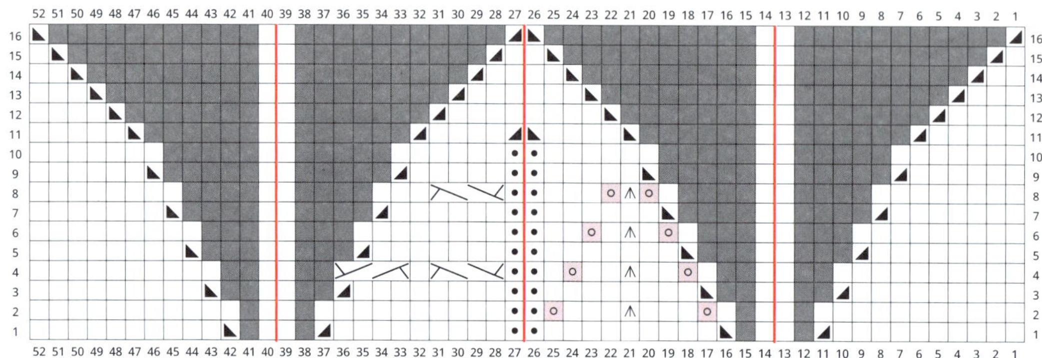

Strickschrift B, links

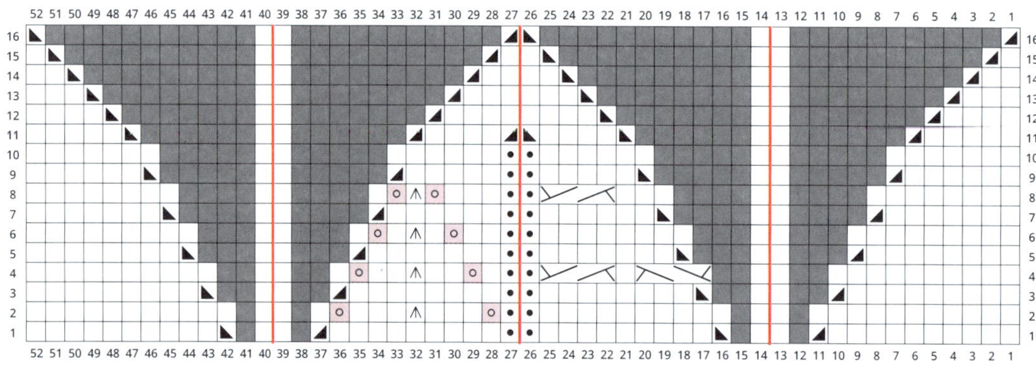

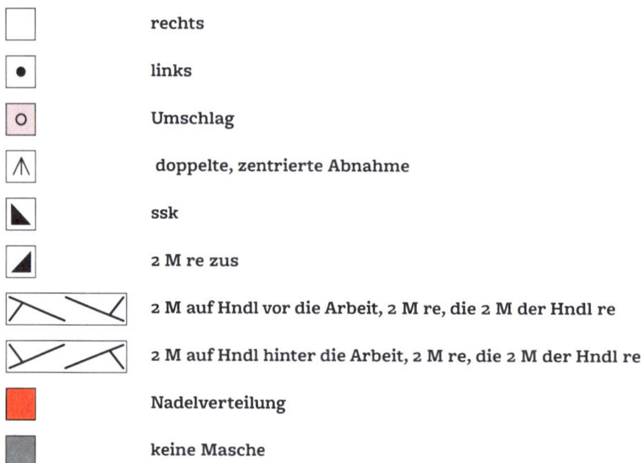

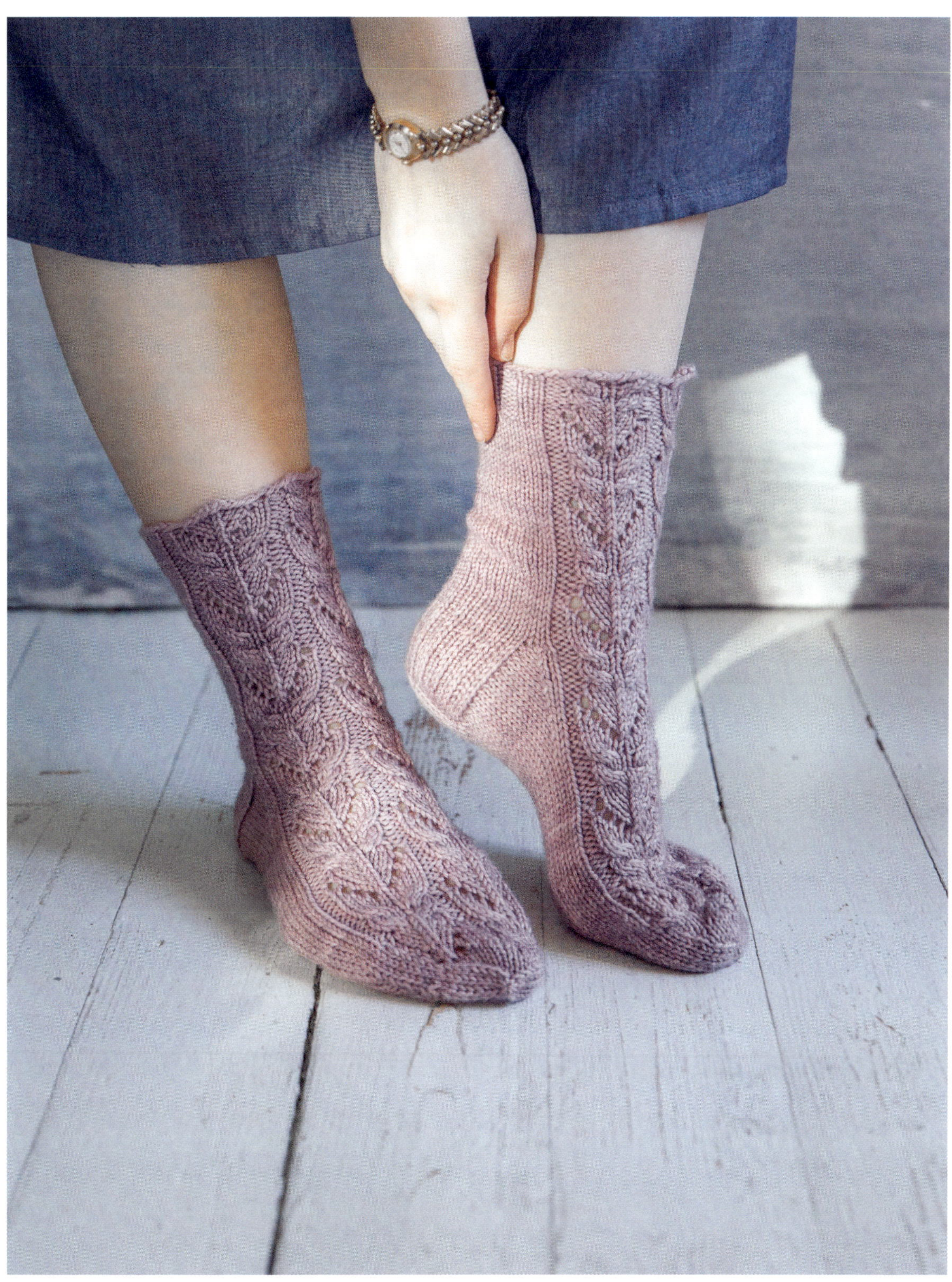

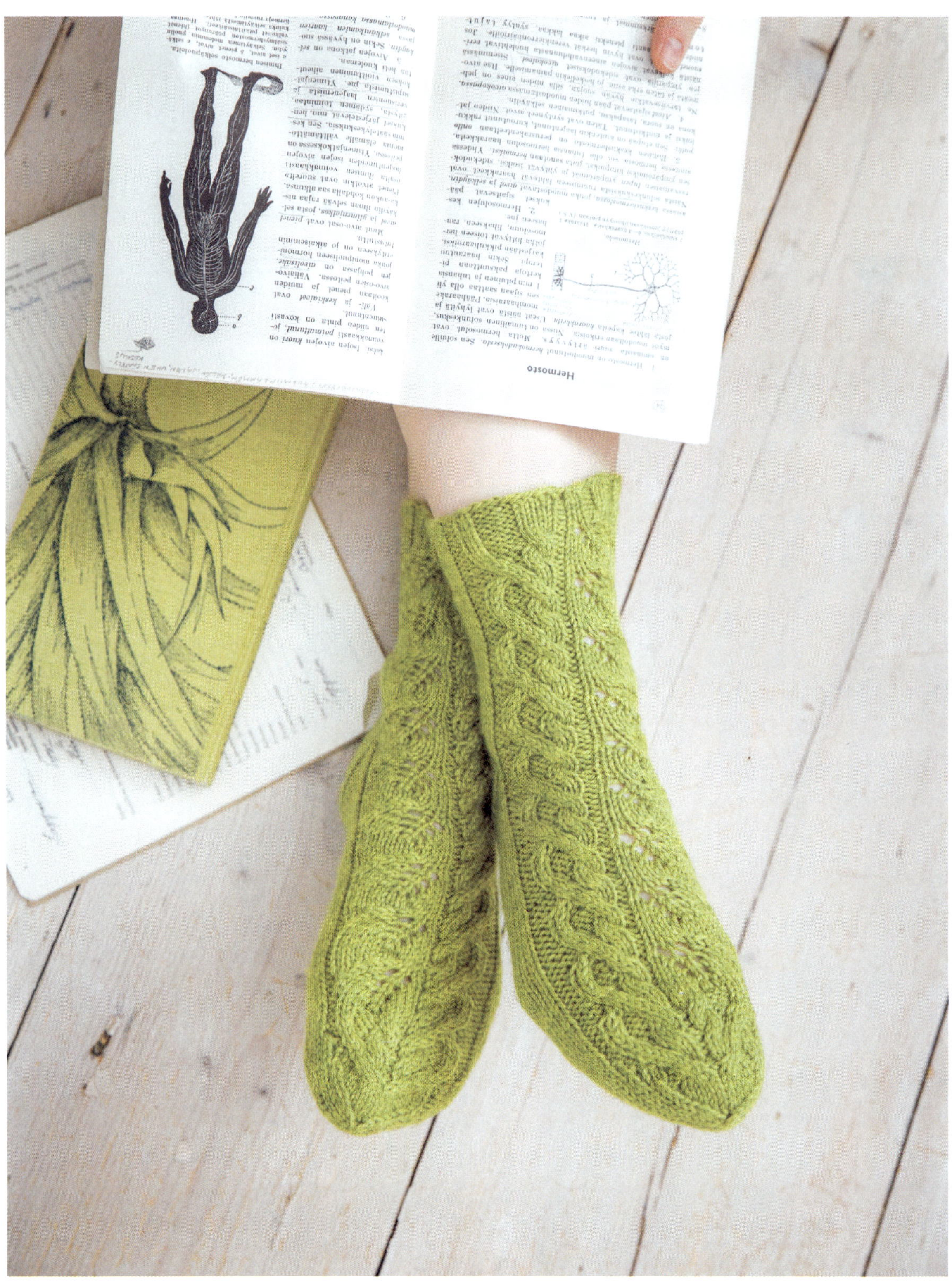

Maschenprobe: 25 M und 32 R glatt rechts = 10 cm x 10 cm

Nadeln: Nadelspiel 3,0 mm oder nach Strickfestigkeit, Hilfsnadel

Größe: 38

Garn: Coop Knits Socks Yeah! DK (Merinowolle 75 %, Polyamid 25 %, 112 m/50 g), Farbe: Aeacus, 100 g

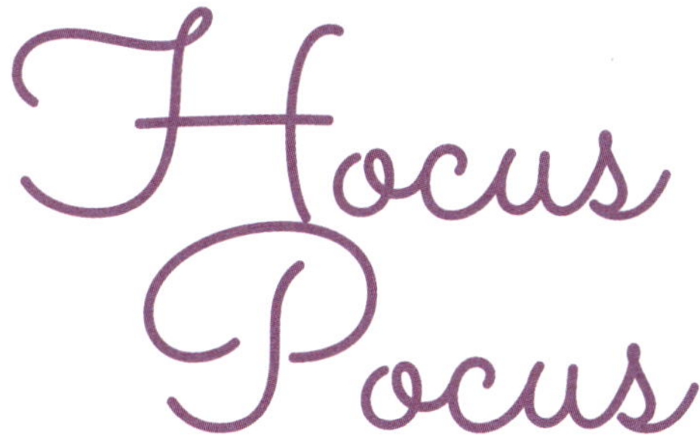

Auf magische Weise verbinden sich der Zopf und das Blattmuster an der Sockenspitze – Hokuspokus! Nach dem Bündchen wird glatt rechts gestrickt, auch über die Ferse hinaus.

Anleitung

SCHAFT

Rechte Socke: 51 M anschlagen und auf den Nadeln verteilen (13-13-12-13). Der Rundenbeginn liegt zwischen der 4. und der 1. Nadel in der rückwärtigen Mitte. Alle Rd laut Strickschrift A (rechts) stricken.

Linke Socke: 51 M anschlagen und auf den Nadeln verteilen (13-12-13-13). Der Rundenbeginn liegt zwischen der 4. und der 1. Nadel in der rückwärtigen Mitte. Alle Rd laut Strickschrift A (links) stricken.

FERSE RECHTS/LINKS

Die M der 1. Nadel re auf die 4. Nadel stricken = 26 M. Die letzte M li abheben. Die übrigen M ruhen. Die Arbeit wenden.

1. R (Rückr): 1 M re, 24 M li, die letzte M li abheben.
2. R (Hinr): 25 M re, die letzte M li abheben.

Diese 2 R abwechselnd wiederholen, bis 24 R plus 1 Rückr gestrickt sind.

Hocus Pocus

KÄPPCHENABNAHMEN RECHTS/LINKS

Die Arbeit wenden. Vom rechten Rand beginnend re stricken, bis 9 M übrig sind, 2 M re verschr zus, wenden (7 Seitenmaschen übrig).

Die 1. M abheben, li stricken, bis 9 M übrig sind, 2 M li zus, wenden (7 Seitenmaschen übrig).

Die 1. M abheben, re stricken, bis 8 M übrig sind, 2 M re verschr zus, wenden (6 Seitenmaschen übrig).

Die 1. M abheben, li stricken, bis 8 M übrig sind, 2 M li zus, wenden (6 Seitenmaschen übrig).

So fortfahren, bis noch die mittleren 10 M übrig sind = Fersenkäppchen. Wenden. Davon 5 M re auf die freie Nadel = 4. Nadel stricken. Der Faden liegt nun auf der rechten Seite der Arbeit in der Fersenmitte am Rundenbeginn.

ZWICKELABNAHMEN RECHTS (LINKS)

Die übrigen Käppchenmaschen re auf die 2. freie Nadel stricken. Aus dem linken und rechten Fersenrand 12+1 M aufnehmen = 18-13-12-18 (18-12-13-18) M. Die Zwickelabnahmen laut Strickschrift B rechts (links), die Rd 1–18 stricken = 13-13-12-13 (13-12-13-13) M.

FUSS UND SPITZENABNAHMEN

Weiter laut Strickschrift B rechts (links) arbeiten, dabei die Rd 19–27 noch zweimal wdh, zuletzt die 27. Rd stricken. Die Spitzenabnahmen laut Strickschrift C rechts (links) arbeiten. Den Faden abschneiden, durch die restlichen M ziehen und die Spitze schließen.

FERTIGSTELLEN

Alle Fadenenden auf der linken Seite der Arbeit vernähen. Die Socken leicht dämpfen oder gemäß den Anweisungen des Garnherstellers behandeln.

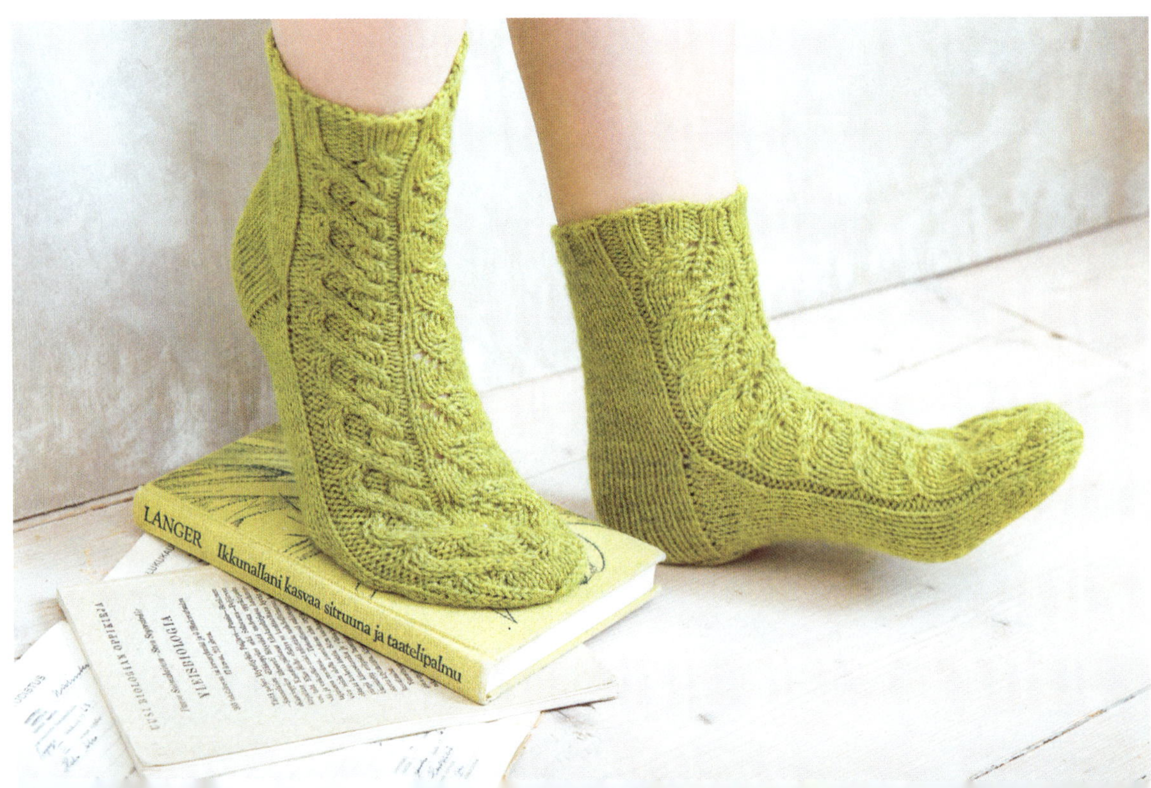

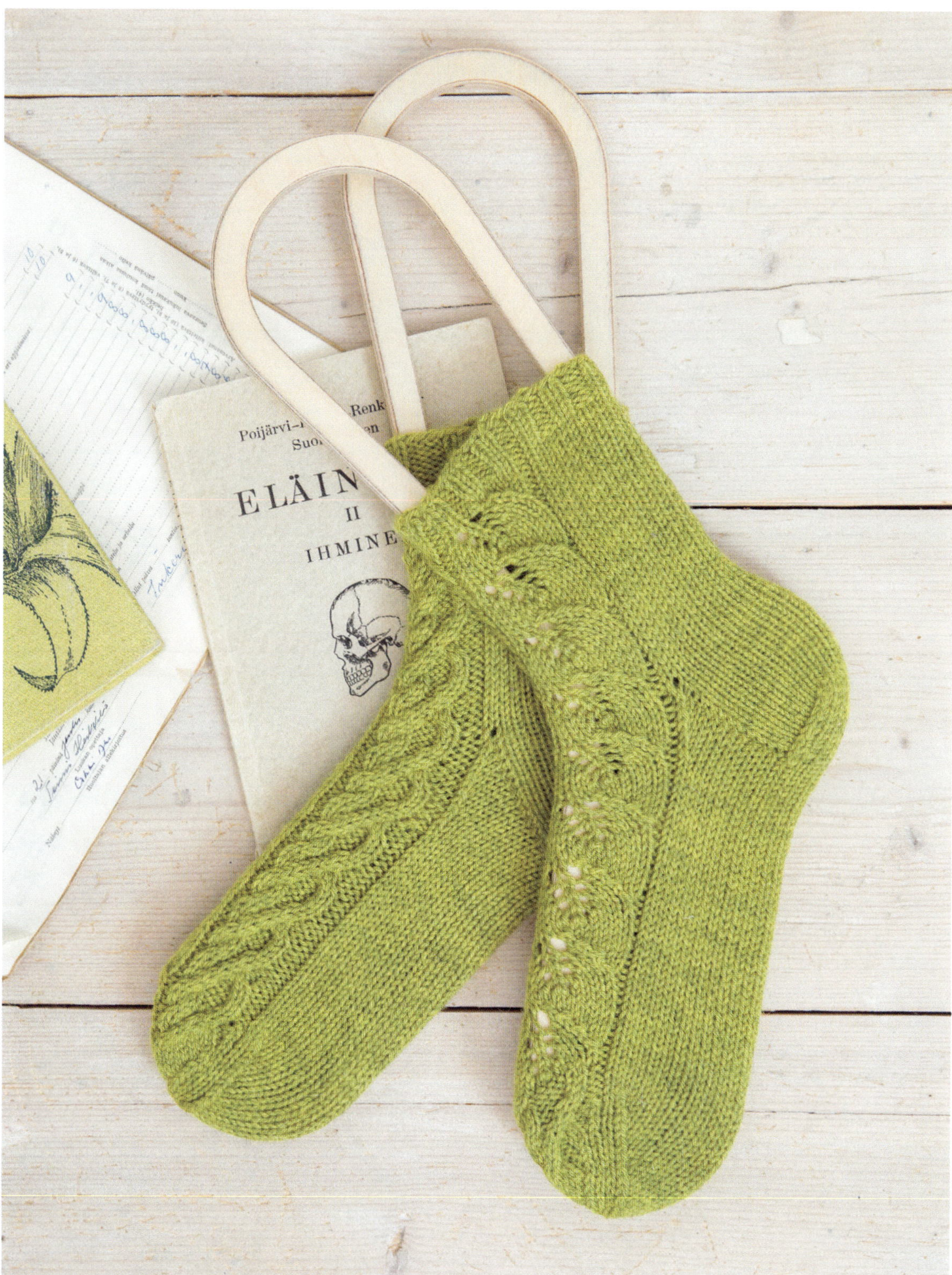
ELÄIN
II
IHMINE

Hocus Pocus

Strickschrift A, rechts

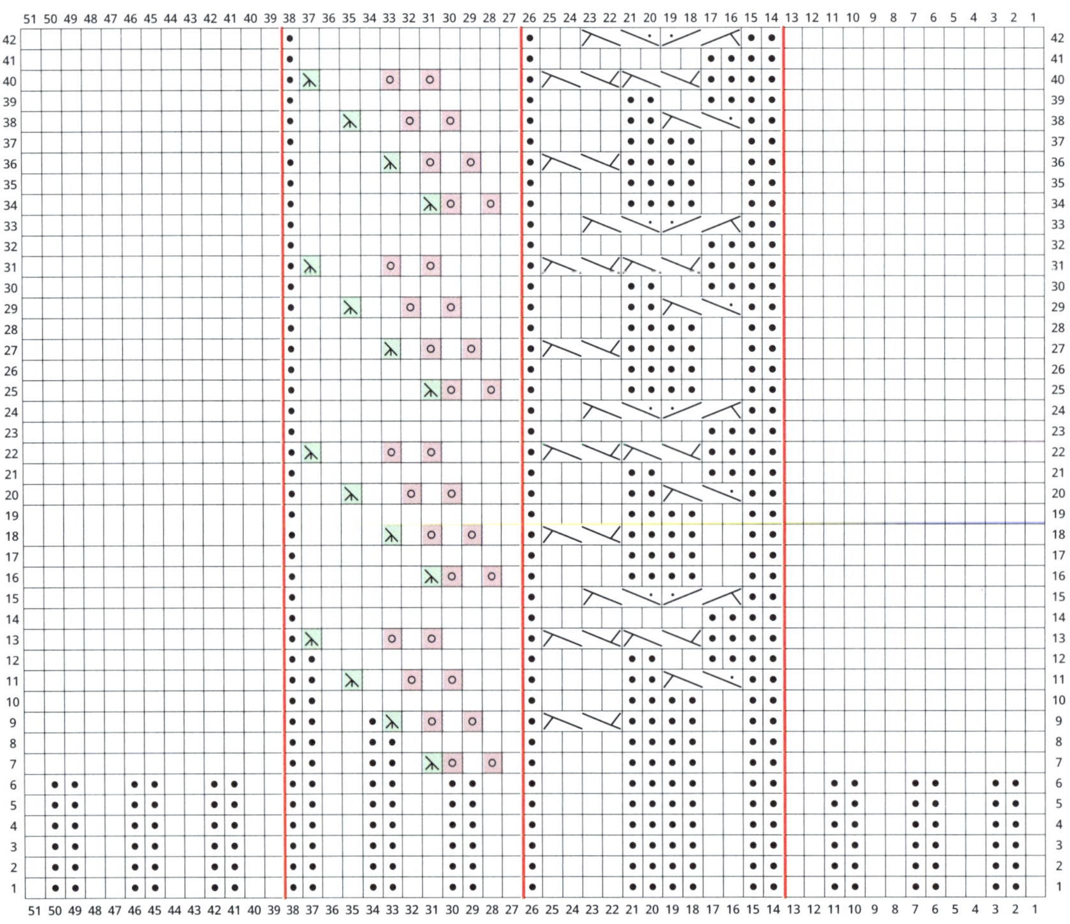

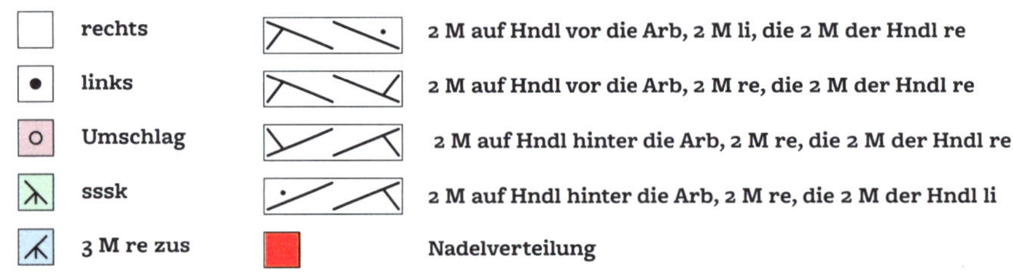

Strickschrift A, links

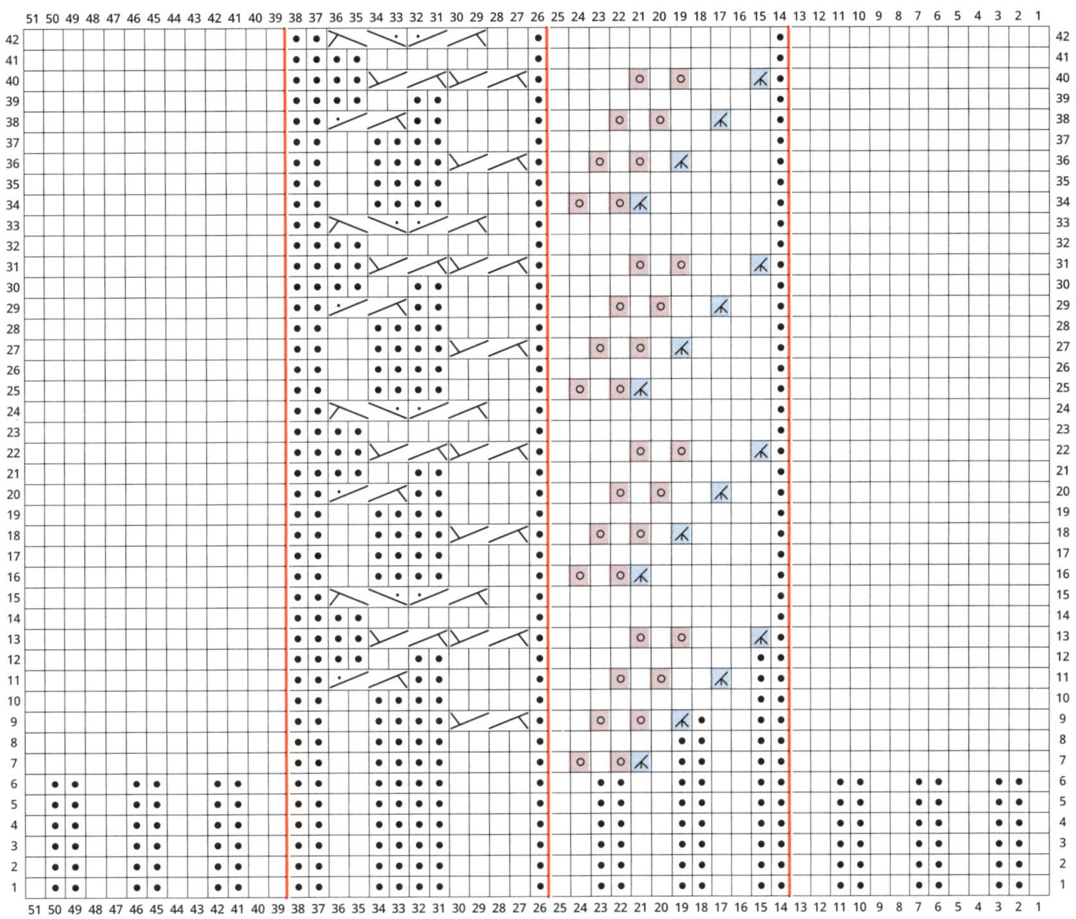

Hocus Pocus

Strickschrift B, rechts

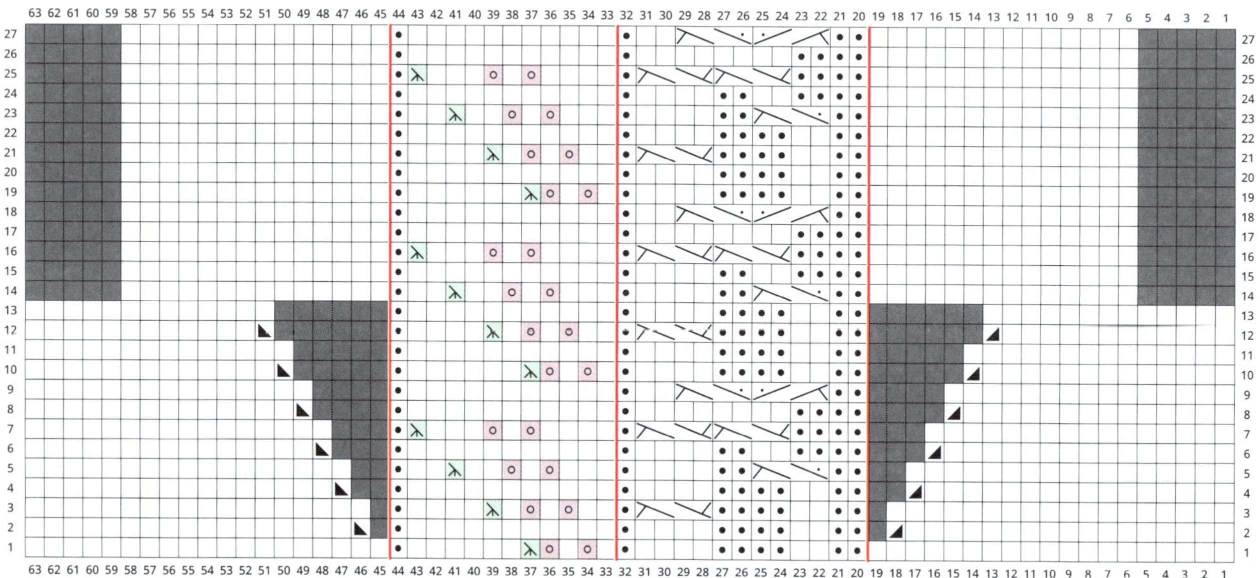

Strickschrift B, links

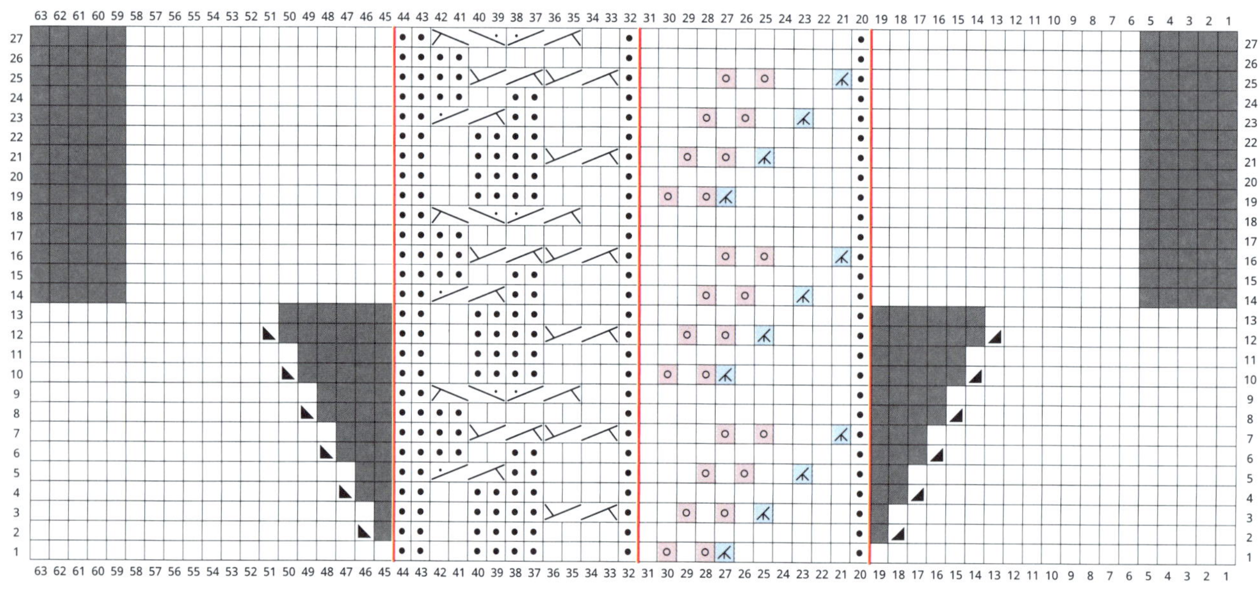

Strickschrift C, rechts

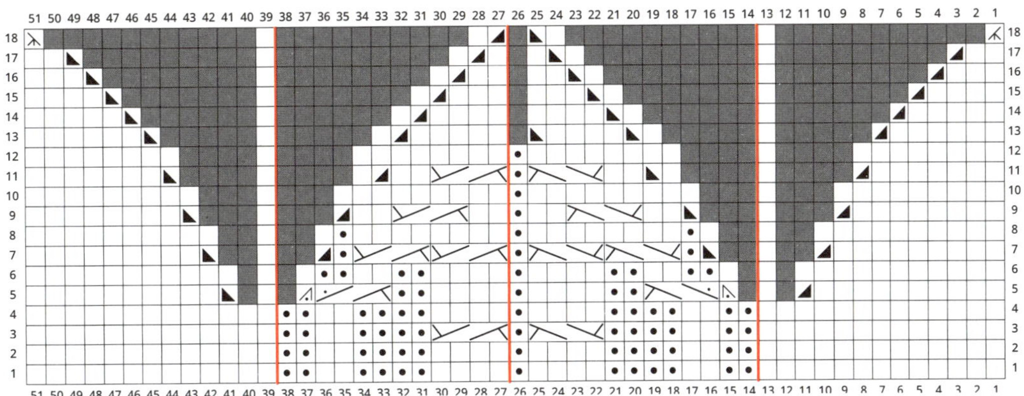

Strickschrift C, links

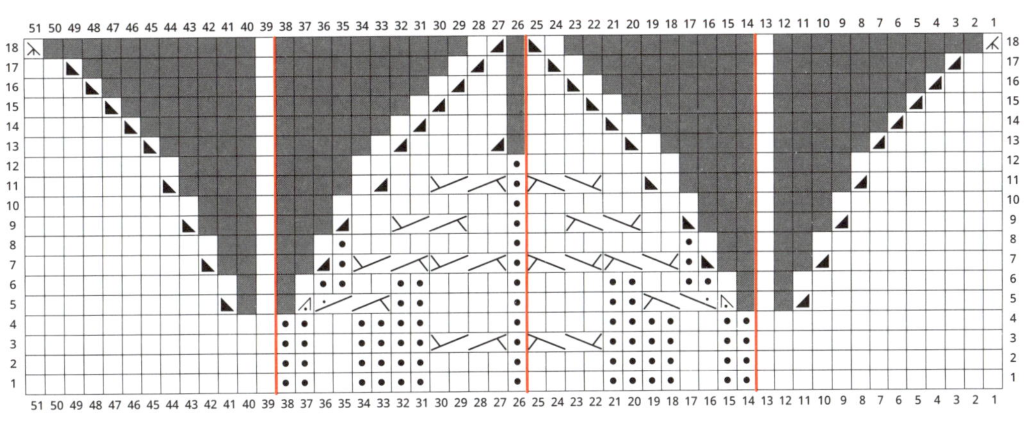

□	rechts
•	links
○	Umschlag
◣	ssk
◢	2 re zus
⋏	sssk
⋌	3 M re zus
◺·	2 re zus
◿·	2 li zus
	2 M auf Hndl vor die Arb, 2 M li, die 2 M der Hndl re
	2 M auf Hndl vor die Arb, 2 M re, die 2 M der Hndl re
	2 M auf Hndl hinter die Arb, 2 M re, die 2 M der Hndl re
	2 M auf Hndl hinter die Arb, 2 M re, die 2 M der Hndl li
■ (rot)	Nadelverteilung
■ (grau)	keine Masche

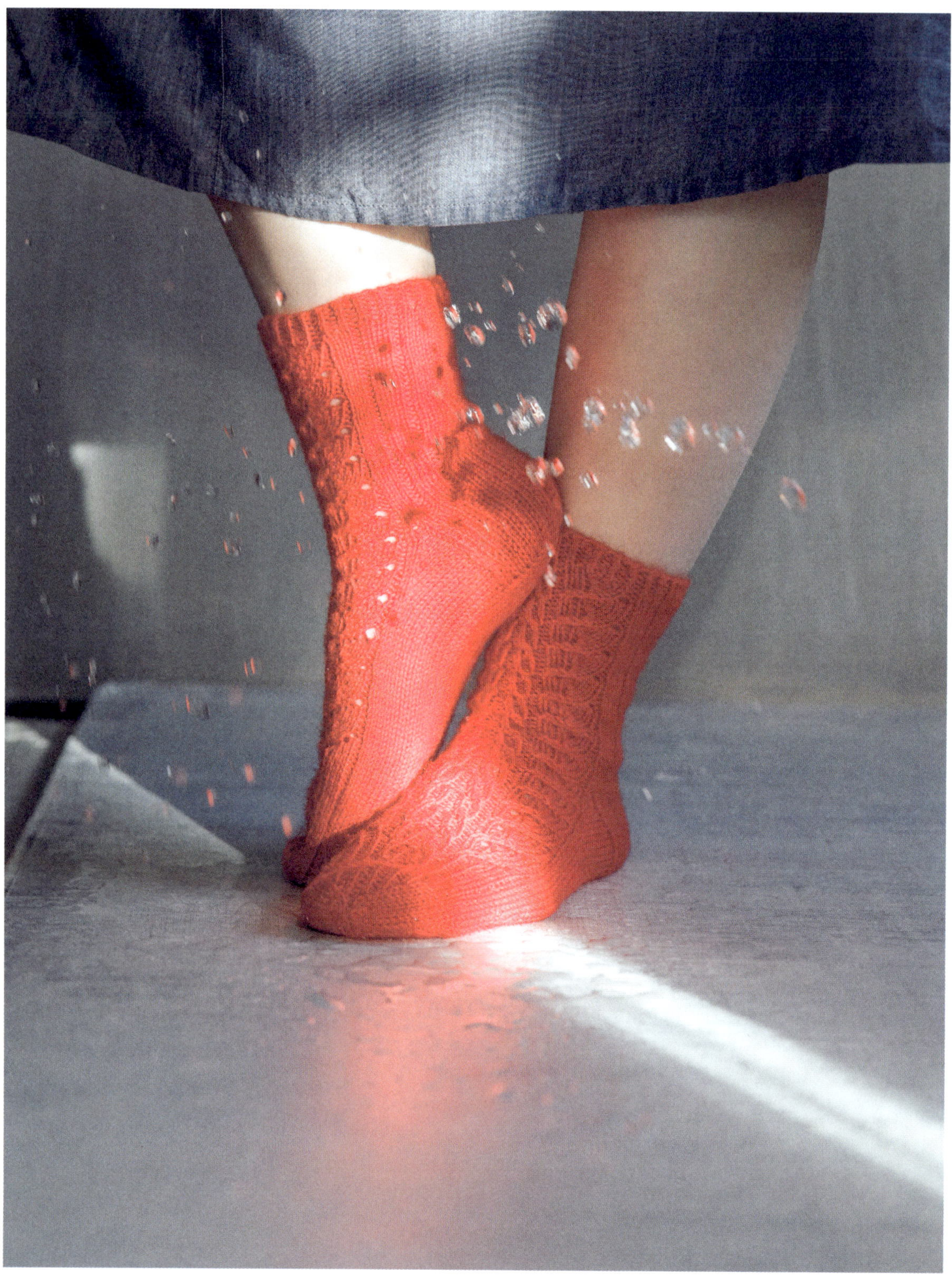

Maschenprobe: 26 M und 36 R glatt rechts = 10 cm x 10 cm

Nadeln: Nadelspiel 3,0 mm oder nach Strickfestigkeit

Größe: 38

Garn: Novita Nalle (Wolle 75 %, Polyamid 25 %, 260 m/100 g), Farbe: Weihnachten (549), 70 g

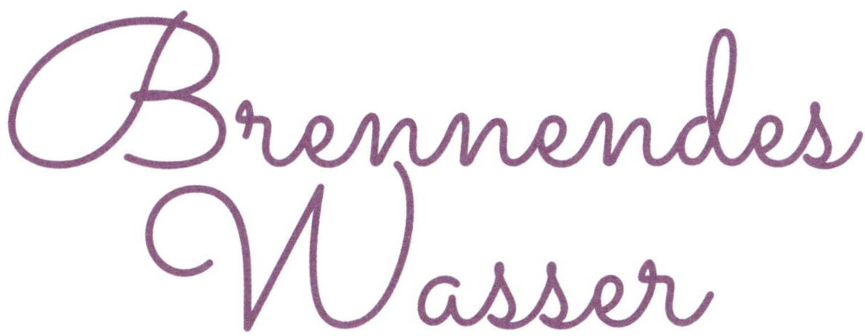

Brennendes Wasser

Die feurig rote Farbe macht das schnell gestrickte Modell perfekt. Das Muster prägt sich im Nu ein, und der Fuß lässt sich bei Bedarf einfach verlängern.

Anleitung

SCHAFT

54 M anschlagen und auf den Nadeln verteilen (14-14-13-13). Der Rundenbeginn liegt zwischen der 4. und der 1. Nadel in der rückwärtigen Mitte. Alle Runden laut Strickschrift A stricken.

FERSE

Die M der 1. Nadel re auf die 4. Nadel stricken, dabei 1 M abnehmen = 26 M. Die übrigen M ruhen. Die Arbeit wenden.
Verstärkte Ferse:

1. R (Rückr): Die 1. M abheben, die übrigen M rechts stricken.
2. R (Hinr): *1 M abheben, 1 M re*, von * bis * bis R-Ende wiederholen.

Diese 2 R abwechselnd wiederholen, bis 26 R plus 1 Rückr gestrickt sind.

Brennendes Wasser

KÄPPCHENABNAHMEN

Die Arbeit wenden. Vom rechten Rand beginnend verstärkt stricken, bis 9 M übrig sind, 2 M re verschr zus, wenden (7 Seitenmaschen übrig).

Die 1. M abheben, li stricken, bis 9 M übrig sind, 2 M li zus, wenden (7 Seitenmaschen übrig).

Die 1. M abheben, verstärkt stricken, bis 8 M übrig sind, 2 M re verschr zus, wenden (6 Seitenmaschen übrig).

Die 1. M abheben, li stricken, bis 8 M übrig sind, 2 M li zus, wenden (6 Seitenmaschen übrig).

So fortfahren, bis noch die mittleren 10 M übrig sind = Fersenkäppchen. Davon 5 M re auf die freie Nadel = 4. Nadel stricken. Der Faden liegt nun auf der rechten Seite der Arbeit in der Fersenmitte am Rundenbeginn.

ZWICKELABNAHMEN

Laut Strickschrift B, 1. Rd stricken.
5 Käppchenmaschen re auf die 2. freie Nadel stricken und aus dem linken Fersenrand 13+1 M aufnehmen. Mit der 2. und 3. Nadel das Muster laut 1. Rd der Strickschrift stricken, aus dem rechten Fersenrand 13+1 M aufnehmen und die 5 Käppchenmaschen re stricken = 19-14-13-19 M. Die Zwickelabnahmen fertig stricken = 13-14-13-13 M.

FUSS UND SPITZENABNAHMEN

Laut Strickschrift B fortfahren, dabei die Rd 14–28 und noch die Rd 17–42 stricken. Die Spitzenabnahmen laut Strickschrift C arbeiten. Den Faden abschneiden, durch die restlichen M ziehen und die Spitze schließen.

FERTIGSTELLEN

Alle Fadenenden auf der linken Seite der Arbeit vernähen. Die Socken leicht dämpfen oder gemäß den Anweisungen des Garnherstellers behandeln.

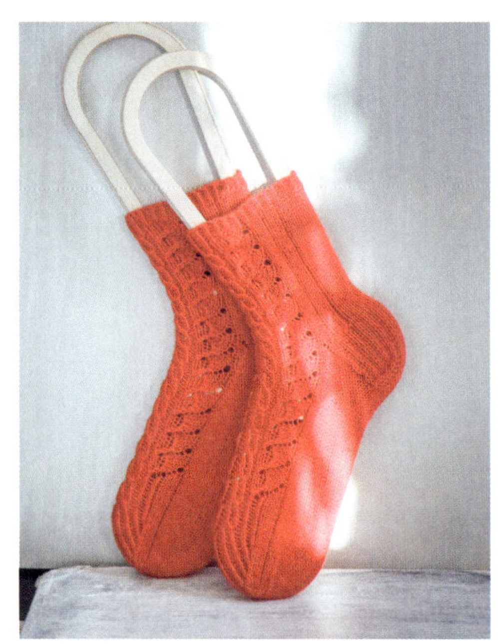

Strickschrift A

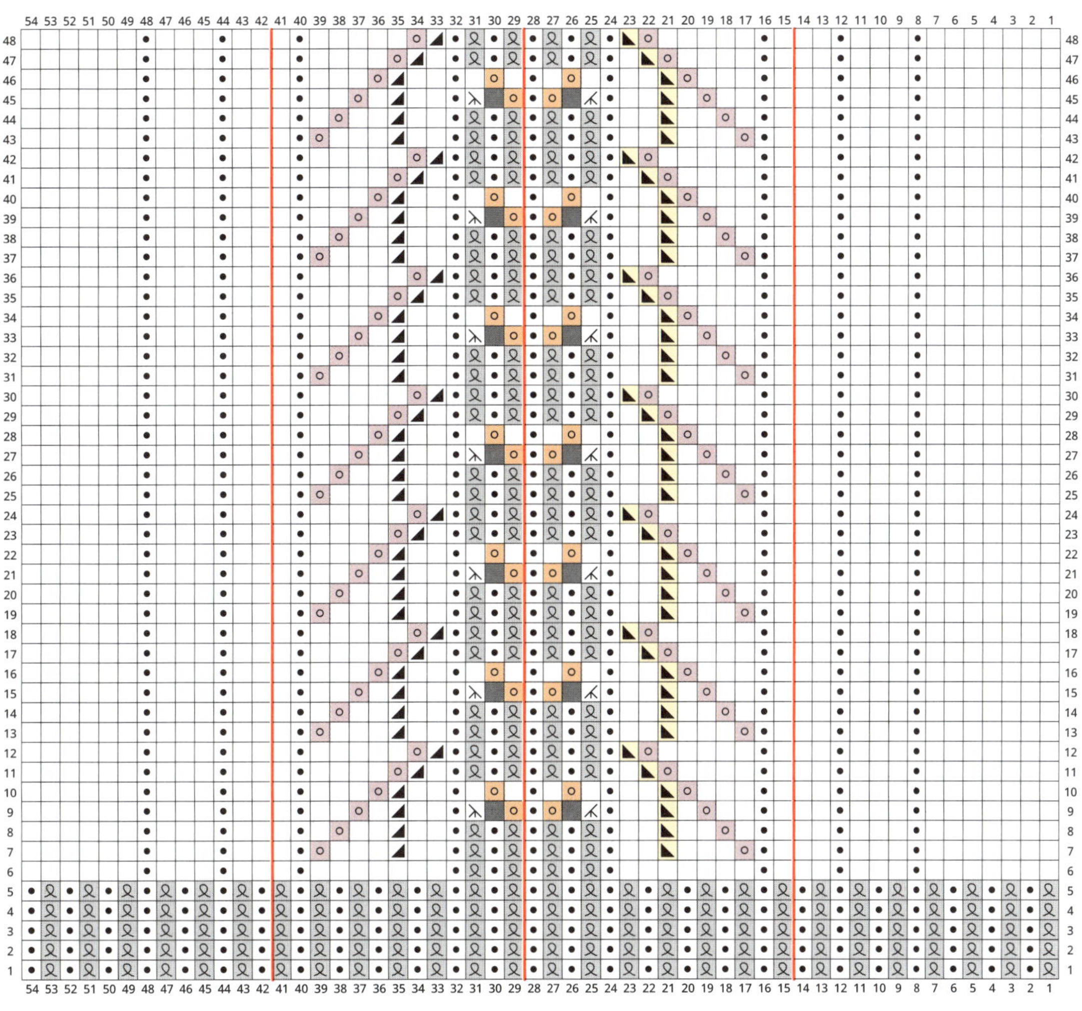

- rechts
- links
- Umschlag
- Umschlag; in der nächsten Rd re oder li verschr stricken, damit kein Loch entsteht
- re verschr
- 2 M re verschr zus
- 2 M re zus
- sssk
- 3 M re zus
- Nadelverteilung
- keine Masche

Brennendes Wasser

Strickschrift B

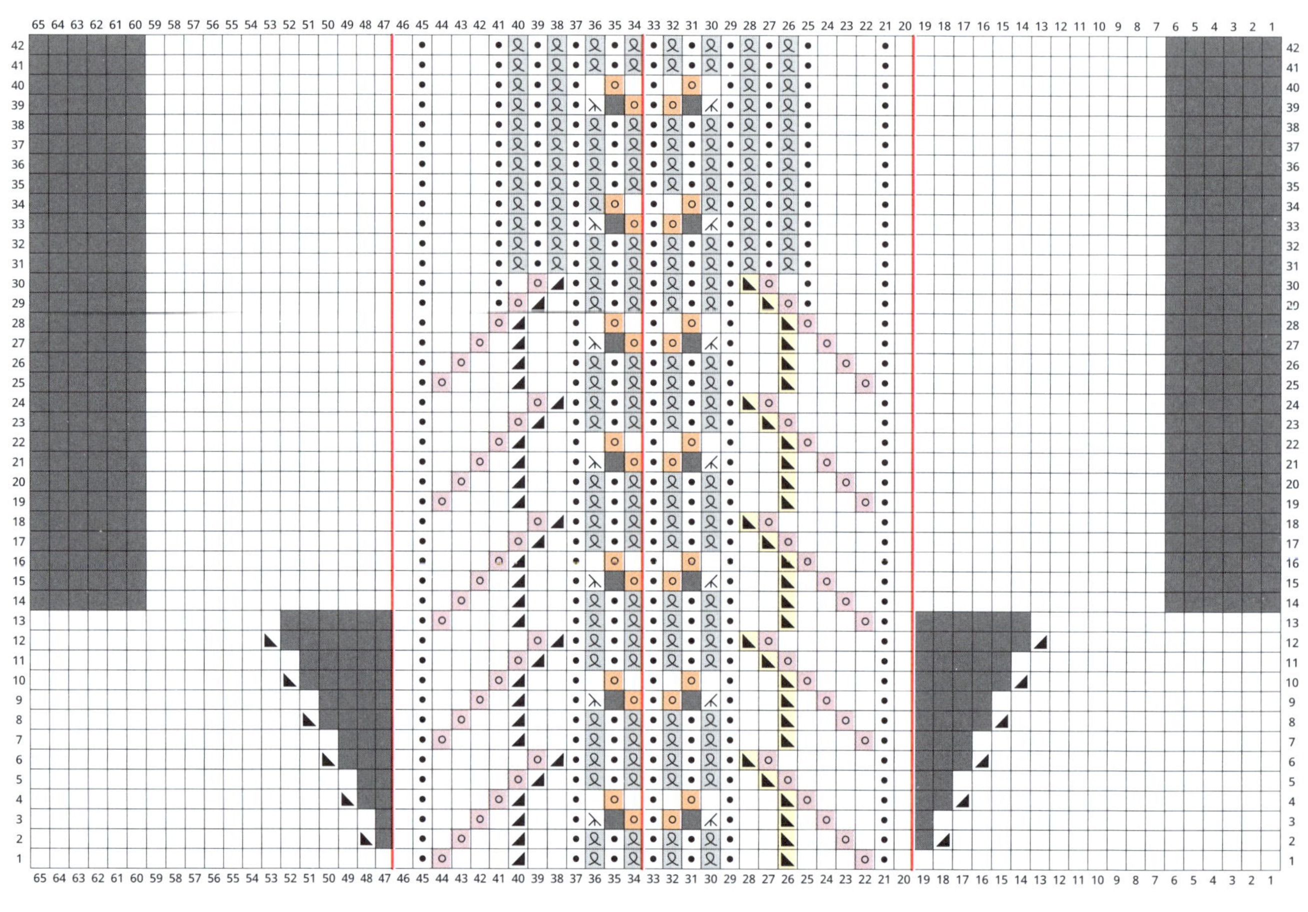

(leeres Kästchen)	rechts
•	links
o (orange)	Umschlag; in nächster Rd re oder li verschr str, damit kein Loch entsteht
o (rosa)	Umschlag
(grau)	re verschr
◣	ssk
◣ (gelb)	2 M re verschr zus
◢	2 M re zus
(Symbol)	sssk
(Symbol)	3 M re zus
(rot)	Nadelverteilung
(dunkelgrau)	keine Masche

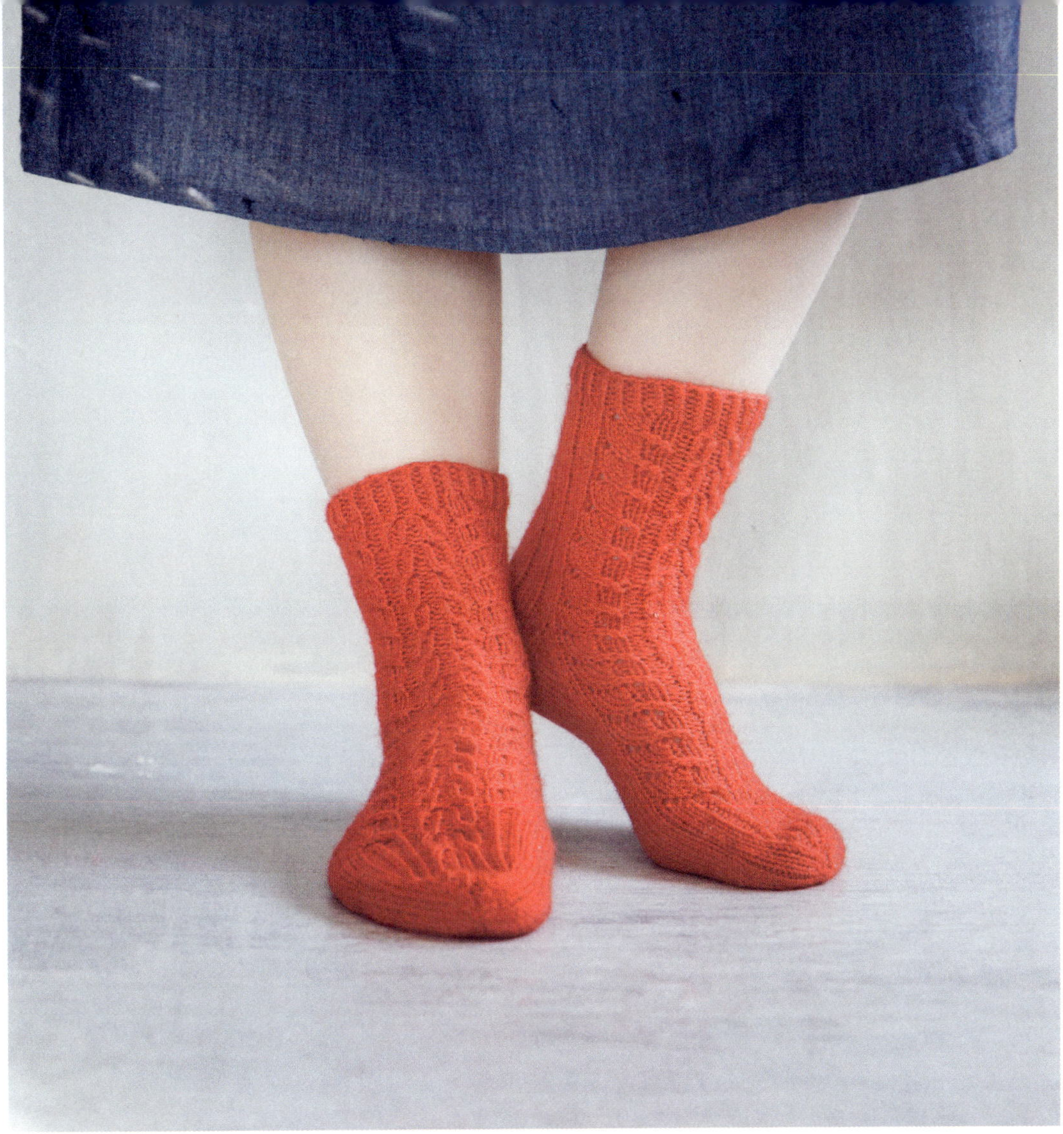

Strickschrift C

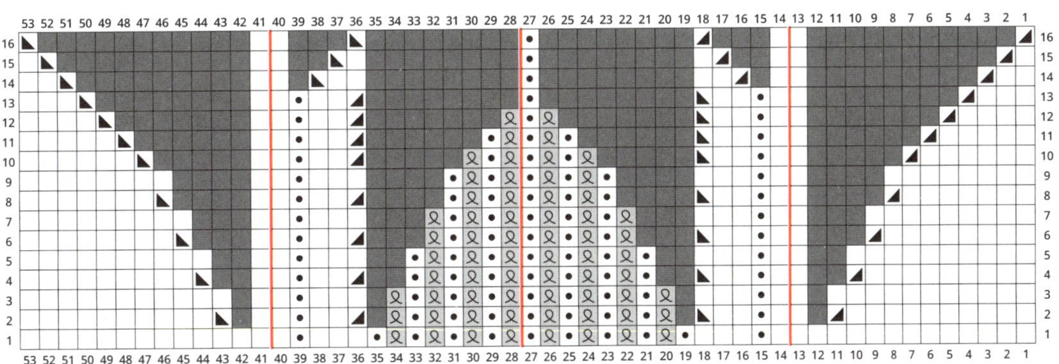

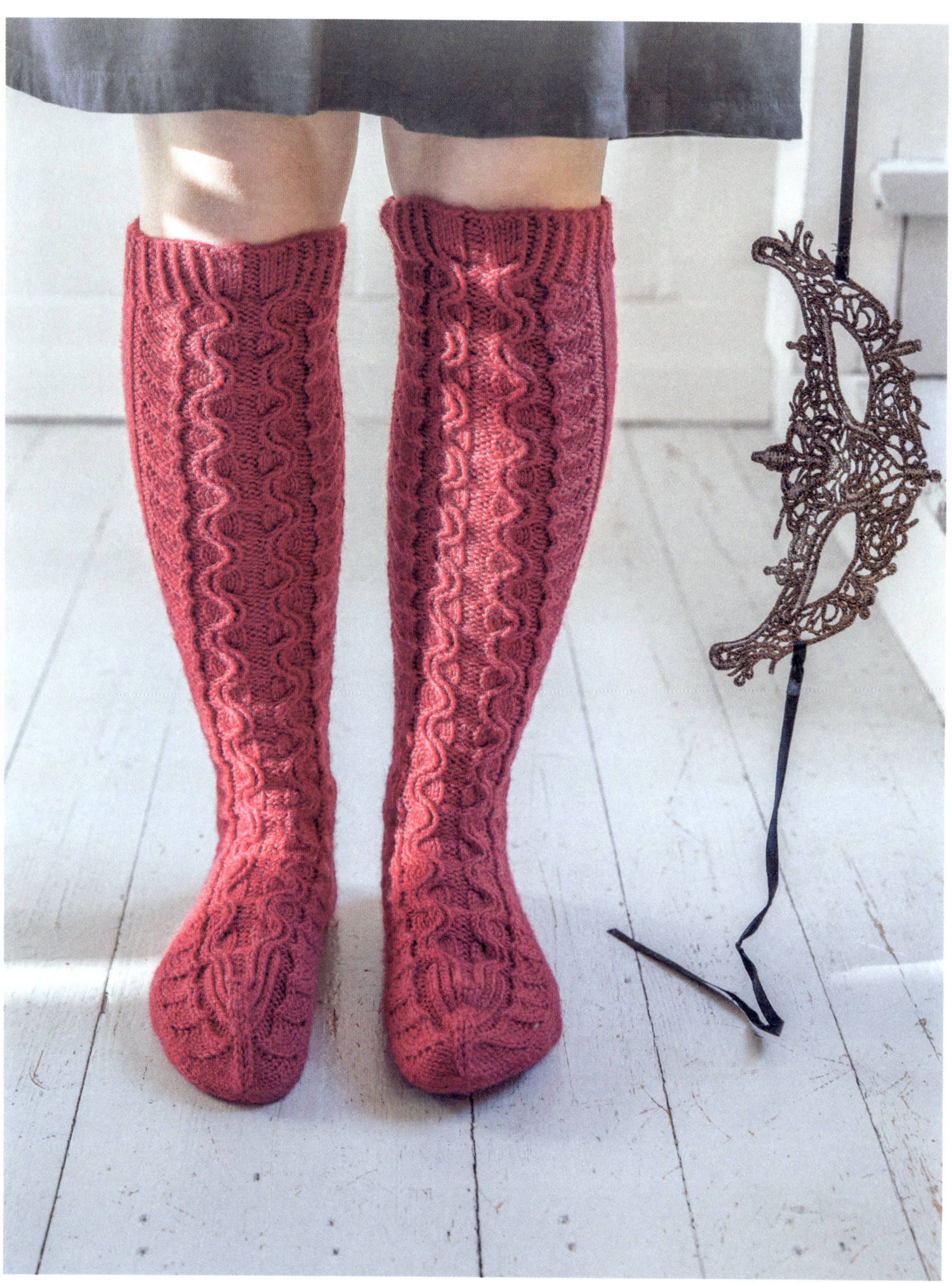

Dicke Garne

200 m/100 g

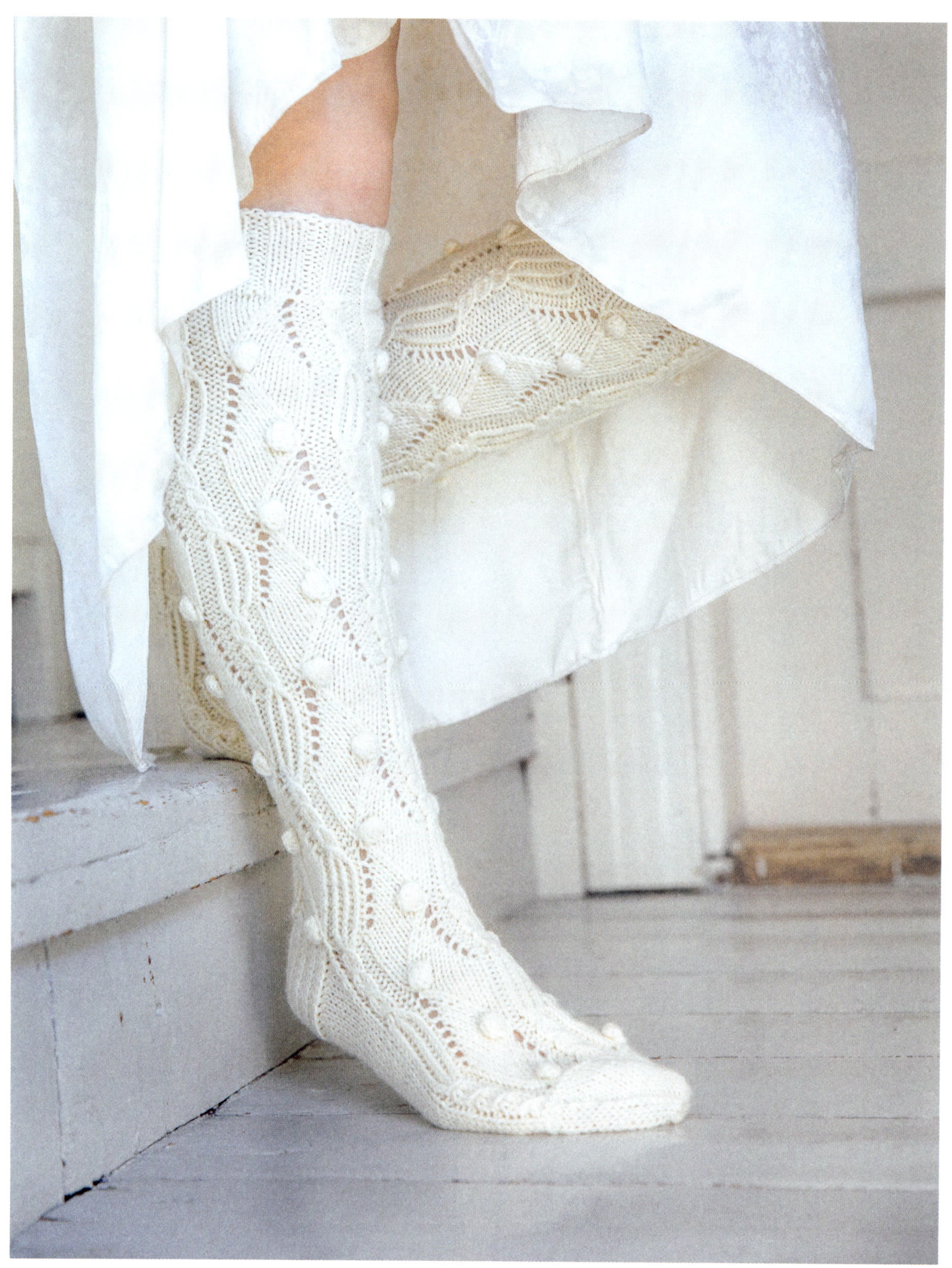

Maschenprobe: 23 M und 29 R glatt rechts = 10 cm x 10 cm

Nadeln: Nadelspiel 3,5 mm oder nach Strickfestigkeit, Hilfsnadel

Größe: 39/40

Garn: Novita 7 Veljestä (75 % Wolle, 25 % Polyamid, 200 m/100 g), Farbe: Naturweiß (010), 200 g

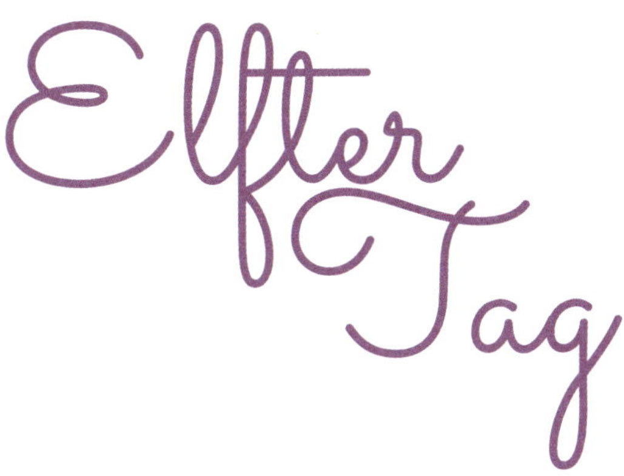

Die kleinen Noppen im Muster stellen bei diesem Modell vielleicht eine Herausforderung dar, geben ihm aber andererseits einen schönen Rhythmus. Die Socken haben eine breite Bandspitze und eine von vorigen Modellen bekannte, holländische Ferse.

Anleitung

SCHAFT

60 M anschlagen und auf den Nadeln verteilen (15-15-15-15). Der Rundenbeginn liegt zwischen der 4. und der 1. Nadel in der rückwärtigen Mitte.

Das Bündchen in Runden laut Strickschrift A stricken. Die M für den Mustersatz am Schaft wiederholen sich 4-mal in einer Rd. In der 14. Rd auf jeder Nadel 2 M wie in der Strickschrift angegeben zunehmen = 17-17-17-17 M. Strickschrift A bis zum Ende stricken. Alle Rd laut den Strickschriften B und C arbeiten, dabei an den angegebenen Stellen abnehmen = 15-15-15-15 M. In der letzten Rd laut Strickschrift C 2 M abnehmen, dazu mit der 4. Nadel die 8. und die 9. M re verschr zus und am Ende der Nadel 2 M re verschr zus = 15-15-15-13 M.

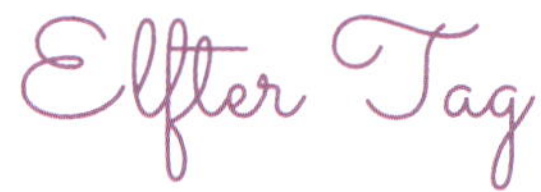

Elfter Tag

FERSE

Die M der 1. Nadel re auf die 4. Nadel stricken, dabei 2 M abn = 26 M. Die übrigen M ruhen. Die Arbeit wenden.

Verstärkte Ferse:

1. R (Rückr): Die 1. M abheben, die übrigen M links stricken.

2. R (Hinr): *1 M abheben, 1 M re*, von * bis * bis R-Ende wiederholen.

Diese 2 R abwechselnd wiederholen, bis 26 R plus eine Rückr gestrickt sind.

KÄPPCHENABNAHMEN

Die Arbeit wenden. Vom rechten Rand beginnend verstärkt stricken, bis 9 M übrig sind, 2 M re verschr zus, wenden (7 Seitenmaschen übrig).

Die 1. M abheben, li stricken, bis 9 M übrig sind, 2 M li zus, wenden (7 Seitenmaschen übrig).

Die 1. M abheben, verstärkt stricken, bis 8 M übrig sind, 2 M re verschr zus, wenden (6 Seitenmaschen übrig).

So fortfahren, bis noch die mittleren 10 M übrig sind = Fersenkäppchen. Davon 5 M re auf die freie Nadel = 4. Nadel stricken. Der Faden liegt nun auf der rechten Seite der Arbeit in der Fersenmitte am Rundenbeginn.

ZWICKELABNAHMEN

Laut Strickschrift D ab Rd 1 arbeiten. 5 Käppchenmaschen re auf die 2. freie Nadel stricken und aus dem linken Fersenrand 13+1 M aufnehmen. Mit der 2. und 3. Nadel das Muster laut Rd 1 arbeiten und aus dem rechten Fersenrand 13+1 M aufnehmen und die 5 Käppchenmaschen re stricken = 19-15-15-19 M. Die Zwickelabnahmen fertig stricken = 11-15-15-11 M.

FUSS UND SPITZENABNAHMEN

Weiter laut Strickschrift D arbeiten, bis der kleine Zeh bedeckt ist. Falls nicht alle Rd gestrickt werden können, stricken Sie dennoch die letzte Rd der Strickschrift. Nadelverteilung beachten: 13-13-13-13 M. Mit den Spitzenabnahmen beginnen:

1. Rd: Mit der 1. und 3. Nadel re, bis noch 3 M übrig sind, 2 M re zus, 1 M re. Am Anfang der 2. und 4. Nadel 1 M re, 1 links geneigte Abnahme und re M bis Ende stricken.

2. Rd: Rechte M stricken.

Diese 2 Rd wiederholen, bis 8-8-8-8 M übrig sind. Jetzt in jeder Rd wie angegeben abnehmen, bis 2-2-2-2 M übrig sind. Den Faden abschneiden, durch die restlichen M ziehen und die Spitze schließen.

FERTIGSTELLEN

Alle Fadenenden auf der linken Seite der Arbeit vernähen. Die Socken leicht dämpfen oder gemäß den Anweisungen des Garnherstellers behandeln.

NOPPE

Aus einer M 4 M herausstricken, dazu die M abwechselnd von vorn und von hinten abstricken. Die neuen M zurück auf die linke Nadel legen. *Die M re stricken und wieder zurück auf die linke Nadel legen*, von * bis * noch 2-mal wiederholen. Zum Schluss die 4 M re verschr zusammenstricken.

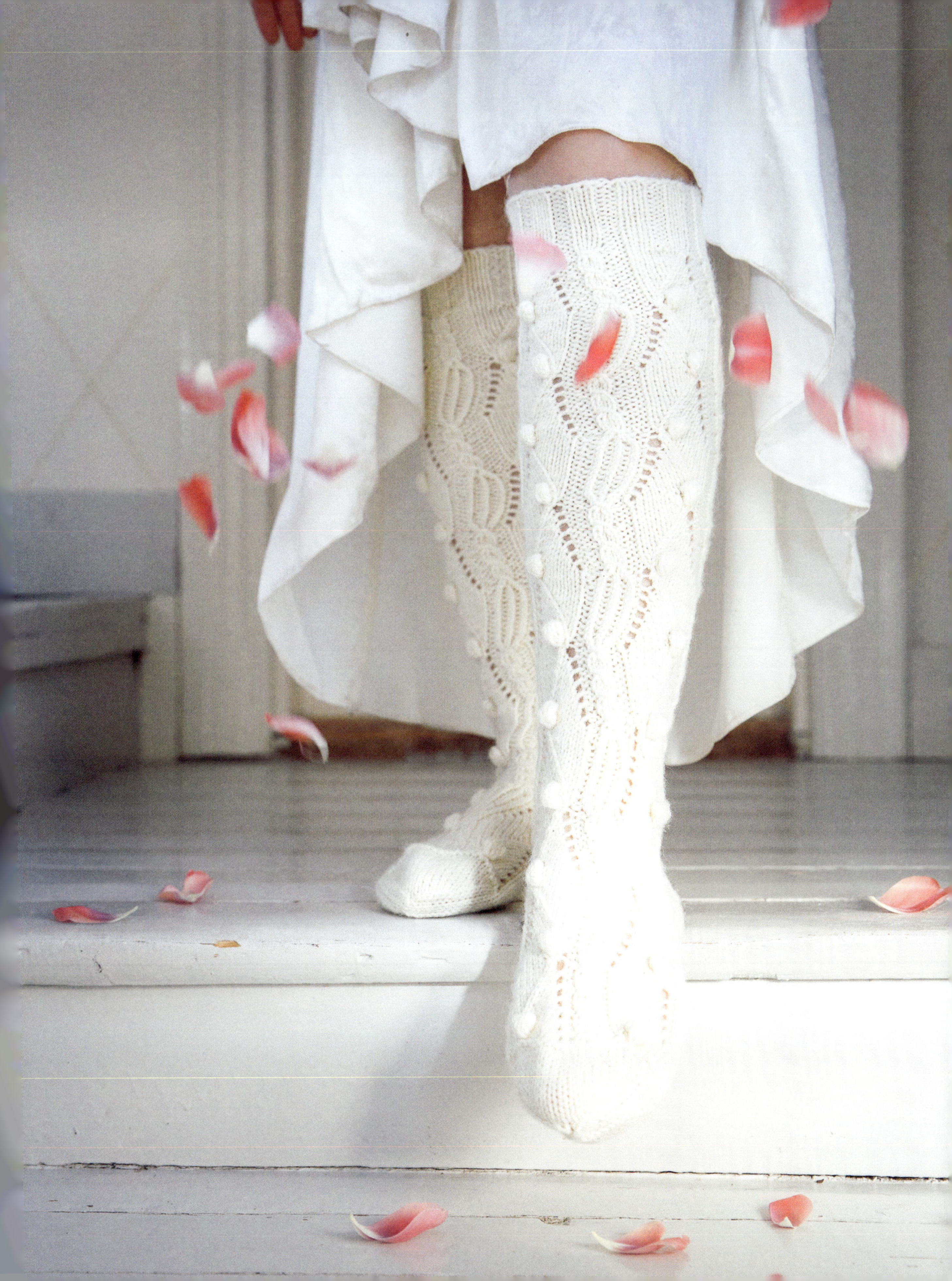

Elfter Tag

Strickschrift A

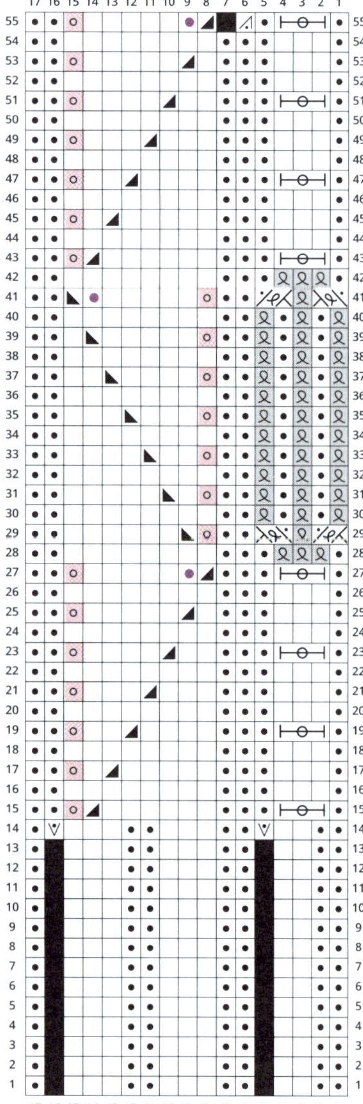

rechts

links

re verschr

Umschlag

1 M zun: Querfaden zw 2 M aufnehmen und li verschr abstricken

Noppe = s. Anleitung

ssk

2 M re zus

2 M li zus

1 M auf Hndl vor die Arb, 1 M li, von Hndl 1 M re verschr

1 M auf Hndl hinter die Arb, 1 M re verschr, von Hndl 1 M li

1 M abh, 1 M re, U, 1 M re, die abgehobene M überziehen

keine Masche

Strickschrift B

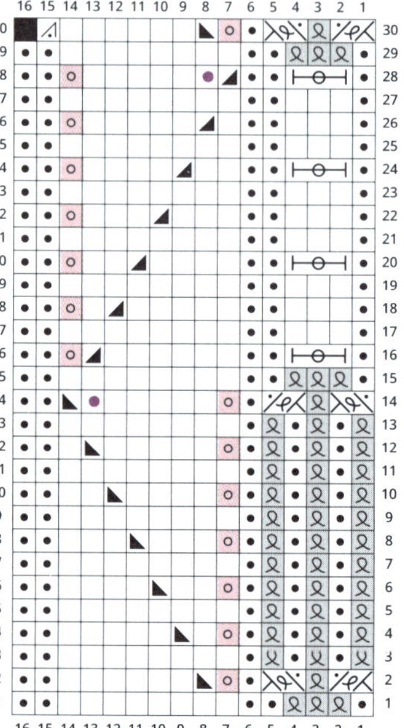

Strickschrift C

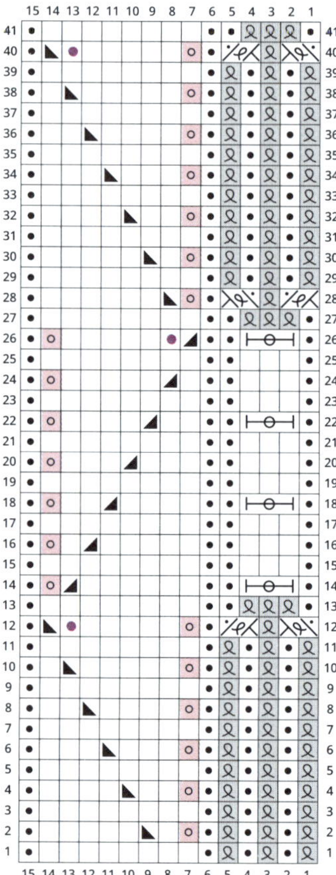

Strickschrift D

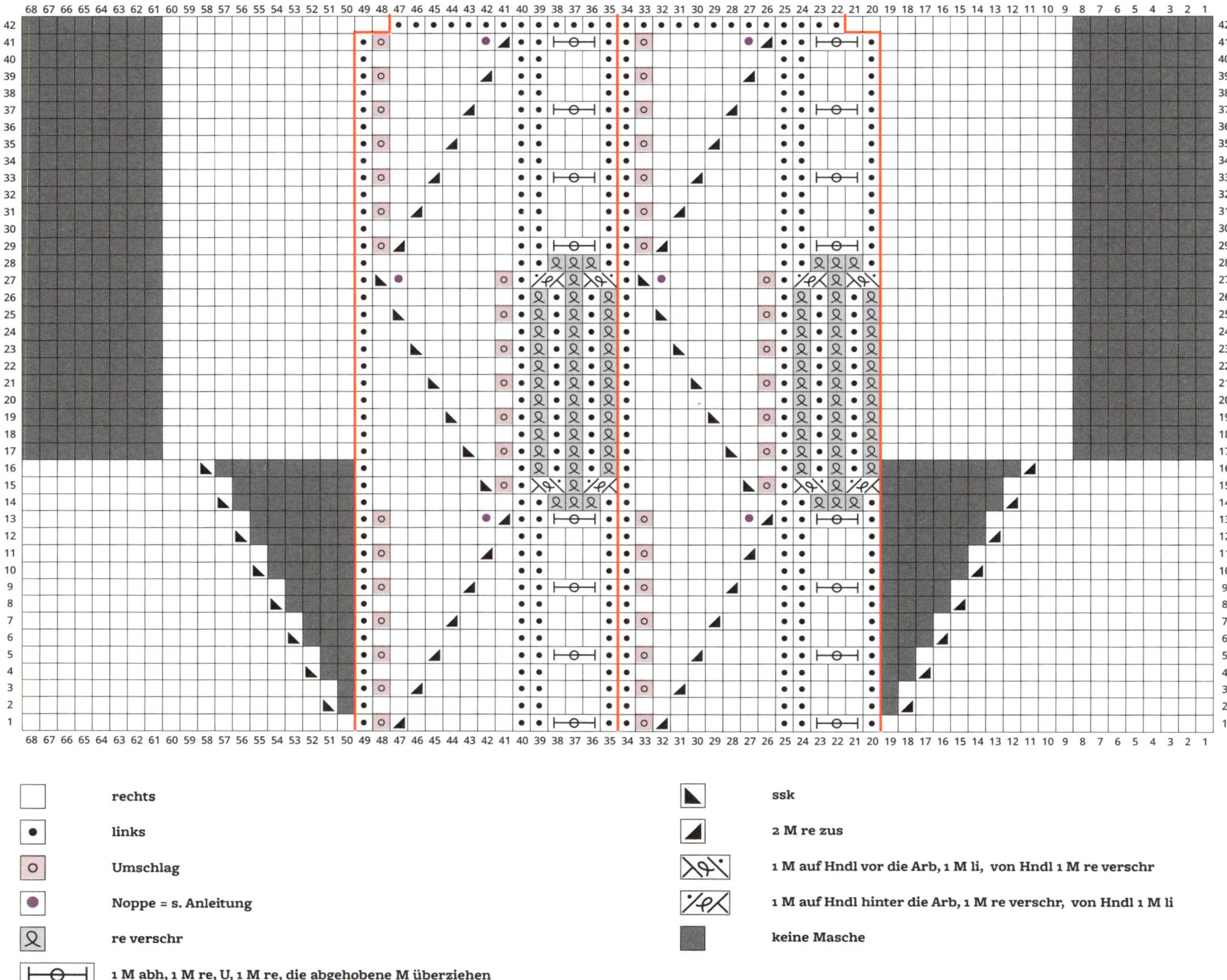

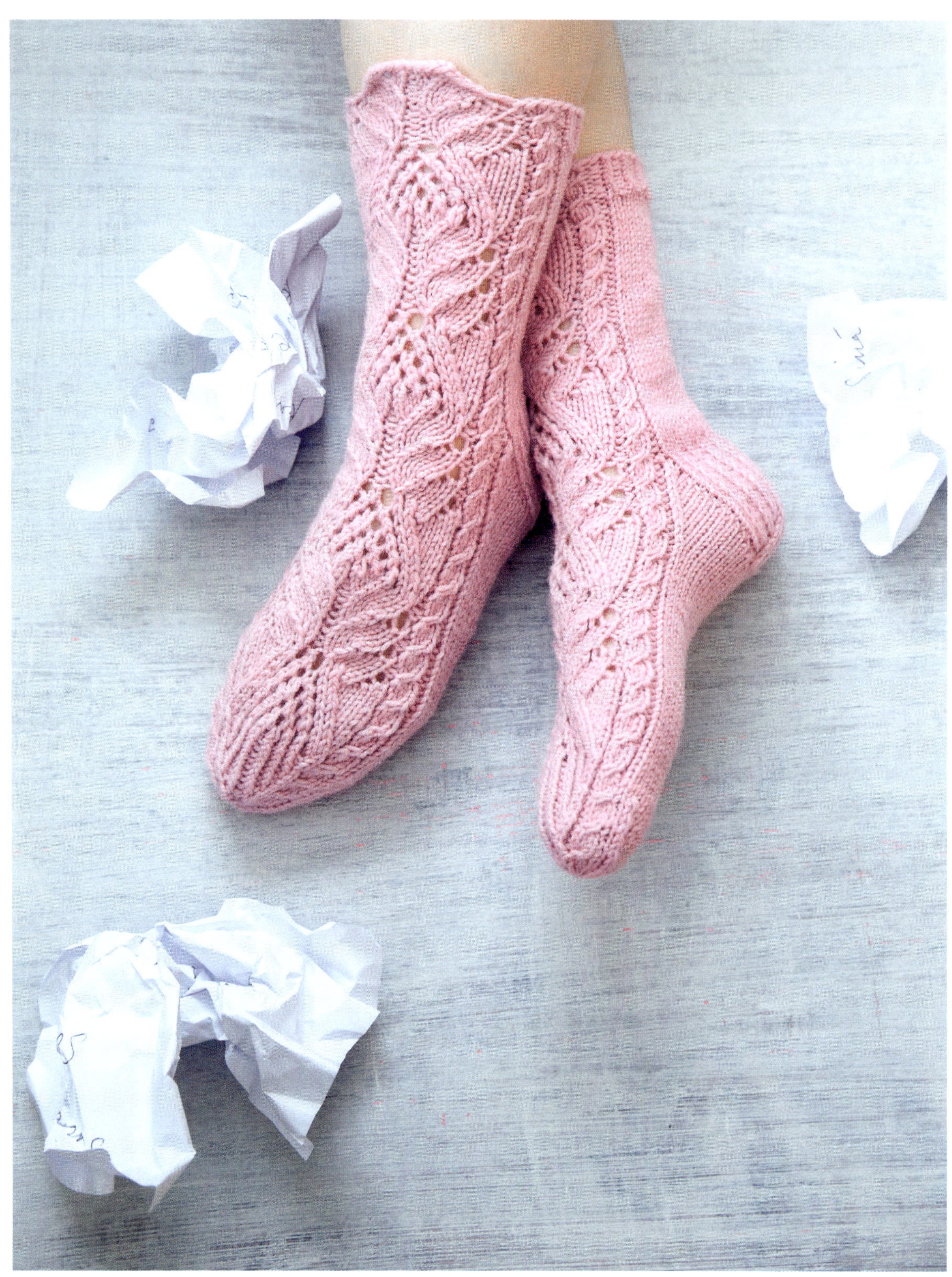

Maschenprobe: 23 M und 28 R glatt rechts = 10 cm x 10 cm

Nadeln: Nadelspiel 3,5 mm oder nach Strickfestigkeit, Hilfsnadel

Größe: 39/40

Garn: Kaupunkilanka Kivijalka (Wolle 75 %, Polyamid 25 %, 200 m/100 g), Farbe: Pink (40), 100 g

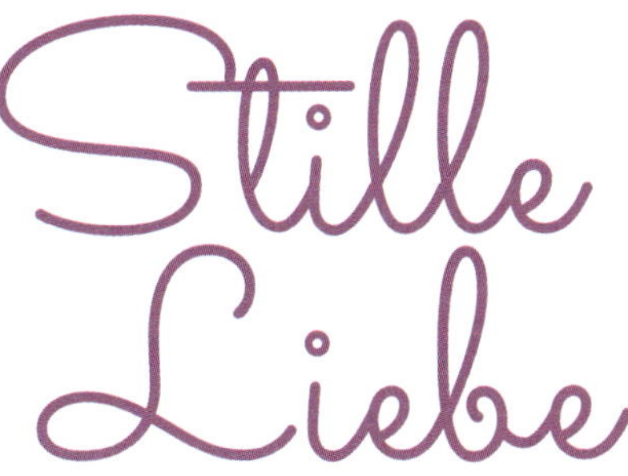

Über stille Liebe darf man nicht laut sprechen, wird im Lied gesungen. Vielleicht ist es auch nicht klug, also lassen wir das Modell für sich sprechen. Die Socken sind schnell gemacht und auch für Strickerinnen mit weniger Strickerfahrung geeignet.

Anleitung

SCHAFT

48 M anschlagen und auf den Nadeln verteilen (12-13-12-11). Der Rundenbeginn liegt zwischen der 4. und der 1. Nadel in der rückwärtigen Mitte. Die Runden 1–48 laut Strickschrift A stricken.

FERSE

Die M der 1. Nadel re auf die 4. Nadel stricken, dabei 1 M zunehmen = 24 M. Die übrigen M ruhen. Die Arbeit wenden.

Verstärkte Ferse:

1. R (Rückr): Die 1. M abheben, die übrigen M links stricken.
2. R (Hinr): *1 M abheben, 1 M re*, von * bis * bis R-Ende wiederholen.

Stille Liebe

Strickschrift A

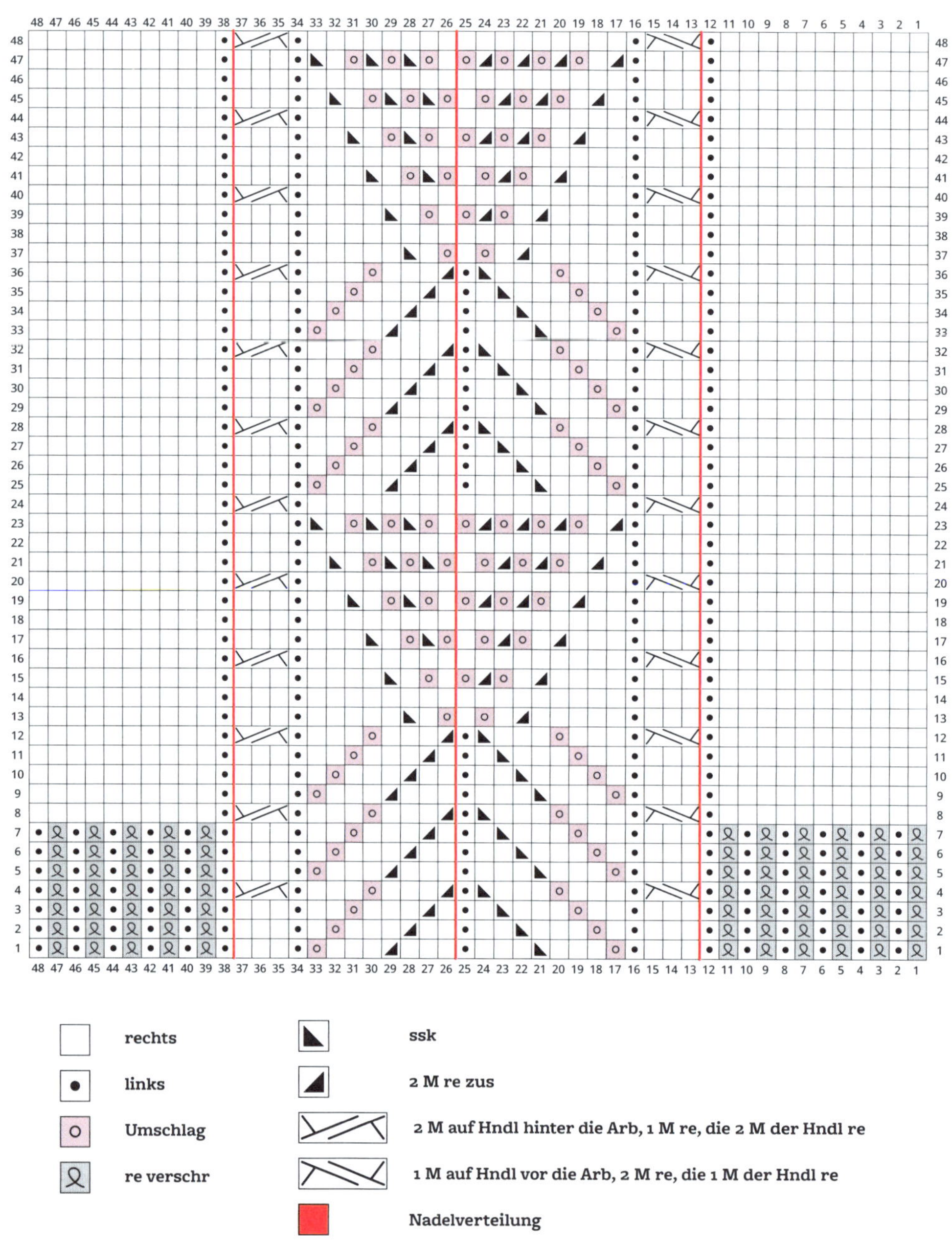

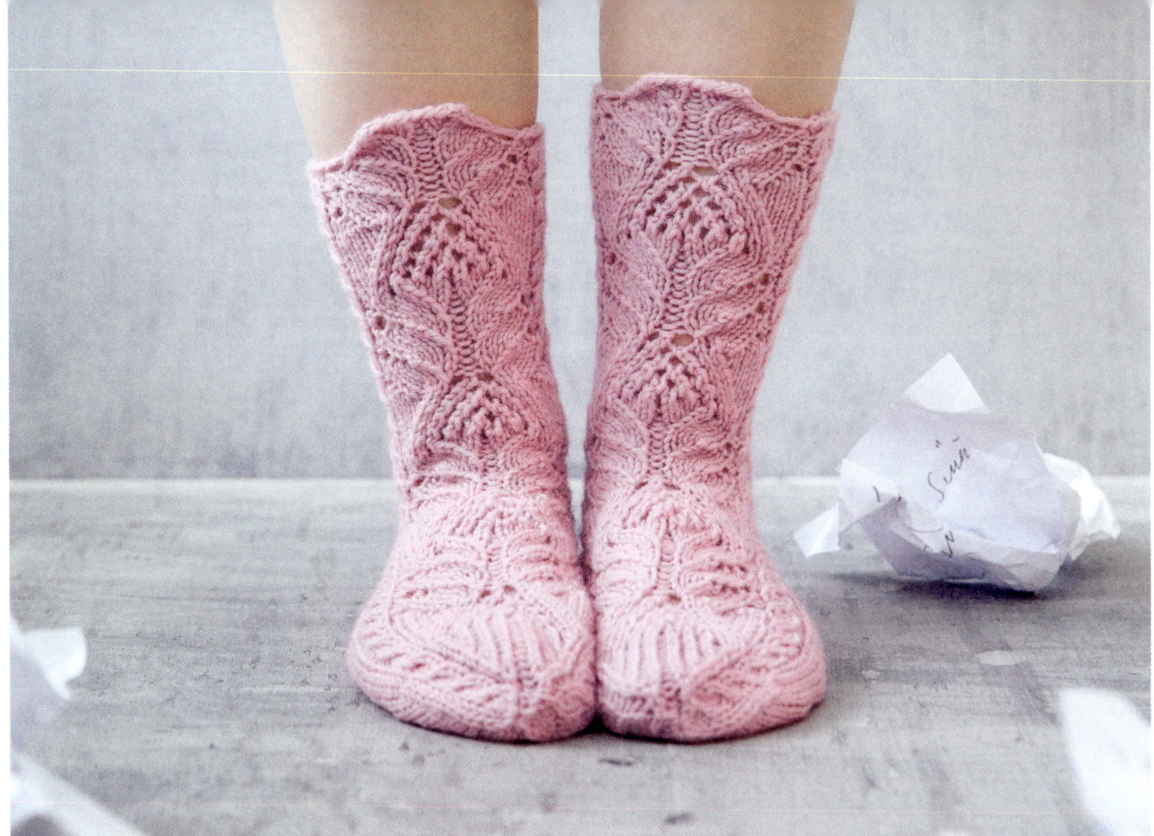

KÄPPCHENABNAHMEN

Die Arbeit wenden. Vom rechten Rand beginnend verstärkt stricken, bis 9 M übrig sind, 2 M re verschr zus, wenden (7 Seitenmaschen übrig).

Die 1. M abheben, li stricken, bis 9 M übrig sind, 2 M li zus, wenden (7 Seitenmaschen übrig).

Die 1. M abheben, verstärkt stricken, bis 8 M übrig sind, 2 M re verschr zus, wenden (6 Seitenmaschen übrig).

Die 1. M abheben, li stricken, bis 8 M übrig sind, 2 M li zus, wenden (6 Seitenmaschen übrig).

So fortfahren, bis noch die mittleren 8 M übrig sind = Fersenkäppchen. Wenden. Davon 4 M re auf die freie Nadel = 4. Nadel stricken. Der Faden liegt nun auf der rechten Seite der Arbeit in der Fersenmitte am Rundenbeginn.

ZWICKELABNAHMEN

Laut Strickschrift B ab 1. Rd arbeiten.
4 Käppchenmaschen re auf die zweite freie Nadel stricken und aus dem linken Fersenrand 12+1 M aufnehmen, mit der 2. und 3. Nadel im Muster laut 1. Rd Strickschrift B stricken und aus dem rechten Fersenrand 12+1 M aufnehmen und die 4 Käppchenmaschen re stricken = 17-13-12-17 M. Die Zwickelabnahmen zu Ende stricken = 12-13-12-12 M.

FUSS UND SPITZENABNAHMEN

Im Muster laut Strickschrift B arbeiten, dabei die blau umrandeten Rd 1–24 und danach die Rd 1–23 noch einmal stricken. Die Spitzenabnahmen laut Strickschrift C stricken = 2-3-2-2 M. Den Faden abschneiden, durch die restlichen M ziehen und die Spitze schließen.

FERTIGSTELLEN

Alle Fadenenden auf der linken Seite der Arbeit vernähen. Die Socken leicht dämpfen oder gemäß den Anweisungen des Garnherstellers behandeln.

Stille Liebe

Strickschrift B

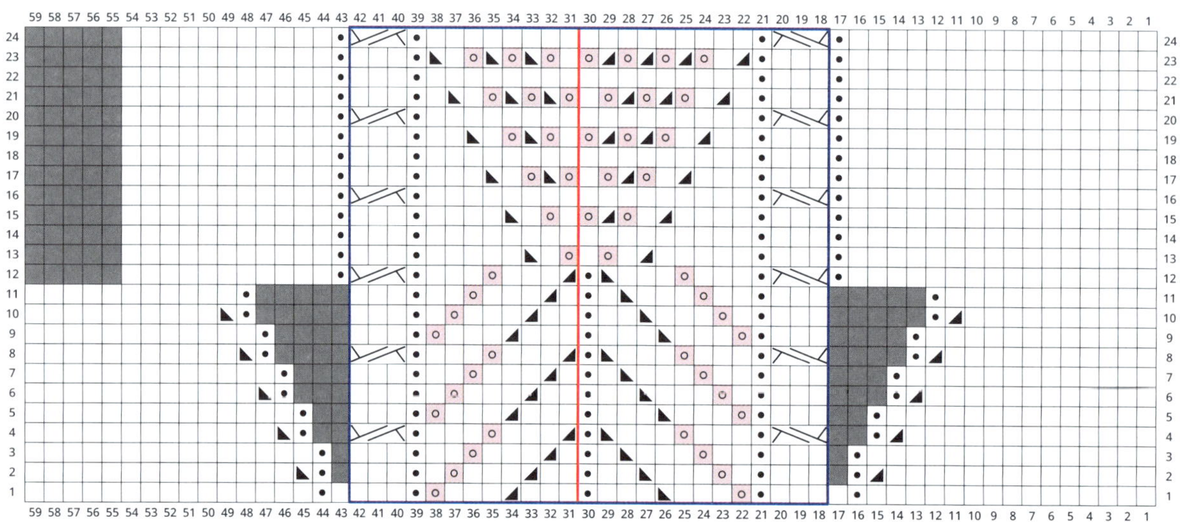

Strickschrift C

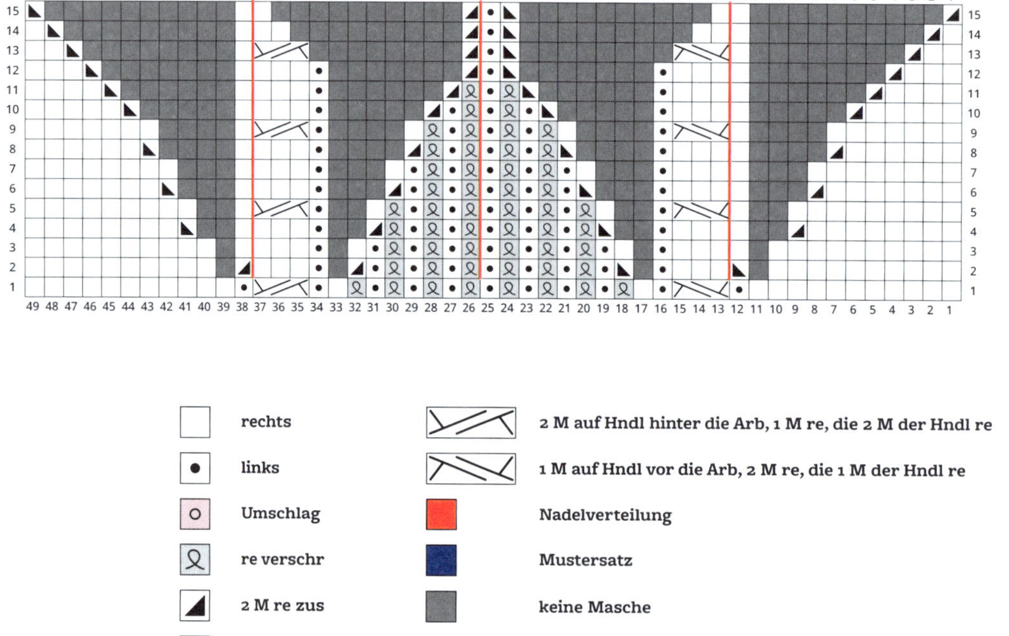

rechts	2 M auf Hndl hinter die Arb, 1 M re, die 2 M der Hndl re
links	1 M auf Hndl vor die Arb, 2 M re, die 1 M der Hndl re
Umschlag	Nadelverteilung
re verschr	Mustersatz
2 M re zus	keine Masche
ssk	

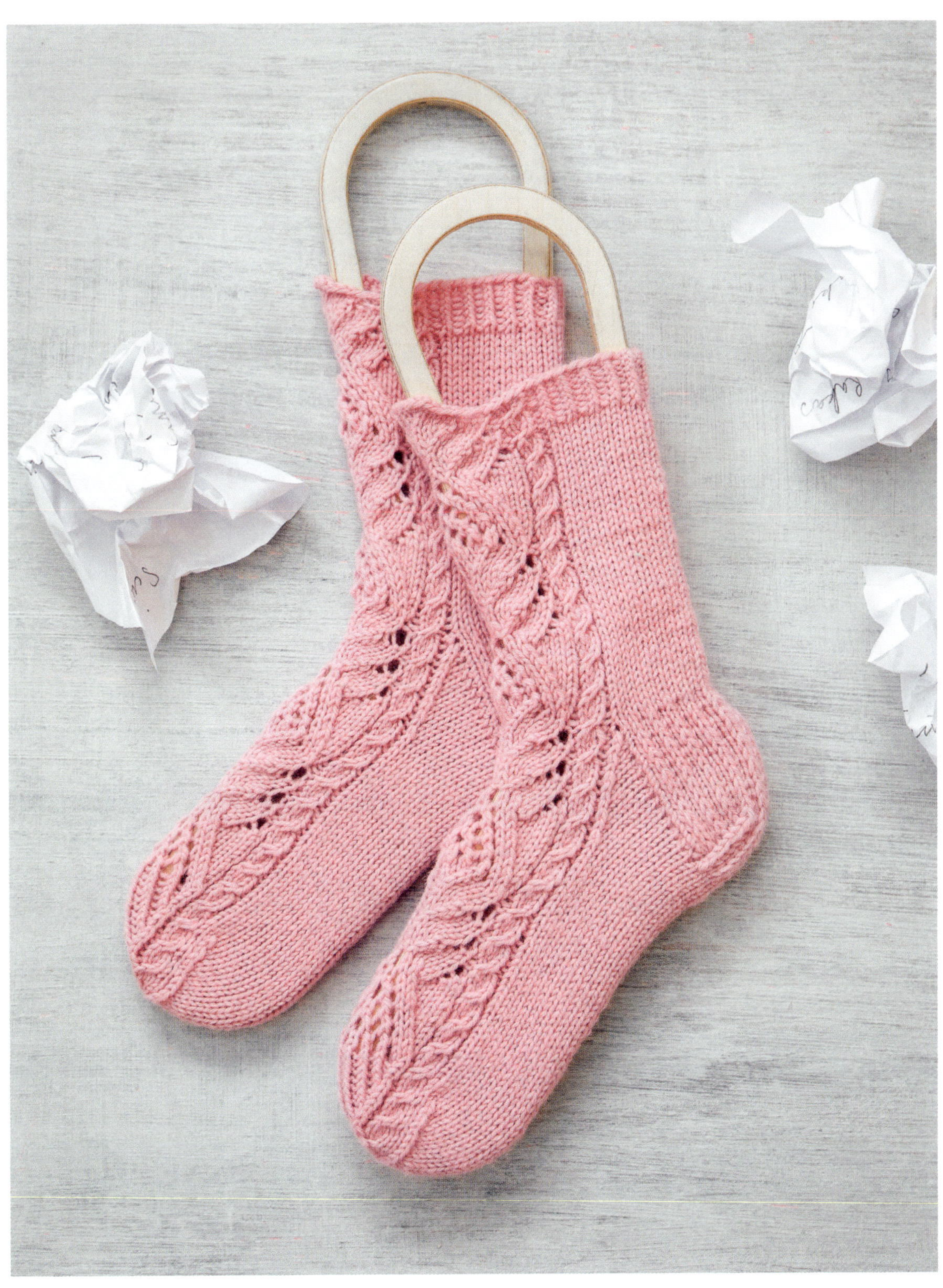

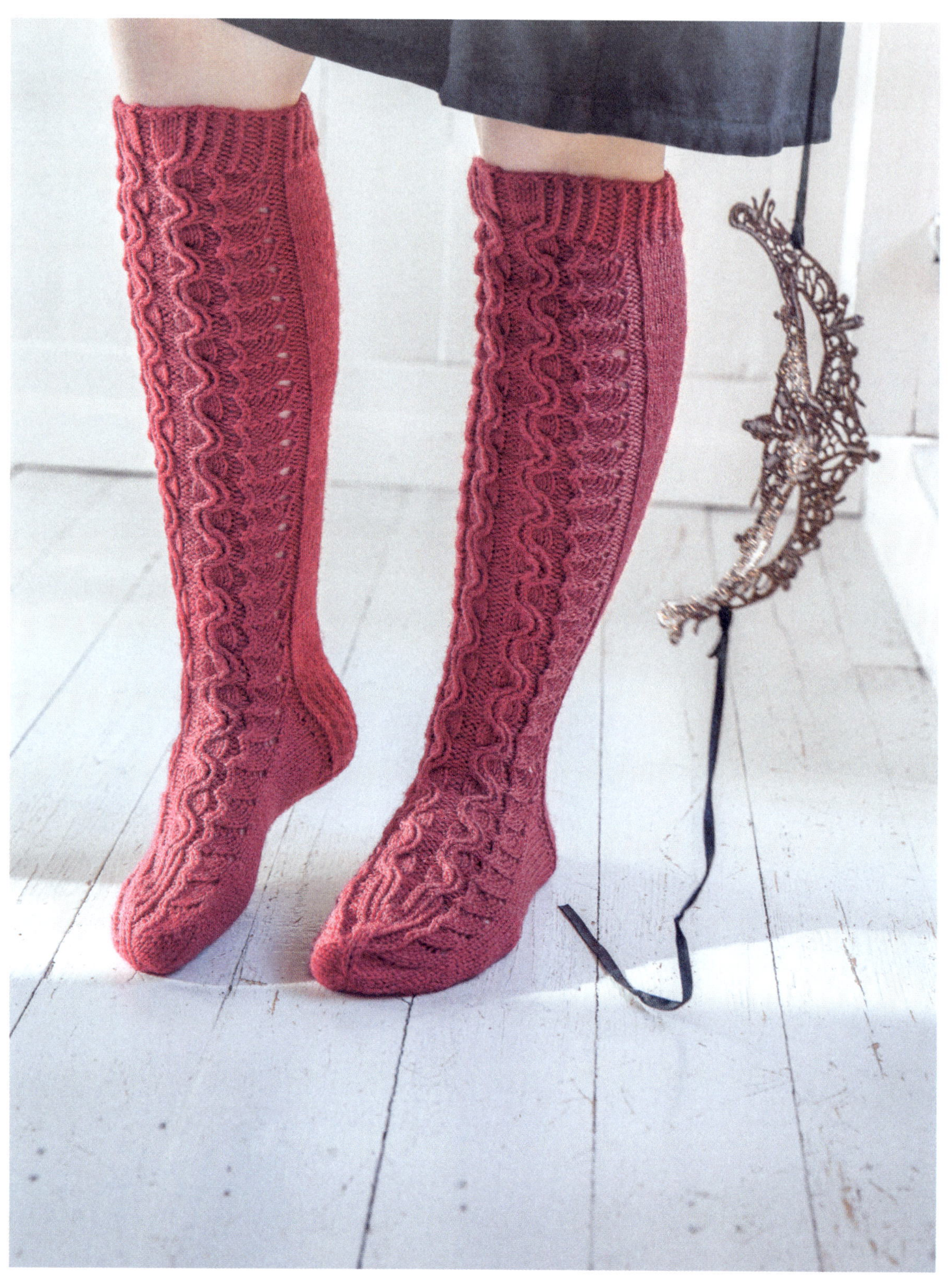

Maschenprobe: 23 M und 30 R glatt rechts = 10 cm x 10 cm

Nadeln: Nadelspiel 3,5 mm oder nach Strickfestigkeit, Hilfsnadel

Größe: 38/39

Garn: Novita 7 Veljestä (Wolle 75 %, Polyamid 25 %, 200 m/100 g), Farbe : Flockenblume (563), 190 g

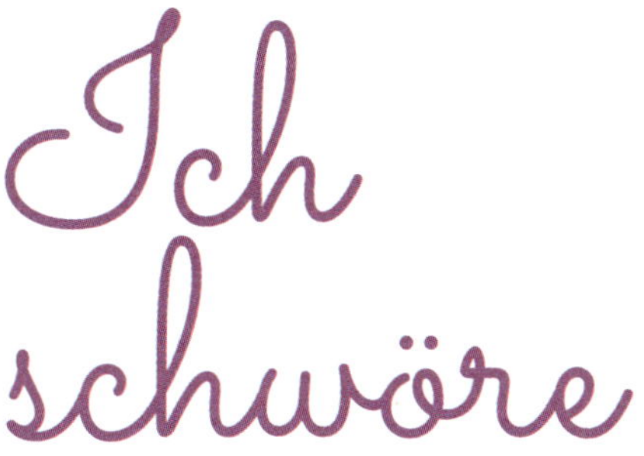

Lieber nicht schwören, aber ich könnte mir vorstellen, dass dieses Modell in seiner ganzen Schönheit sehr einfach umzusetzen ist. Das Muster lässt sich leicht auf kürzere Socken übertragen, da die Rückseite glatt rechts gearbeitet wird.

Anleitung

SCHAFT

65 M anschlagen und auf den Nadeln verteilen (17-16-16-16). Der Rundenbeginn liegt zwischen der 4. und der 1. Nadel in der rückwärtigen Mitte. In Runden laut Strickschrift A stricken, dabei in der 11. Rd am Ende der 4. Nadel 1 M zun = 17-16-16-17 M. Alle Rd stricken. Für die Waden abnehmen und die M neu verteilen: 13-14-14-13. Nach der 94. Rd mit der 2. und 3. Nadel den blau umrandeten Mustersatz 1- bis 2-mal stricken, je nach gewünschter Länge. Mit der 1. und 4. Nadel weiter glatt rechts ohne Abnahmen stricken. Vor der Ferse hat die Arbeit 13-14-14-13 M.

FERSE

Die M der 1. Nadel re auf die 4. Nadel stricken = 26 M. Die übrigen M ruhen. Die Arbeit wenden.

Verstärkte Ferse:

1. R (Rückr): 2 M re, li stricken, bis 2 M übrig sind, 2 M re.

2. R (Hinr): 2 M re, * 1 M abheben, 1 M re*, von * bis * wdh, bis 2 M übrig sind, 2 M re.

Diese 2 R wdh, bis 26 R gestrickt sind. Noch eine Rückr stricken.

KÄPPCHENABNAHMEN

Die Arbeit wenden. Vom rechten Rand beginnend verstärkt stricken, bis 9 M übrig sind, 2 M re verschr zus, wenden (7 Seitenmaschen übrig).

Die 1. M abheben, li stricken, bis 9 M übrig sind, 2 M li zus, wenden (7 Seitenmaschen übrig).

Die 1. M abheben, verstärkt stricken, bis 8 M übrig sind, 2 M re verschr zus, wenden (6 Seitenmaschen übrig).

Die 1. M abheben, li stricken, bis 8 M übrig sind, 2 M li zus, wenden (6 Seitenmaschen übrig).

So fortfahren, bis noch die mittleren 10 M übrig sind = Fersenkäppchen. Davon 5 M re auf die freie Nadel = 4. Nadel stricken. Der Faden liegt nun auf der rechten Seite der Arbeit in der Fersenmitte am Rundenbeginn.

ZWICKELABNAHMEN

Laut Strickschrift B, 1. Rd, arbeiten, 5 Käppchenmaschen re auf die 2. freie Nadel stricken und aus dem linken Fersenrand 13+1 M aufnehmen, mit der 2. und 3. Nadel das Muster laut 1. Rd der Strickschrift arbeiten und aus dem rechten Fersenrand 13+1 M aufnehmen und die 5 Käppchenmaschen re stricken = 19-14-14-19 M. Die Zwickelabnahmen zu Ende stricken = 13-14-14-13 M.

FUSS UND SPITZENABNAHMEN

Den Fuß laut Strickschrift B, die Spitzenabnahmen laut Strickschrift C arbeiten. Den Faden abschneiden, durch die restlichen M ziehen und die Spitze schließen.

FERTIGSTELLEN

Alle Fadenenden auf der linken Seite der Arbeit vernähen. Die Socken leicht dämpfen oder gemäß den Anweisungen des Garnherstellers behandeln.

Strickschrift A

□	rechts
•	links
o	Umschlag
ꝗ	re verschr
◣	2 M re verschr zus
◢	2 M re zus
Zopf	3 M auf Hndl vor die Arb, 3 M re, die M der Hndl 1 M re verschr, 1 M li, 1 M re verschr
Zopf	3 M auf Hndl hinter die Arb, 1 M re verschr, 1 M li, 1 M re verschr, die 3 M der Hndl re
■ (blau)	Mustersatz
■ (rot)	Nadelverteilung
■ (grau)	keine Masche

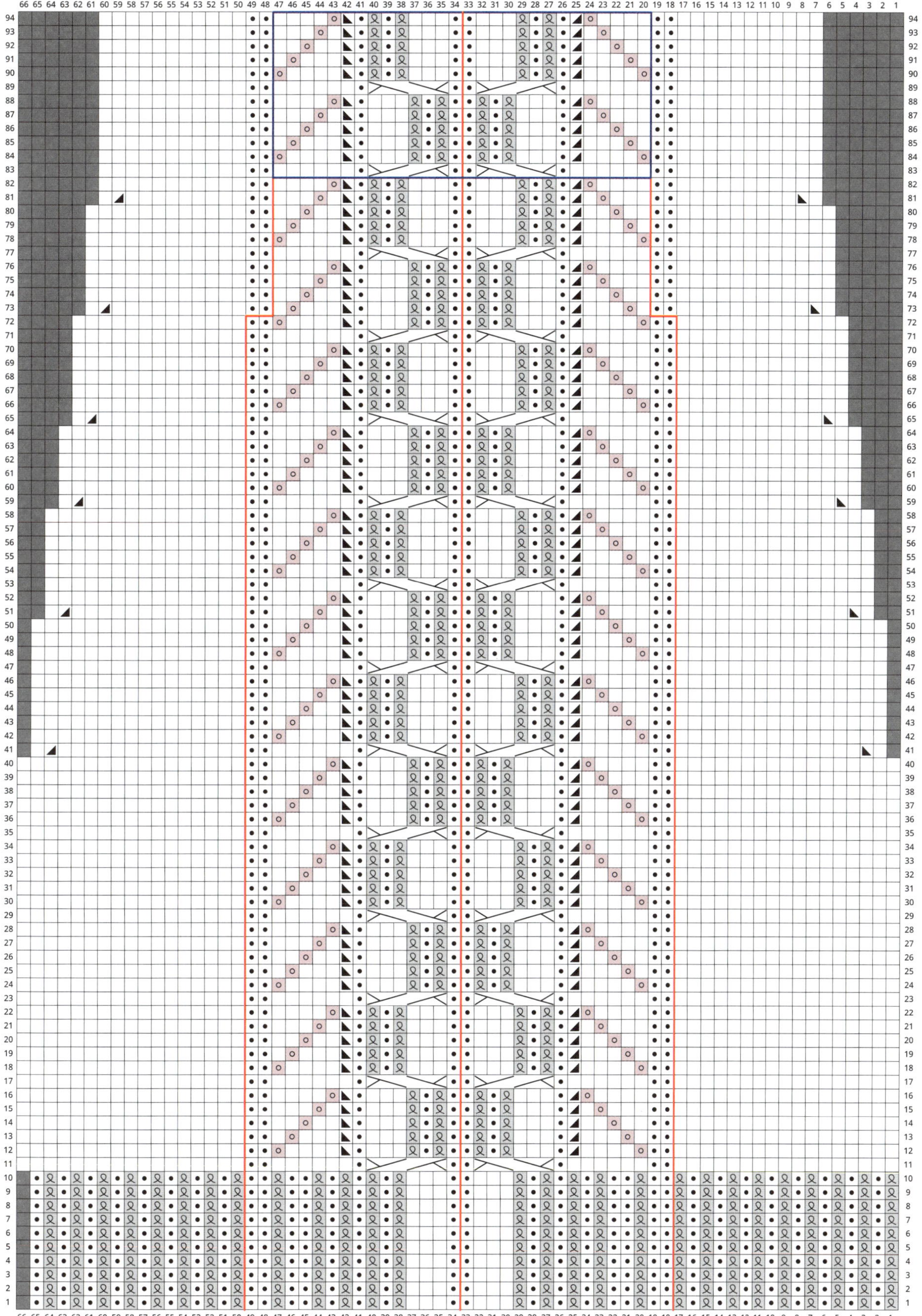

Ich schwöre

Strickschrift B

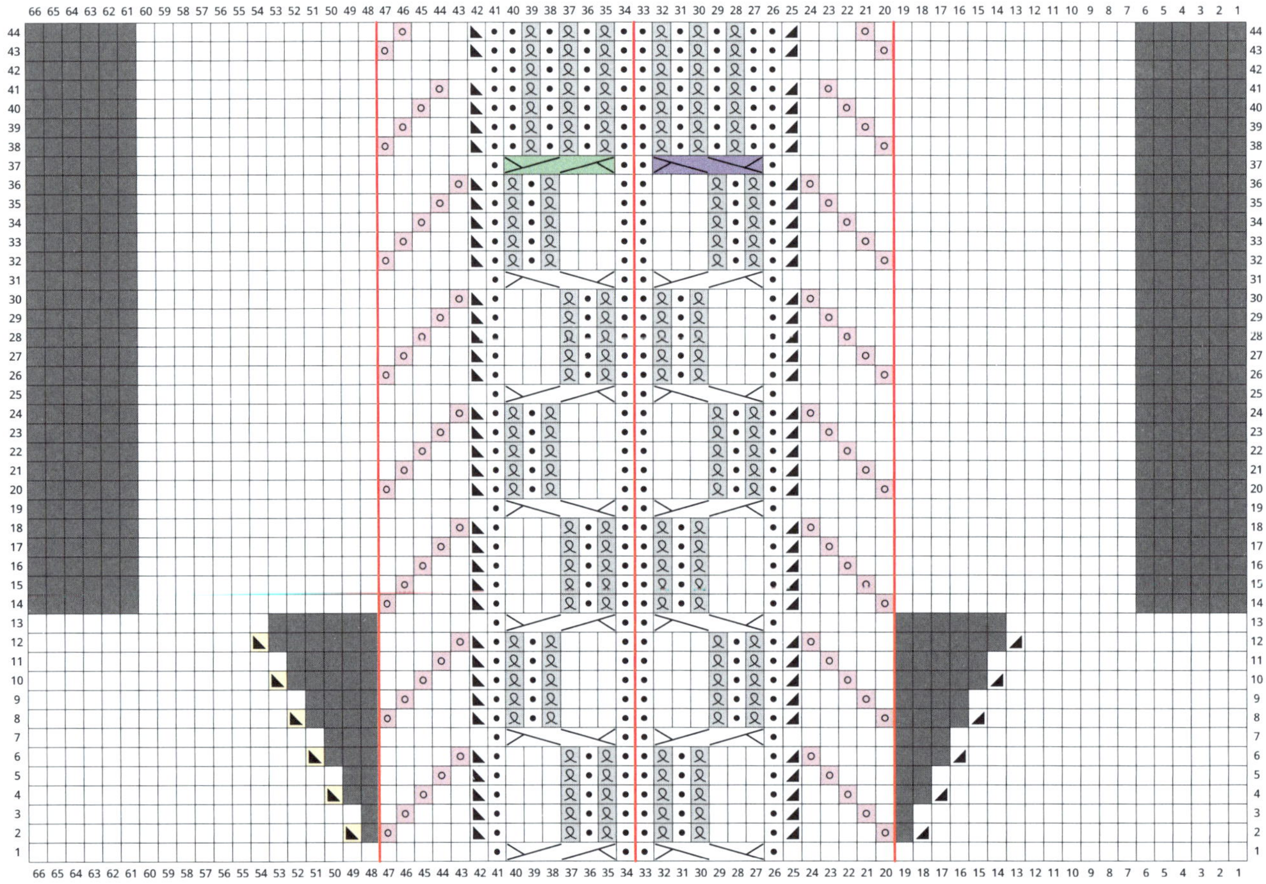

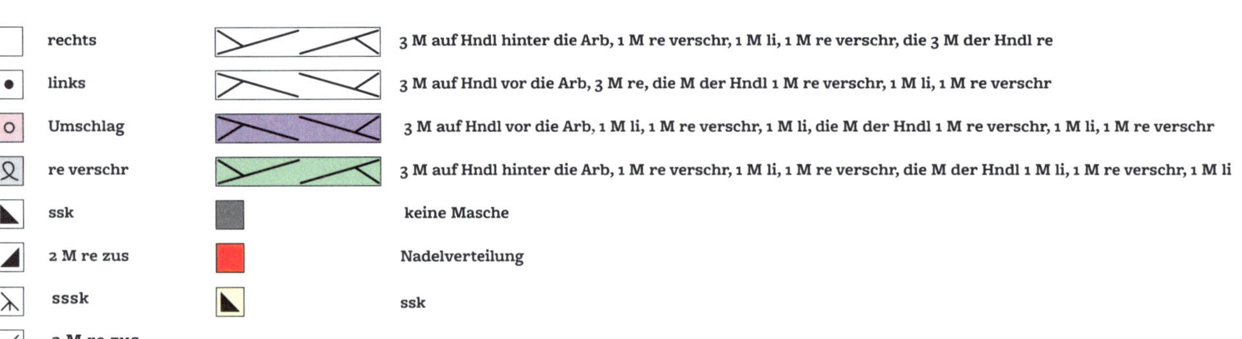

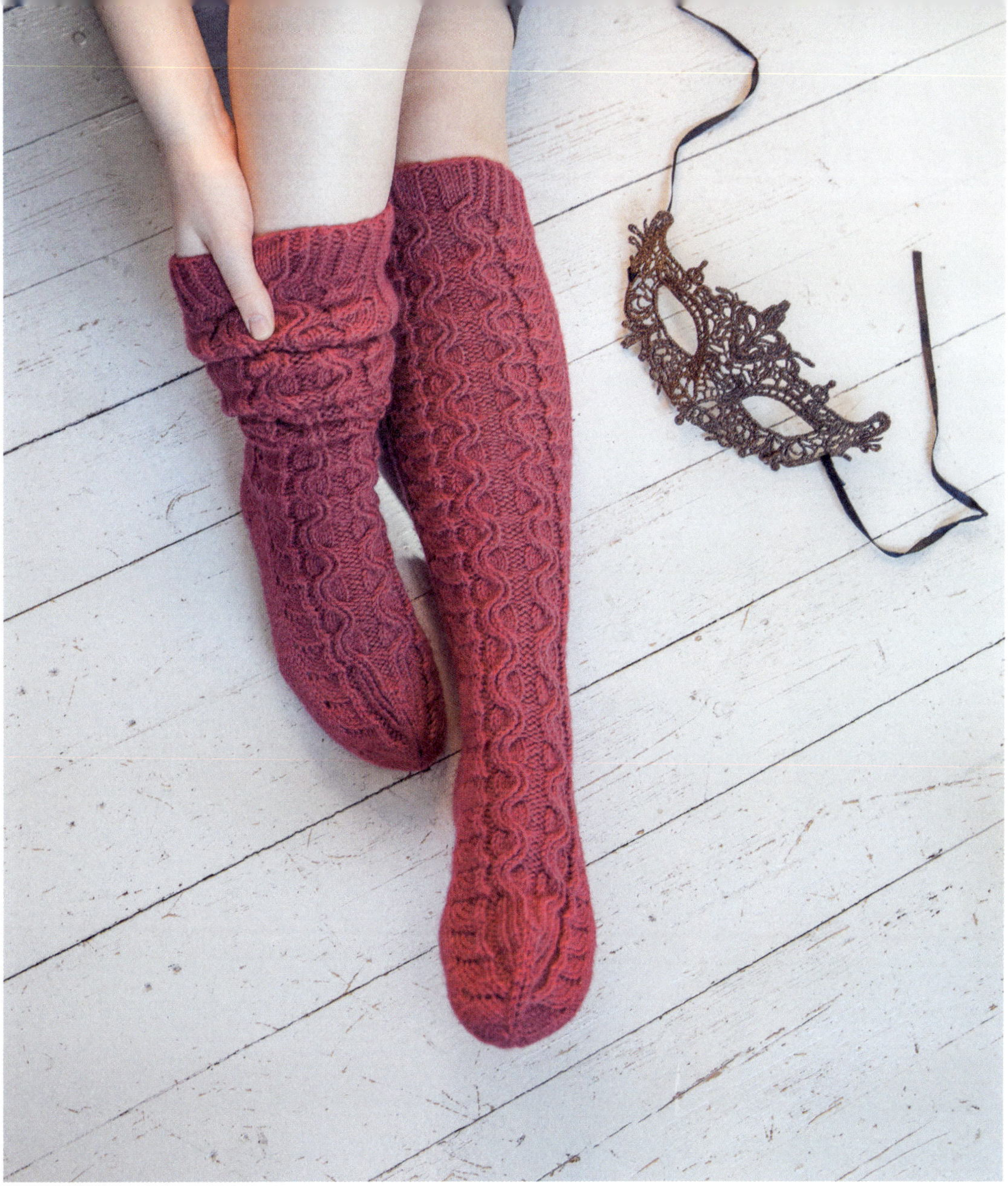

Strickschrift C

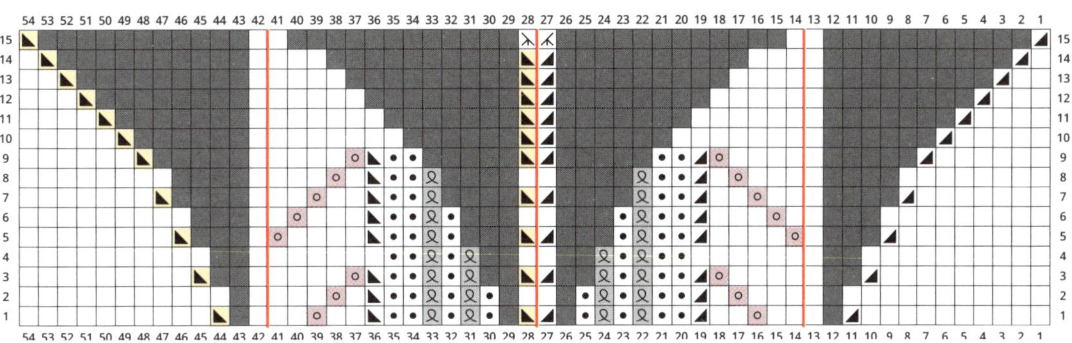

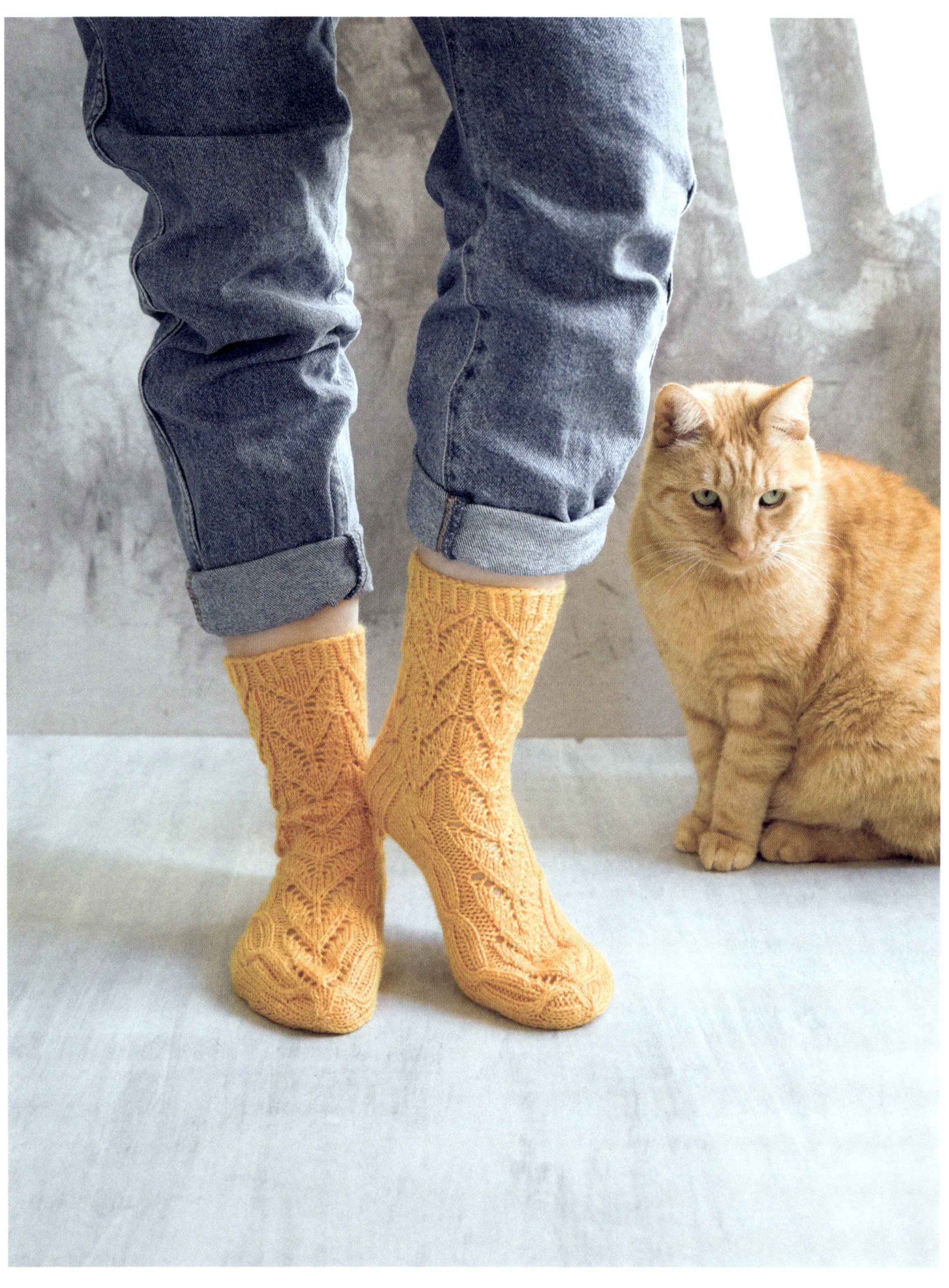

Maschenprobe: 23 M und 29 R glatt rechts = 10 cm x 10 cm

Nadeln: Nadelspiel 3,25 mm oder nach Strickfestigkeit, Hn Hilfsnadel

Größe: 38/39

Garn: Kaupunkilanka Pulteri (Wolle 50 %, Polyamid 25 %, Tencel 25 %, 200 m/100 g), Farbe: Gelb (30), 100 g

Mein Herz bleibt hier

Die meisten von uns haben einen Ort, dem wir uns zugehörig fühlen. Auch bei mir ist dies der Fall. Das Spitzenmuster dieses Sockenmodells bildet eine Kette aus herzförmigen Motiven.

Anleitung

SCHAFT

50 M anschlagen und auf den Nadeln verteilen (11-15-14-10). Der Rundenbeginn liegt zwischen der 4. und der 1. Nadel in der rückwärtigen Mitte. Für das Bündchen insg. 6 Rd 1 M li, 1 M re verschr im Wechsel stricken.
Dann laut Strickschrift A die Rd 1–51 arbeiten.
Die M neu verteilen: 13-13-12-12 M.

FERSE

Die M der 1. Nadel re auf die 4. Nadel stricken, dabei 1 M zunehmen = 26 M. Die übrigen M ruhen. Die Arbeit wenden.

Verstärkte Ferse:

1. R (Rückr): Die 1. M abheben, die übrigen M links stricken.

Mein Herz bleibt hier

Strickschrift A

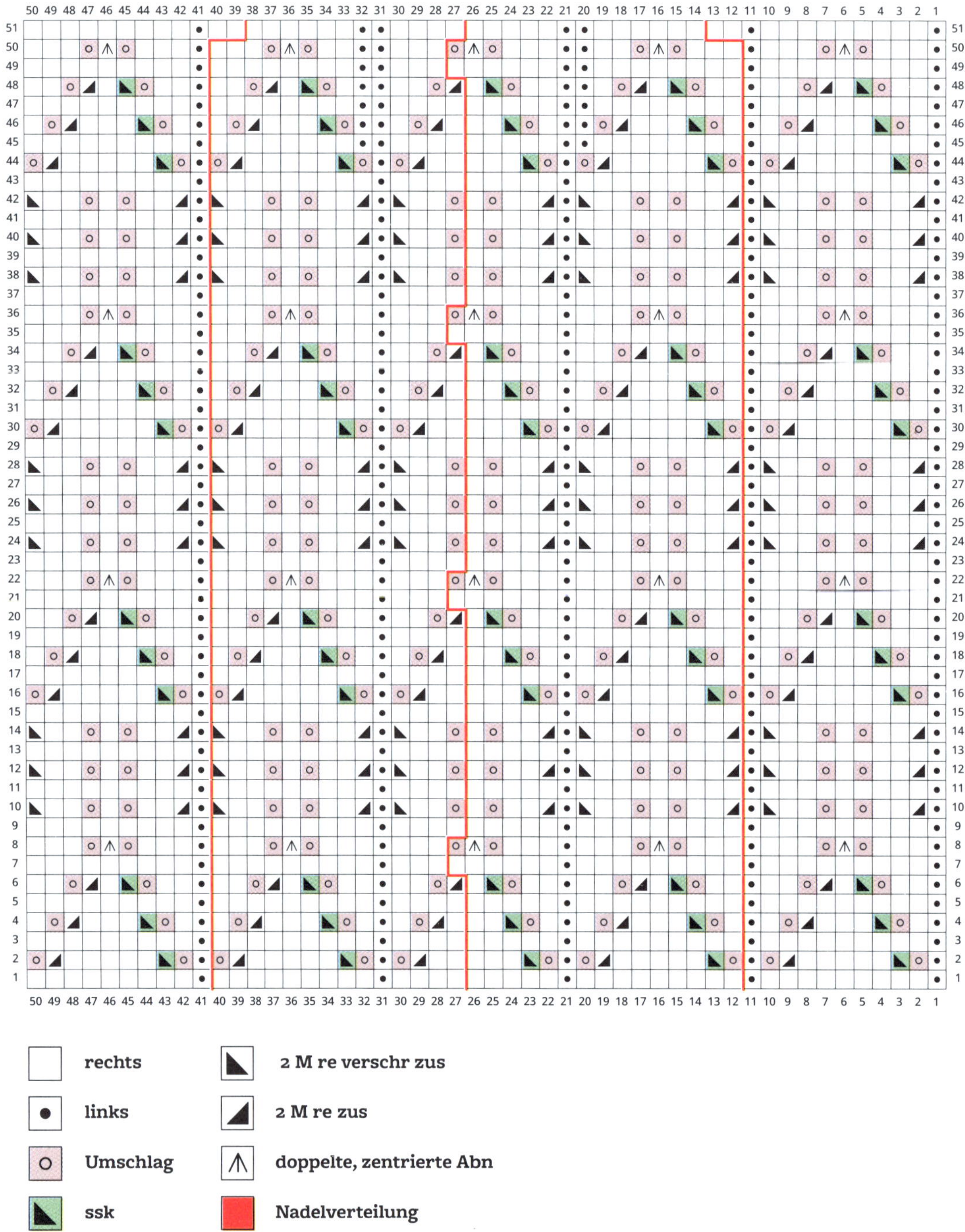

2. R (Hinr): *1 M abheben, 1 M re*, von * bis * bis R-Ende wiederholen.

Diese 2 R wdh, bis insg. 26 R gestrickt sind. Noch eine Rückr stricken.

KÄPPCHENABNAHMEN

Die Arbeit wenden. Vom rechten Rand beginnend verstärkt stricken, bis 9 M übrig sind, 2 M re verschr zus, wenden (7 Seitenmaschen übrig).

Die 1. M abheben, li stricken, bis 9 M übrig sind, 2 M li zus, wenden (7 Seitenmaschen übrig).

Die 1. M abheben, verstärkt stricken, bis 8 M übrig sind, 2 M re verschr zus, wenden (6 Seitenmaschen übrig).

Die 1. M abheben, li stricken, bis 8 M übrig sind, 2 M li zus, wenden (6 Seitenmaschen übrig).

So fortfahren, bis noch die mittleren 10 M übrig sind = Fersenkäppchen. Wenden. Davon 5 M re auf die freie Nadel = 4. Nadel stricken. Der Faden liegt nun auf der rechten Seite der Arbeit in der Fersenmitte am Rundenbeginn.

ZWICKELABNAHMEN

Laut Strickschrift B, 1. Rd, arbeiten.
5 Käppchenmaschen re auf die 2. freie Nadel stricken und aus dem linken Fersenrand 13+1 M aufnehmen, mit der 2. und 3. Nadel das Muster laut 1. Rd der Strickschrift arbeiten und aus dem rechten Fersenrand 13+1 M aufnehmen und die 5 Käppchenmaschen re stricken = 19-13-12-19 M.
Die Zwickelabnahmen zu Ende stricken = 13-13-12-13 M.

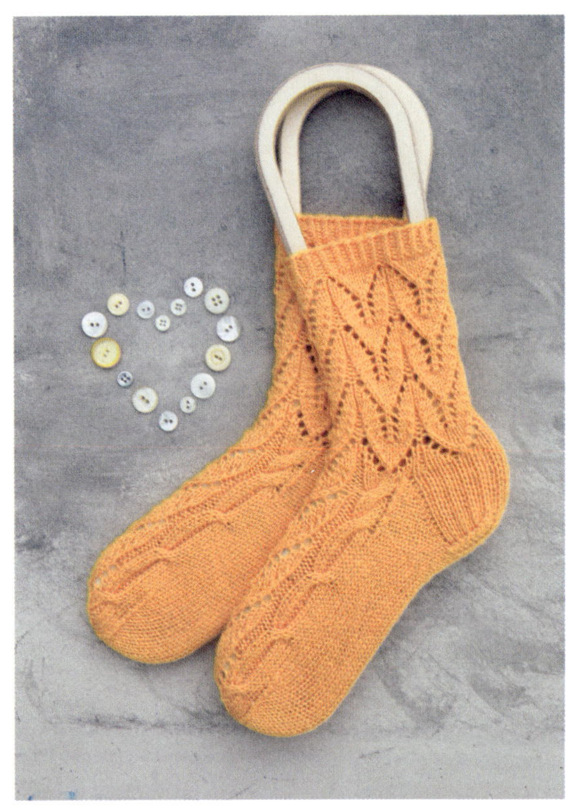

FUSS UND SPITZENABNAHMEN

Den Fuß laut Strickschrift B bis Rd 47 stricken. Falls die Länge noch nicht ausreicht, können die Rd 46–47 vor den Spitzenabnahmen wiederholt werden, bis der kleine Zeh bedeckt ist.
Zuletzt die 47. Rd stricken. Die Spitzenabnahmen laut Strickschrift C arbeiten. Den Faden abschneiden, durch die restlichen M ziehen und die Spitze schließen.

FERTIGSTELLEN

Alle Fadenenden auf der linken Seite der Arbeit vernähen. Die Socken leicht dämpfen oder gemäß den Anweisungen des Garnherstellers behandeln.

Mein Herz bleibt hier

Strickschrift B

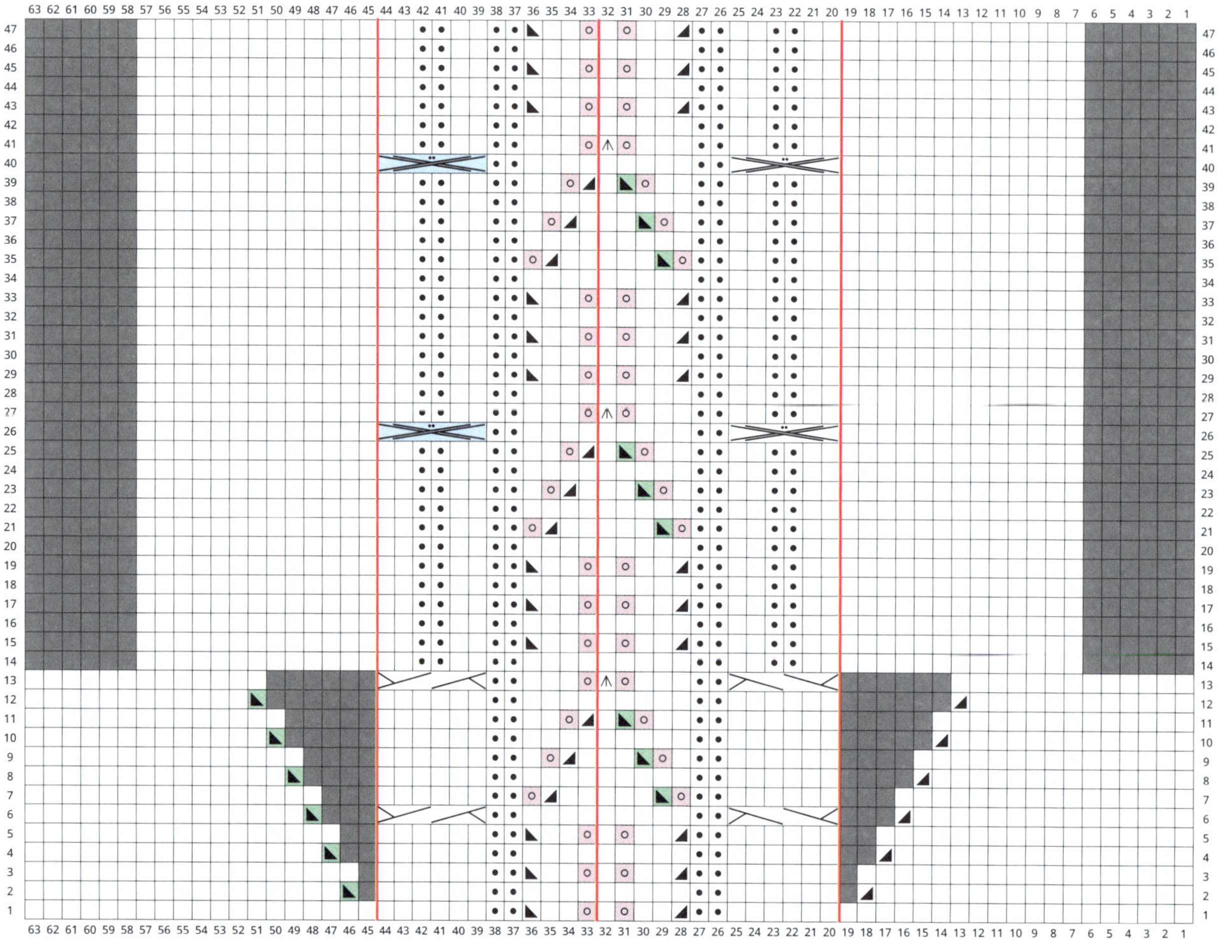

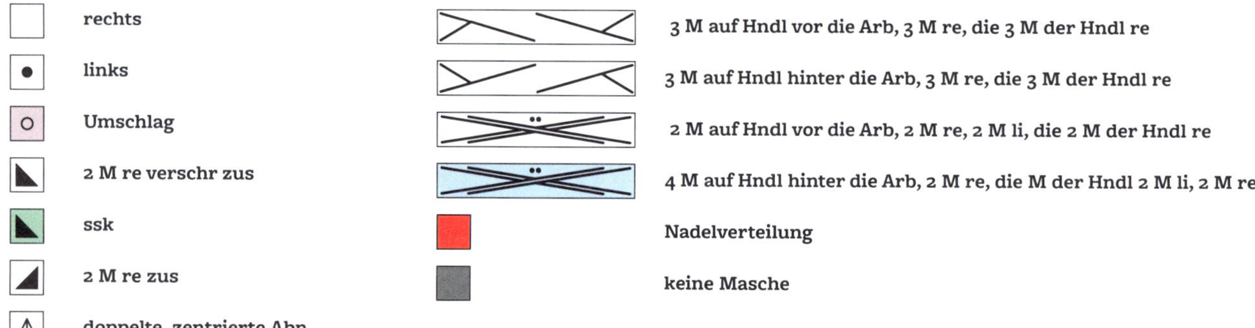

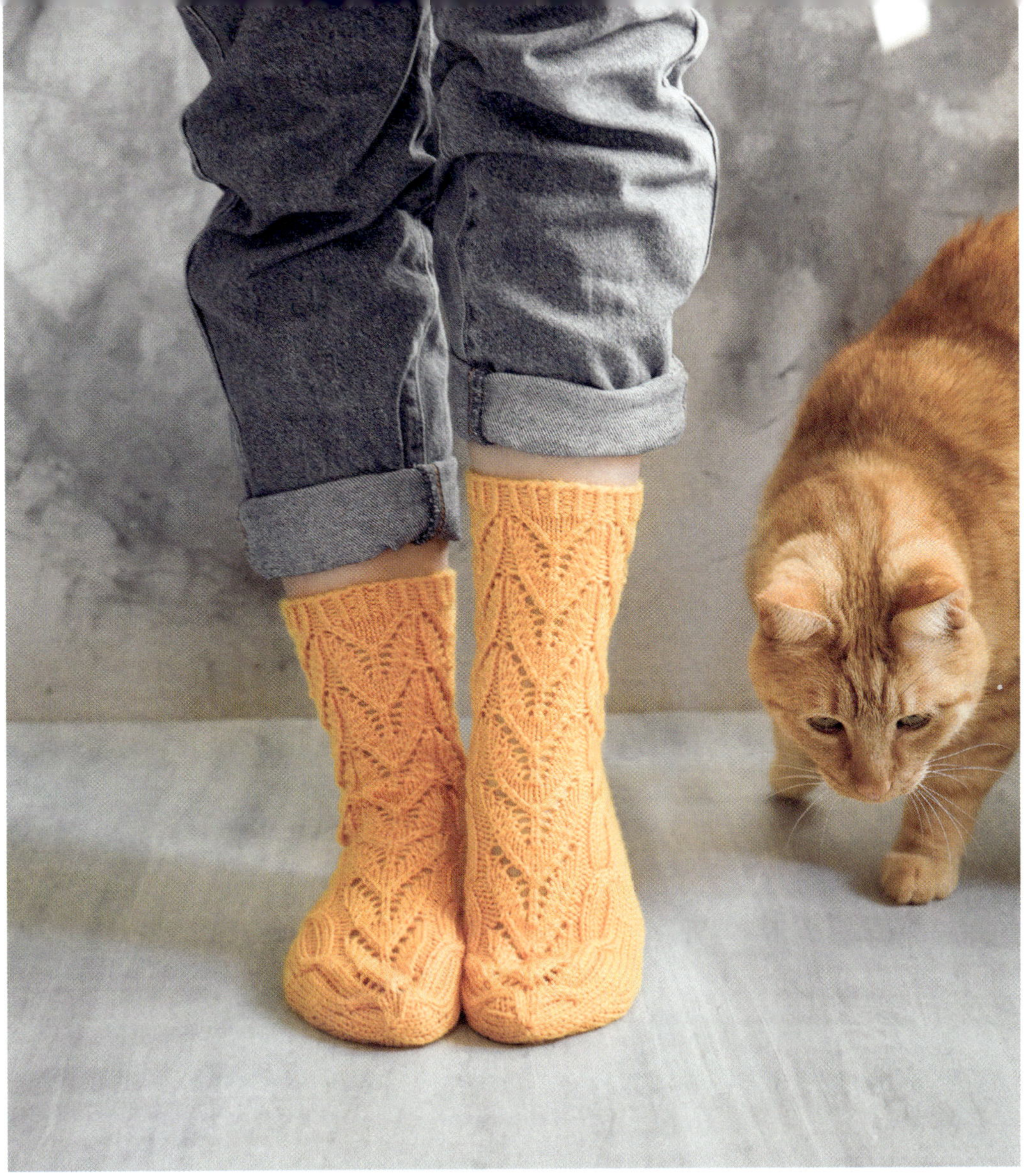

Strickschrift C

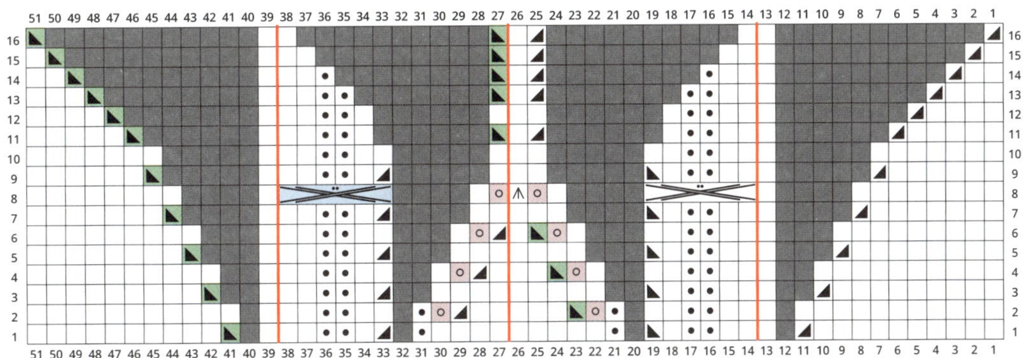

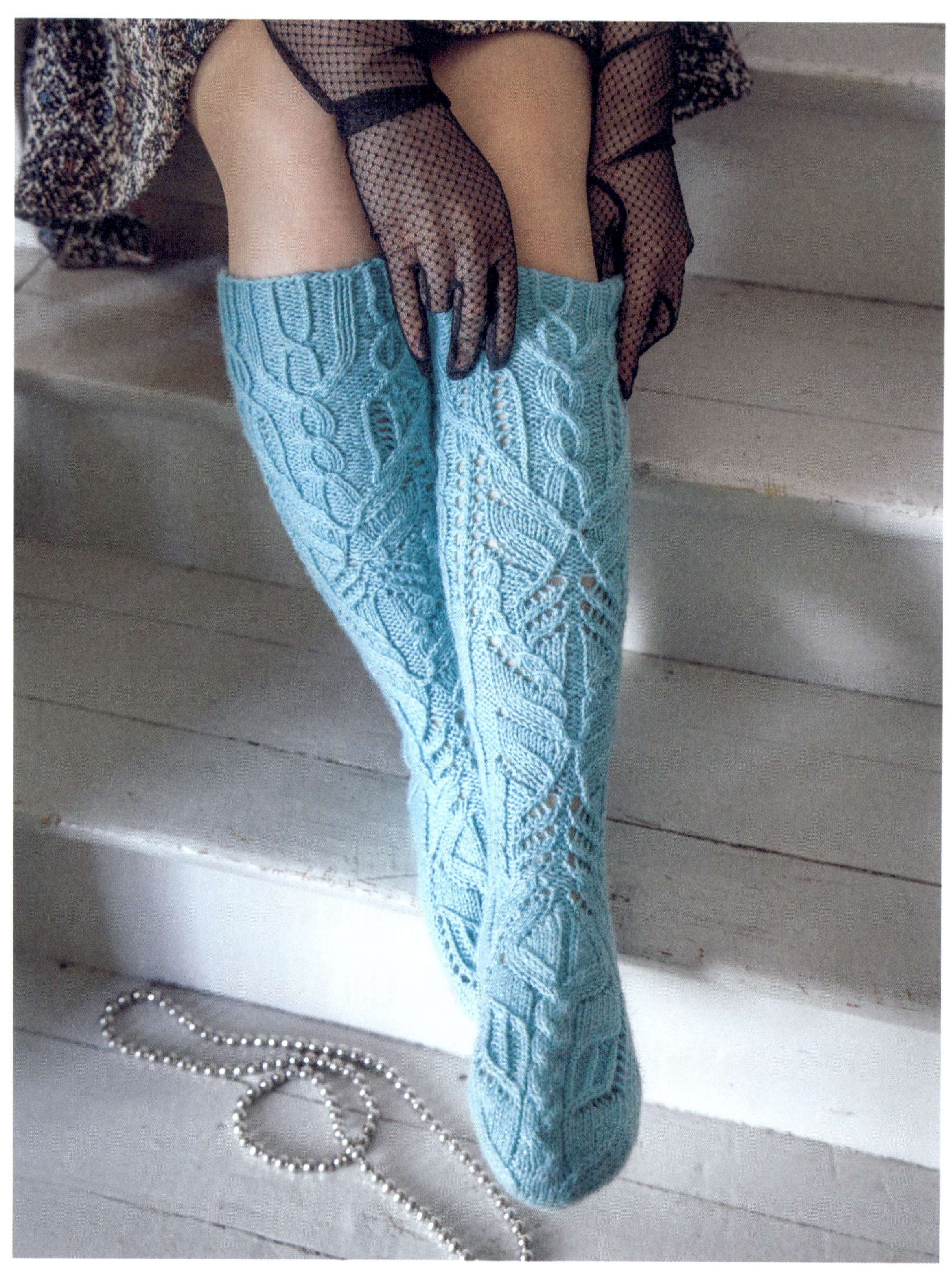

Maschenprobe: 23 M und 28 R glatt rechts = 10 cm x 10 cm

Nadeln: Nadelspiel 3,5 mm oder nach Strickfestigkeit, Hilfsnadel

Größe: 38/39

Garn: Novita 7 Veljestä Kuura (75 % Wolle, 24 % Polyamid, 1 % Polyester, 200 m/100 g) oder ohne metallischem Glanz Kaupunkilanka Kivijalka (75 % Wolle, 25 % Polyamid, 200 m/100 g), Farbe: Mint (21), 190 g

Zauberworte

Schon zu Zeiten meines ersten Buches habe ich darüber nachgedacht, wie ich verschiedene Muster nacheinander ohne chaotische Sprünge von einem zum anderen weiterführen könnte, sodass das Endergebnis klar und schön werden würde. Dieses Buch enthält »Zauberworte«, meine zuvor erschienenen Modelle »Legende« und »Zauberwind« werden mit einer ähnlichen Technik gearbeitet.

Anleitung

SCHAFT

66 M anschlagen und auf den Nadeln verteilen (17-16-16-17). Der Rundenbeginn liegt zwischen der 4. und der 1. Nadel in der rückwärtigen Mitte. Die Rd 1–110 laut Strickschrift A stricken. Für die Waden abnehmen und an den angegebenen Stellen die M neu verteilen. Nach der letzten Rd der Strickschrift hat die Arbeit 13-13-13-13 M.

FERSE

Die M der 1. Nadel auf die 4. Nadel stricken: 2 M re, 2 M li, 1 re versch, 2 M li, 2 M re, 2 M li, 2 M re = 26 M. Die übrigen M ruhen. Arbeit wenden.

Verstärkte Ferse:

1. R (Rückr): Die 1. M abheben, die übrigen M links stricken.

2. R (Hinr): *1 M abheben, 1 M re*, von * bis * bis R-Ende wiederholen.

Diese 2 R wdh, bis 26 R gestrickt sind.
Noch 1 Rückr stricken.

KÄPPCHENABNAHMEN

Die Arbeit wenden. Vom rechten Rand beginnend verstärkt stricken, bis 9 M übrig sind, 2 M re verschr zus, wenden (7 Seitenmaschen übrig).

Die 1. M abheben, li stricken, bis 9 M übrig sind, 2 M li zus, wenden (7 Seitenmaschen übrig).

Die 1. M abheben, verstärkt stricken, bis 8 M übrig sind, 2 M re verschr zus, wenden (6 Seitenmaschen übrig).

Die 1. M abheben, li stricken, bis 8 M übrig sind, 2 M li zus, wenden (6 Seitenmaschen übrig).

So fortfahren, bis noch die mittleren 10 M übrig sind = Fersenkäppchen. Davon 5 M re auf die freie Nadel = 4. Nadel stricken. Der Faden liegt nun auf der rechten Seite der Arbeit in der Fersenmitte am Rundenbeginn.

ZWICKELABNAHMEN

Laut Strickschrift B, 1. Rd, arbeiten. 5 Käppchenmaschen re auf die 2. freie Nadel stricken und aus dem linken Fersenrand 13+1 M aufnehmen, mit der 2. und 3. Nadel das Muster laut 1. Rd der Strickschrift arbeiten und aus dem rechten Fersenrand 13+1 M aufnehmen und die 5 Käppchenmaschen re stricken = 19-13-13-19 M. Die Zwickelabnahmen zu Ende stricken = 13-13-13-13 M.

FUSS UND SPITZENABNAHMEN

Den Fuß und die Spitzenabnahmen laut Strickschrift B arbeiten = 4-4-4-4 M. Die M der 1. Nadel re auf die 4. Nadel stricken, die M der 2. und 3. Nadel auf die zweite Nadel stricken. Den Faden in ca. 20 cm Länge abschneiden.

MASCHENSTICH

Die Spitze wird im Maschenstich geschlossen. Dies erfolgt mit zwei Nadeln: Auf der hinteren Nadel liegen die M der 4. und 1. Nadel und auf der vorderen Nadel die M der 2. und 3. Nadel, wenn die Nadeln in der linken Hand gehalten werden und der Arbeitsfaden am rechten Rand der hinteren Nadel liegt.

Eine dritte Nadel nehmen und 1 M li mit der vorderen Nadel stricken, die M von der Nadel gleiten lassen und den Faden durchziehen. Die nächste M re stricken, auf der Nadel lassen und den Faden durchziehen.

1 M re auf der hinteren Nadel stricken, die M von der Nadel gleiten lassen und den Faden durchziehen. Die nächste M li stricken, die M auf der Nadel lassen und den Faden durchziehen.

So abwechselnd mit jeder Nadel weiterarbeiten, bis 2 M übrig sind. Diese 2 M re zusammenstricken. Den Faden durchziehen.

FERTIGSTELLEN

Alle Fadenenden auf der linken Seite der Arbeit vernähen. Die Socken leicht dämpfen oder gemäß den Anweisungen des Garnherstellers behandeln.

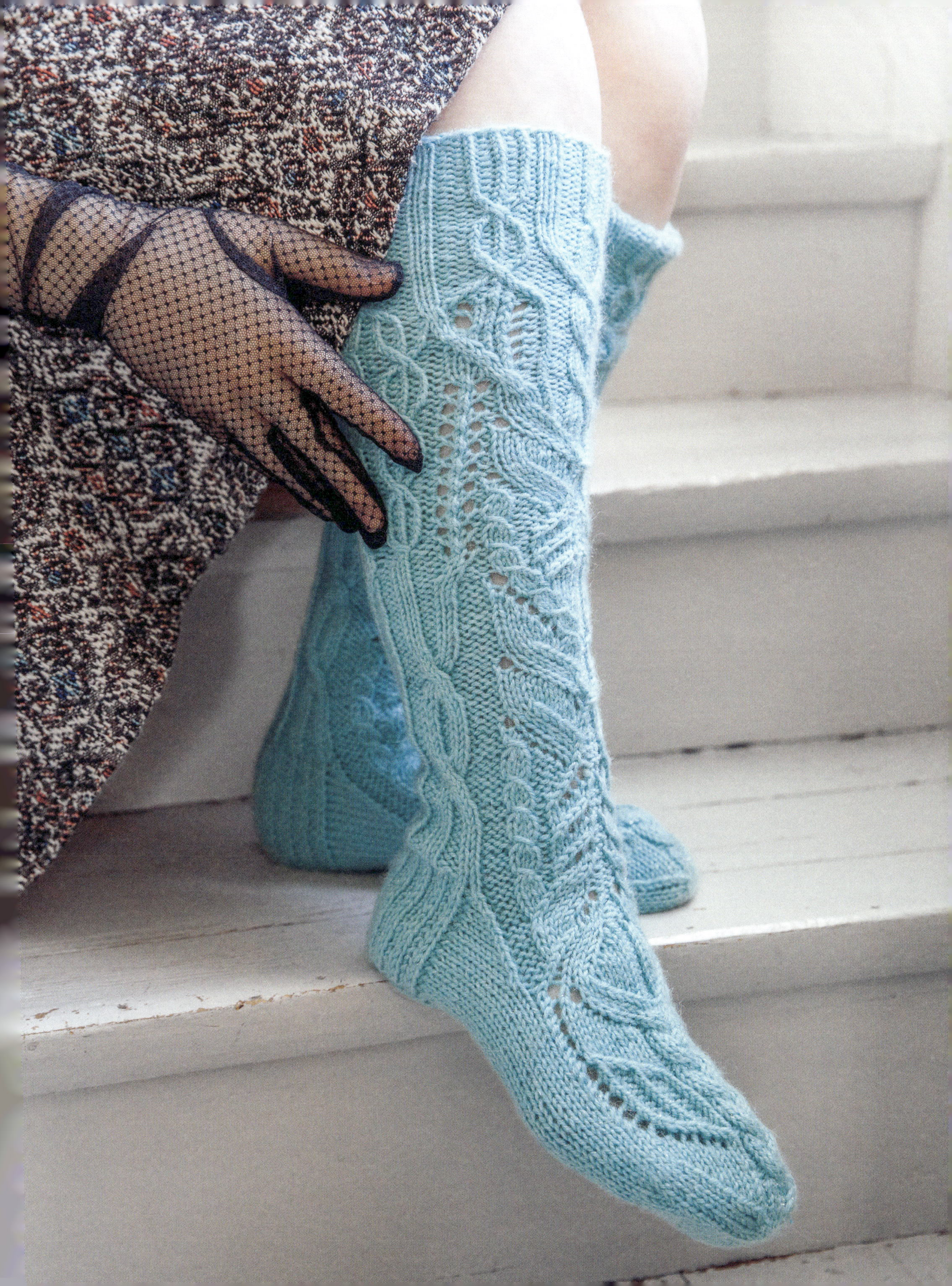

Zauberworte

Strickschrift A (Rd 0–36)

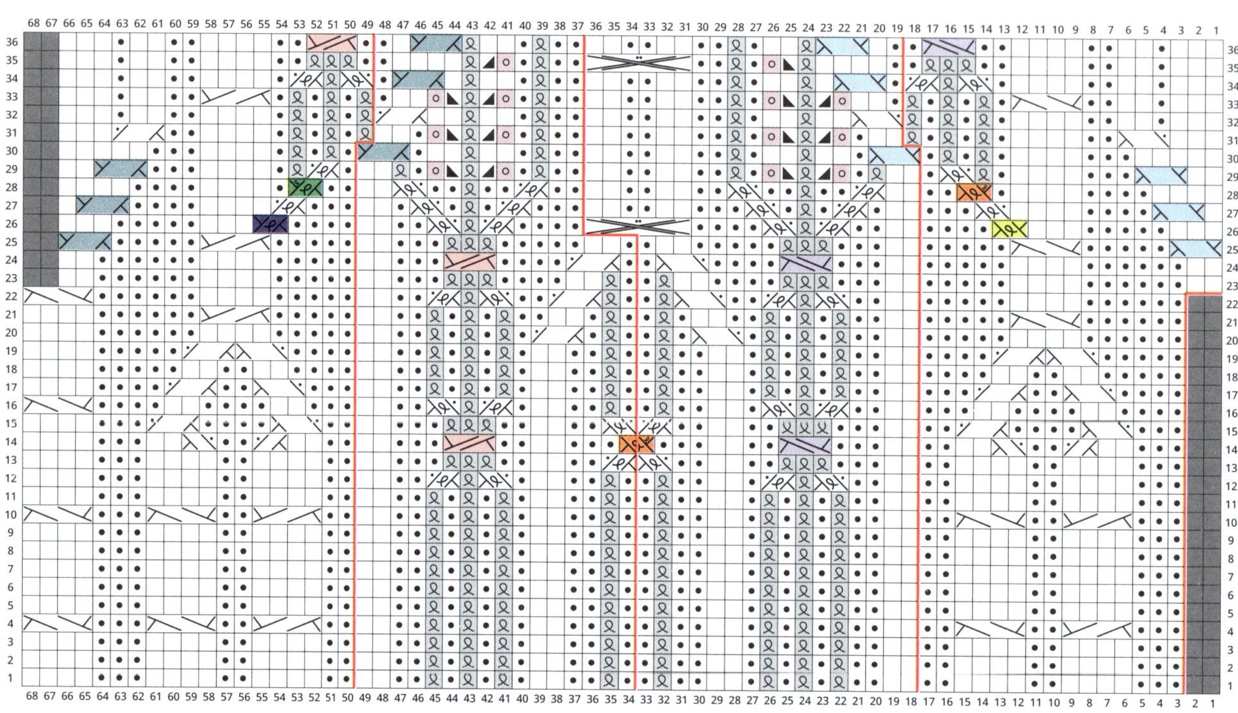

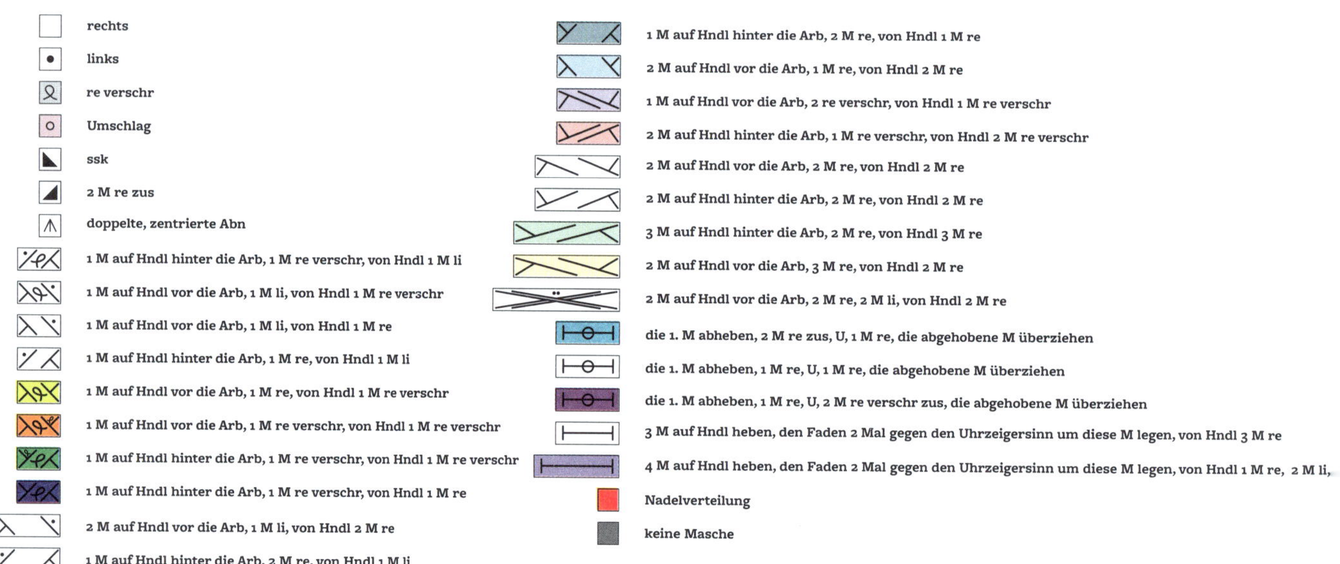

Strickschrift A (Rd 37–110)

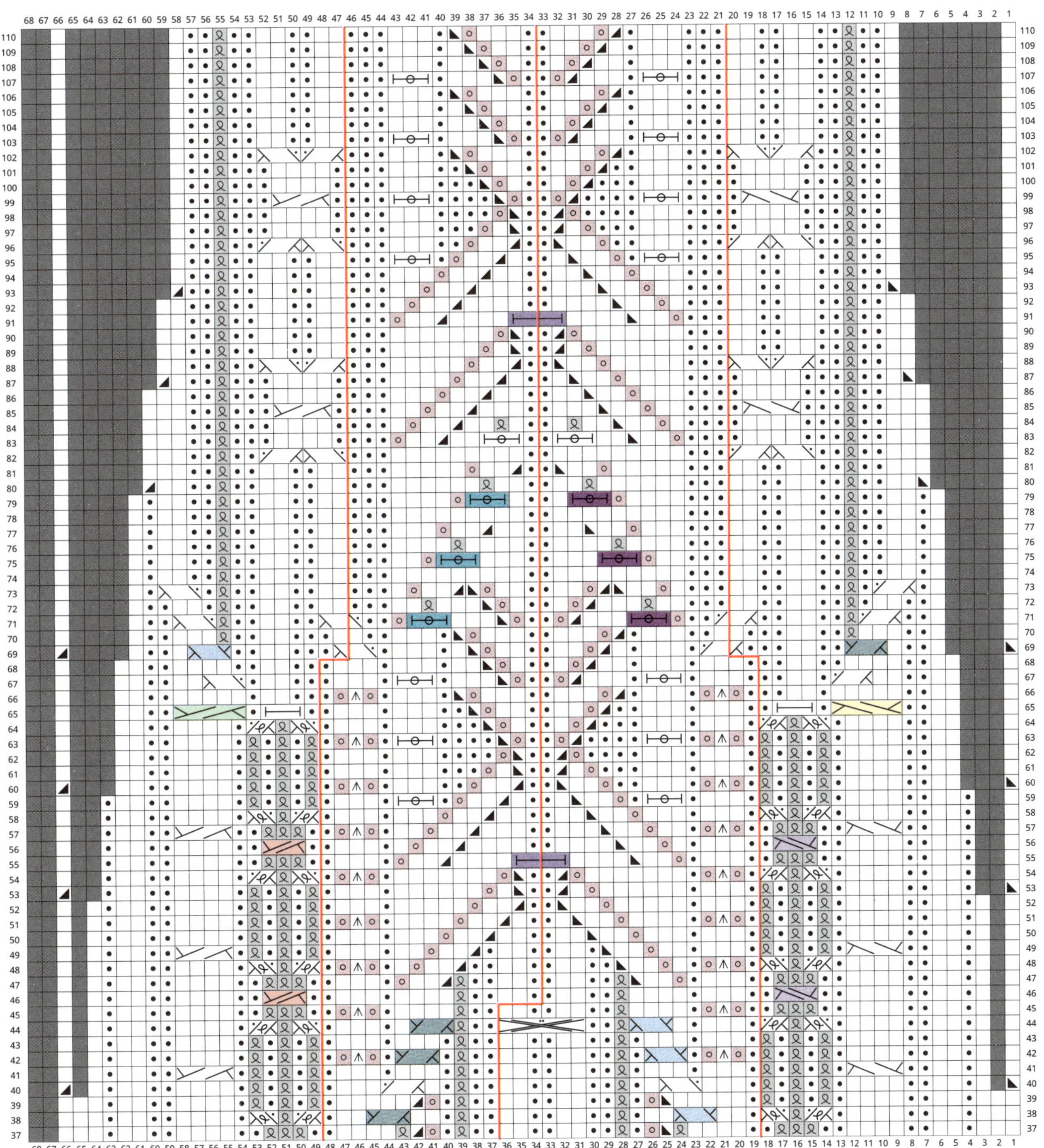

Zauberworte

Strickschrift B

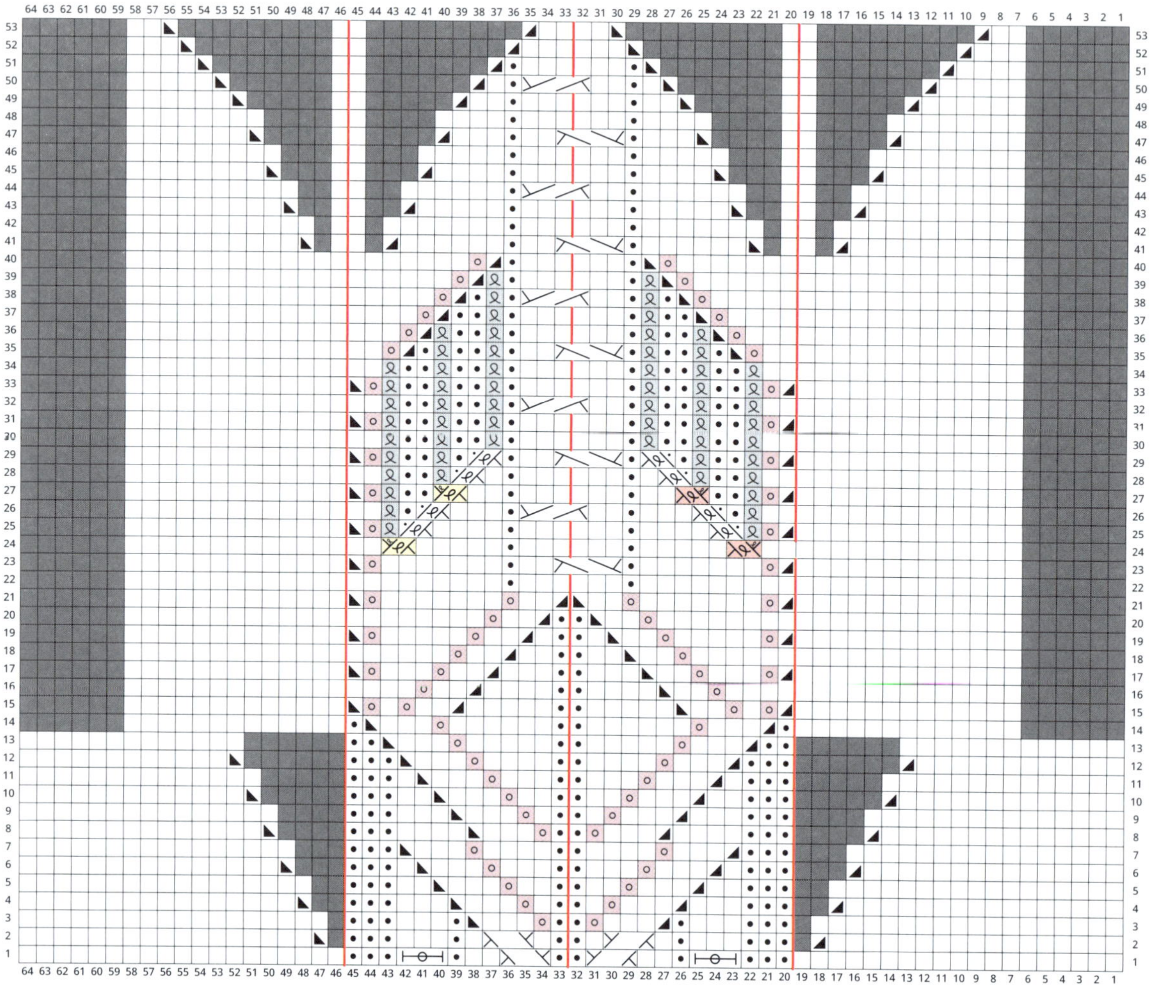

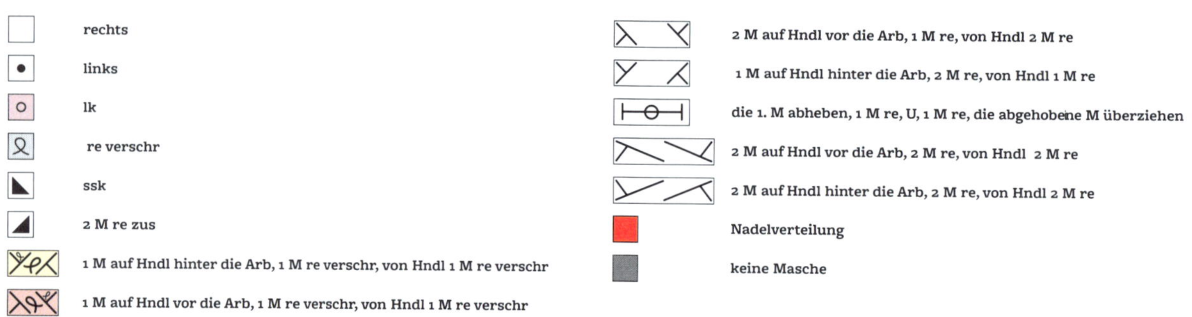

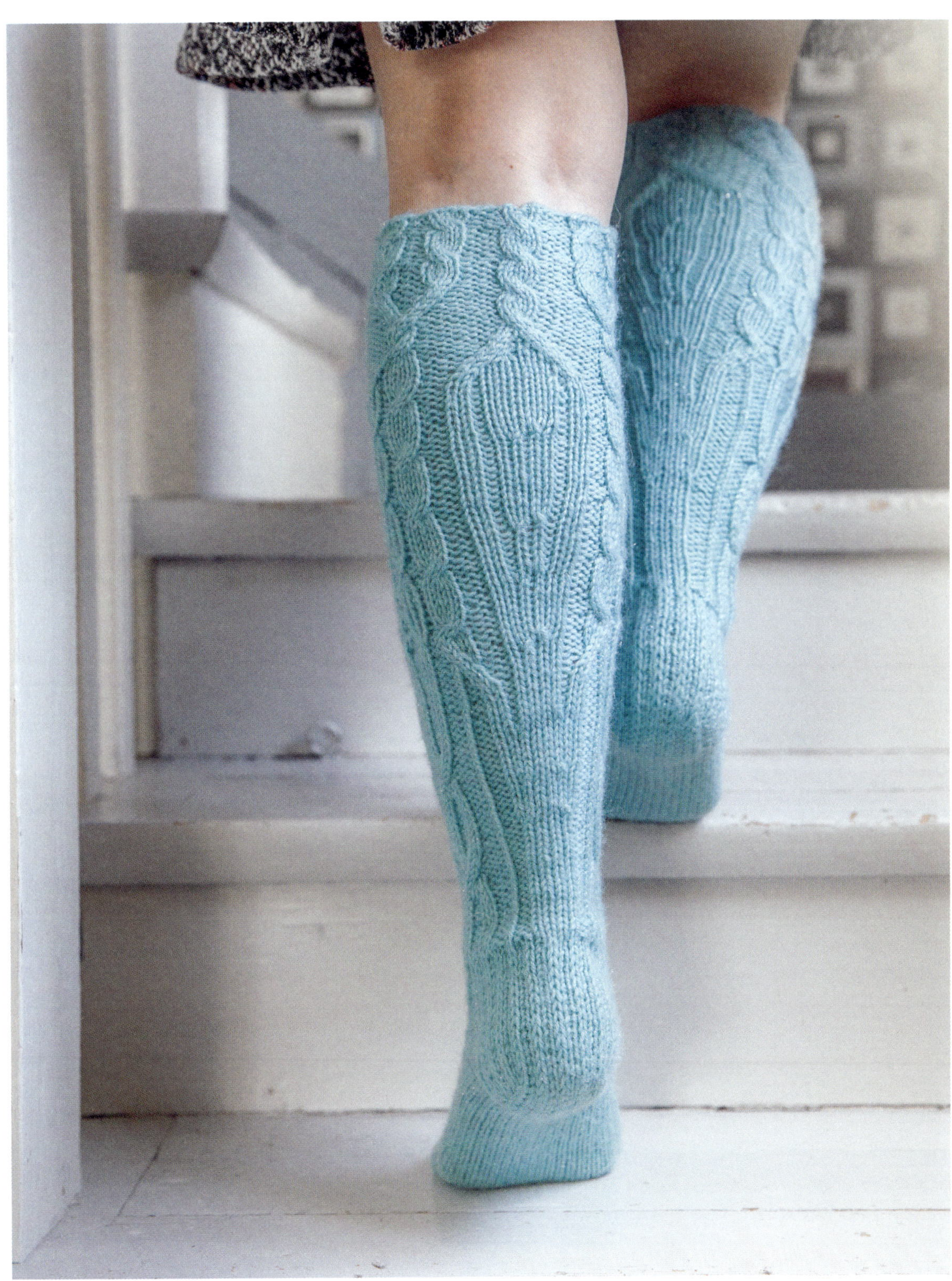

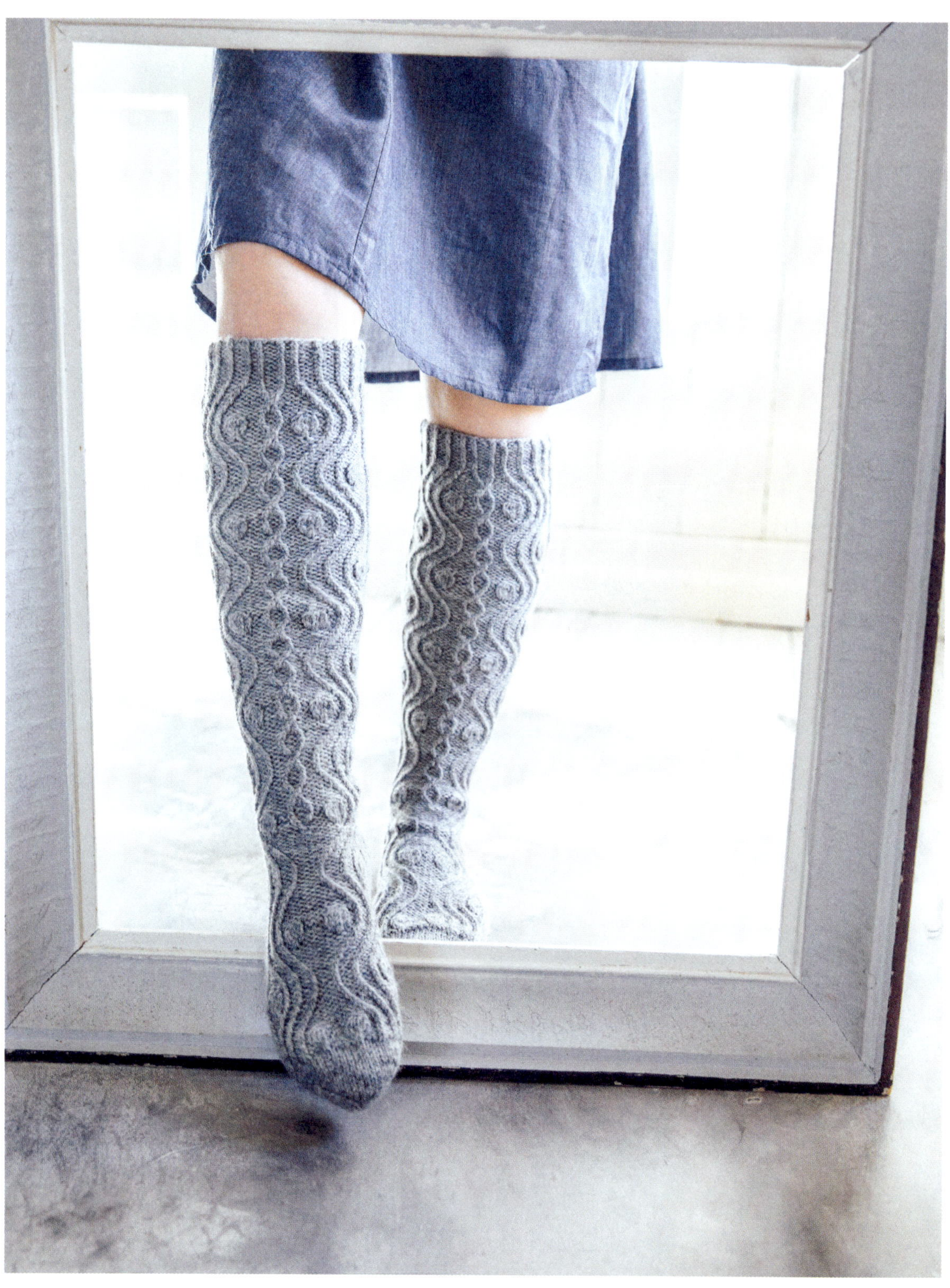

Maschenprobe: 22 M und 31 R glatt rechts = 10 cm x 10 cm

Nadeln: Nadelspiel 3,5 mm oder nach Strickfestigkeit, Hilfsnadel

Größe: 38/39

Garn: Novita 7 Veljestä (Wolle 75 %, Polyamid 25 %, 200 m/100 g), Farbe: Stein (043), 190 g

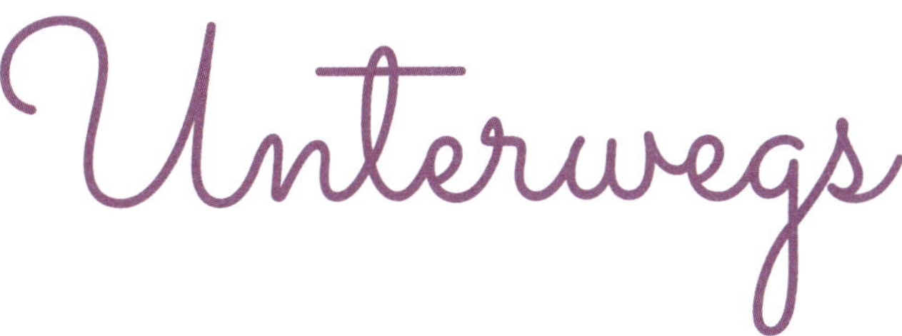

Kurven und Abschnitte sind unterwegs in diesem schnell vorankommenden Modell zurückzulegen, das nicht gerade traditionellen Spitzenstrick repräsentiert, aber dennoch ungewöhnlich interessant wirkt.

Anleitung

SCHAFT

67 M anschlagen und auf den Nadeln verteilen (17-18-14-18). Der Rundenbeginn liegt zwischen der 4. und der 1. Nadel in der rückwärtigen Mitte. Zunächst das Bündchen laut der Strickschrift in Rd stricken. Danach mit Strickschrift A fortfahren und alle Rd stricken, dabei für die Waden abnehmen und die Nadelverteilung beachten = 12-12-12-13 M.

FERSE

Die M der 1. Nadel re auf die 4. Nadel stricken, dabei 1 M abnehmen = 24 M. Die übrigen M ruhen. Die Arbeit wenden.

Verstärkte Ferse:

1. R (Rückr): Die 1. M abheben, die übrigen M links stricken.

2. R (Hinr): *1 M abheben, 1 M re*, von * bis * bis R-Ende wiederholen.

Diese zwei R wiederholen, bis 24 R gestrickt sind. Noch eine Rückr stricken.

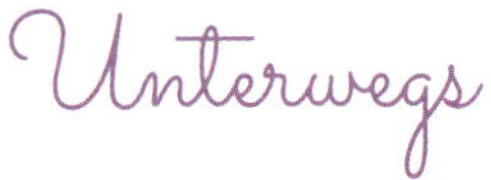

Strickschrift , Bündchen

	67	66	65	64	63	62	61	60	59	58	57	56	55	54	53	52	51	50	49	48	47	46	45	44	43	42	41	40	39	38	37	36	35	34	33	32	31	30	29	28	27	26	25	24	23	22	21	20	19	18	17	16	15	14	13	12	11	10	9	8	7	6	5	4	3	2	1	
10	Q	•	•	Q	•	•	Q	•	•	Q	•	•	Q	•	Q	•	•	Q	•	•	•	Q	•	•	Q	•	•	Q	•	•	Q	•	Q	•	•	Q	•	Q	•	•	Q	•	•	Q	•	•	Q	•	•	•	Q	•	•	Q	•	Q	•	•	Q	•	•	Q	•	•	Q	•	•	10
9	Q	•	•	Q	•	•	Q	•	•	Q	•	•	Q	•	Q	•	•	Q	•	•	•	Q	•	•	Q	•	•	Q	•	•	Q	•	Q	•	•	Q	•	Q	•	•	Q	•	•	Q	•	•	Q	•	•	•	Q	•	•	Q	•	Q	•	•	Q	•	•	Q	•	•	Q	•	•	9
8	Q	•	•	Q	•	•	Q	•	•	Q	•	•	Q	•	Q	•	•	Q	•	•	•	Q	•	•	Q	•	•	Q	•	•	Q	•	Q	•	•	Q	•	Q	•	•	Q	•	•	Q	•	•	Q	•	•	•	Q	•	•	Q	•	Q	•	•	Q	•	•	Q	•	•	Q	•	•	8
7	Q	•	•	Q	•	•	Q	•	•	Q	•	•	Q	•	Q	•	•	Q	•	•	•	Q	•	•	Q	•	•	Q	•	•	Q	•	Q	•	•	Q	•	Q	•	•	Q	•	•	Q	•	•	Q	•	•	•	Q	•	•	Q	•	Q	•	•	Q	•	•	Q	•	•	Q	•	•	7
6	Q	•	•	Q	•	•	Q	•	•	Q	•	•	Q	•	Q	•	•	Q	•	•	•	Q	•	•	Q	•	•	Q	•	•	Q	•	Q	•	•	Q	•	Q	•	•	Q	•	•	Q	•	•	Q	•	•	•	Q	•	•	Q	•	Q	•	•	Q	•	•	Q	•	•	Q	•	•	6
5	Q	•	•	Q	•	•	Q	•	•	Q	•	•	Q	•	Q	•	•	Q	•	•	•	Q	•	•	Q	•	•	Q	•	•	Q	•	Q	•	•	Q	•	Q	•	•	Q	•	•	Q	•	•	Q	•	•	•	Q	•	•	Q	•	Q	•	•	Q	•	•	Q	•	•	Q	•	•	5
4	Q	•	•	Q	•	•	Q	•	•	Q	•	•	Q	•	Q	•	•	Q	•	•	•	Q	•	•	Q	•	•	Q	•	•	Q	•	Q	•	•	Q	•	Q	•	•	Q	•	•	Q	•	•	Q	•	•	•	Q	•	•	Q	•	Q	•	•	Q	•	•	Q	•	•	Q	•	•	4
3	Q	•	•	Q	•	•	Q	•	•	Q	•	•	Q	•	Q	•	•	Q	•	•	•	Q	•	•	Q	•	•	Q	•	•	Q	•	Q	•	•	Q	•	Q	•	•	Q	•	•	Q	•	•	Q	•	•	•	Q	•	•	Q	•	Q	•	•	Q	•	•	Q	•	•	Q	•	•	3
2	Q	•	•	Q	•	•	Q	•	•	Q	•	•	Q	•	Q	•	•	Q	•	•	•	Q	•	•	Q	•	•	Q	•	•	Q	•	Q	•	•	Q	•	Q	•	•	Q	•	•	Q	•	•	Q	•	•	•	Q	•	•	Q	•	Q	•	•	Q	•	•	Q	•	•	Q	•	•	2
1	Q	•	•	Q	•	•	Q	•	•	Q	•	•	Q	•	Q	•	•	Q	•	•	•	Q	•	•	Q	•	•	Q	•	•	Q	•	Q	•	•	Q	•	Q	•	•	Q	•	•	Q	•	•	Q	•	•	•	Q	•	•	Q	•	Q	•	•	Q	•	•	Q	•	•	Q	•	•	1
	67	66	65	64	63	62	61	60	59	58	57	56	55	54	53	52	51	50	49	48	47	46	45	44	43	42	41	40	39	38	37	36	35	34	33	32	31	30	29	28	27	26	25	24	23	22	21	20	19	18	17	16	15	14	13	12	11	10	9	8	7	6	5	4	3	2	1	

• **links**

Q **re verschr**

Nadelverteilung

KÄPPCHENABNAHMEN

Die Arbeit wenden. Vom rechten Rand beginnend verstärkt stricken, bis 9 M übrig sind, 2 M re verschr zus, wenden (7 Seitenmaschen übrig).

Die 1. M abheben, li stricken, bis 9 M übrig sind, 2 M li zus, wenden (7 Seitenmaschen übrig).

Die 1. M abheben, verstärkt stricken, bis 8 M übrig sind, 2 M re verschr zus, wenden (6 Seitenmaschen übrig).

So fortfahren, bis noch die mittleren 8 M übrig sind = Fersenkäppchen. Davon 4 M re auf die freie Nadel = 4. Nadel stricken. Der Faden liegt nun auf der rechten Seite der Arbeit in der Fersenmitte am Rundenbeginn.

ZWICKELABNAHMEN

Laut Strickschrift B, 1. Rd, arbeiten.
4 Käppchenmaschen re auf die 2. freie Nadel stricken und aus dem linken Fersenrand 12+1 M aufnehmen, mit der 2. und 3. Nadel das Muster laut 1. Rd der Strickschrift arbeiten und aus dem rechten Fersenrand 12+1 M aufnehmen und die 4 Käppchenmaschen re stricken = 17-12-12-17 M.
Die Zwickelabnahmen zu Ende stricken = 12-12-12-12 M.

FUSS UND SPITZENABNAHMEN

Laut Strickschrift B fortfahren, dabei alle Rd str und die Rd 13–24 wiederholen oder bis der kleine Zeh bedeckt ist. Mit den Spitzenabnahmen beginnen:

1. Rd: Die 1. und 3. Nadel re stricken, bis 3 M übrig sind, 2 M re zus, 1 M re. Am Anfang der 2. und 4. Nadel 1 M re, links geneigte Abnahme und re stricken bis zum Ende der Nadel.

2. Rd: Rechte M stricken.

Diese 2 Rd abwechselnd wiederholen, bis 7-7-7-7 M übrig sind. Dann in jeder Rd genauso wie in der 1. Rd abnehmen, bis 2-2-2-2 M übrig sind. Den Faden abschneiden, durch die restlichen M ziehen und die Spitze schließen.

FERTIGSTELLEN

Alle Fadenenden auf der linken Seite der Arbeit vernähen. Die Socken leicht dämpfen oder gemäß den Anweisungen des Garnherstellers behandeln.

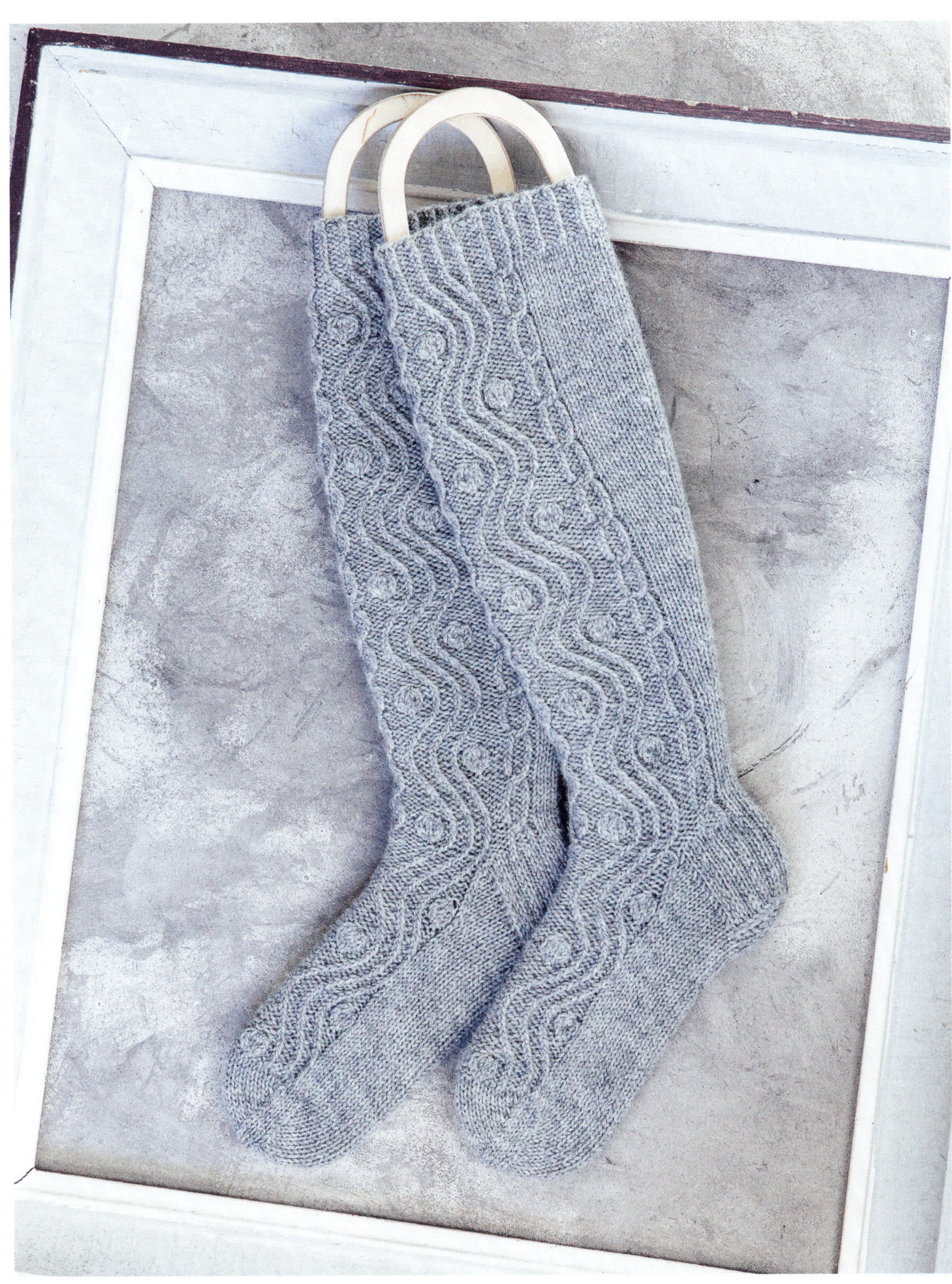

Unterwegs

Strickschrift A (Rd 1–40)

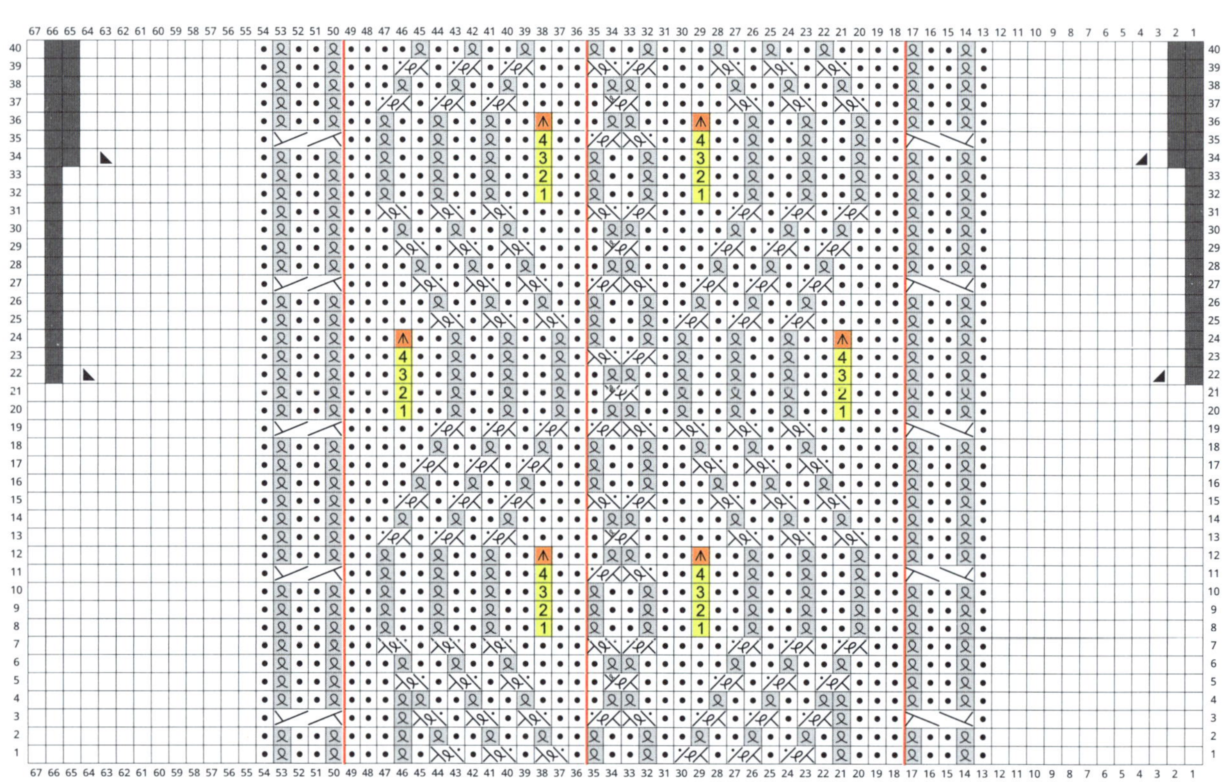

- rechts
- links
- re verschr
- 2 M re zus
- 2 M re verschr zus
- 1 M auf Hndl vor die Arb, 1 M li, von Hndl 1 M re verschr
- 1 M auf Hndl hinter die Arb, 1 M re verschr, von Hndl 1 M li
- 1 li M auf Hndl hinter die Arb, 1 M re verschr, von Hndl 1 M re verschr
- 2 M auf Hndl vor die Arb, 2 M re, von Hndl 2 M re
- 2 M auf Hndl hinter die Arb, 2 M re, von Hndl 2 M re

- 1 aus 1 M 5 M herausstricken (abwechselnd re von vorn und von hinten)
- 2 5 M re
- 3 5 M re
- 4 links geneigte Abnahme, 1 M re, 2 M re zus (= 3 M)
- Nadelverteilung
- keine Masche
- doppelte, zentrierte Abnahme

Strickschrift A (Rd 41–110)

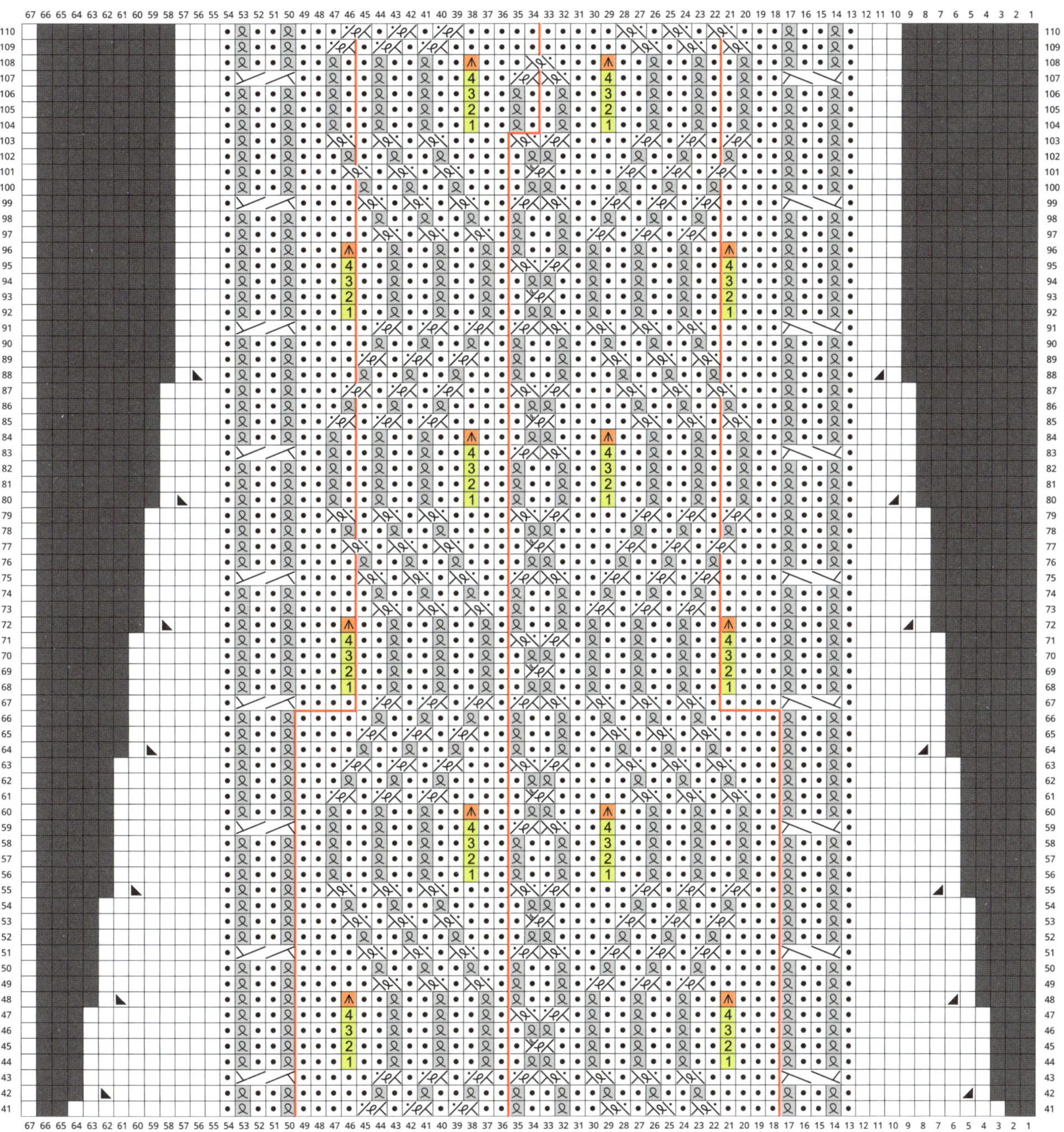

Unterwegs

Strickschrift B

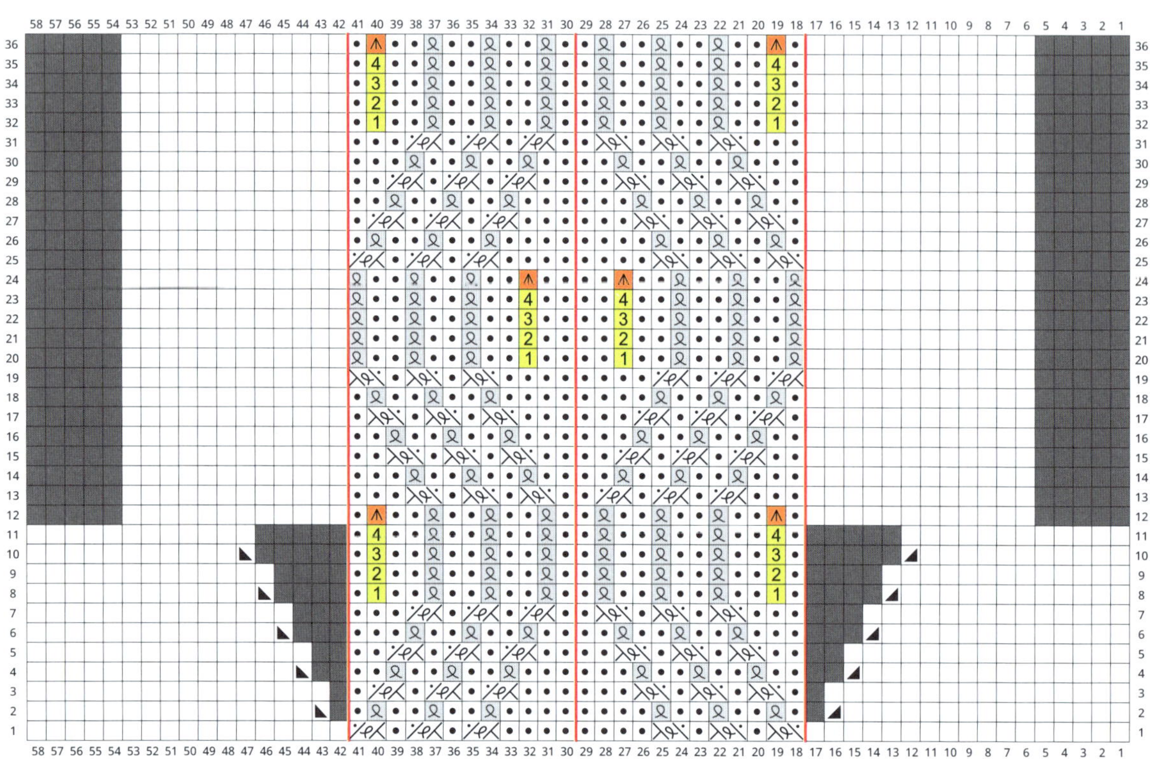

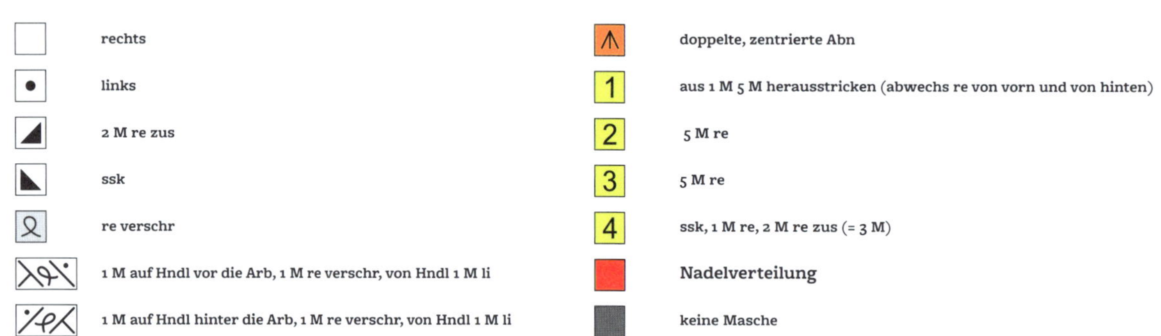

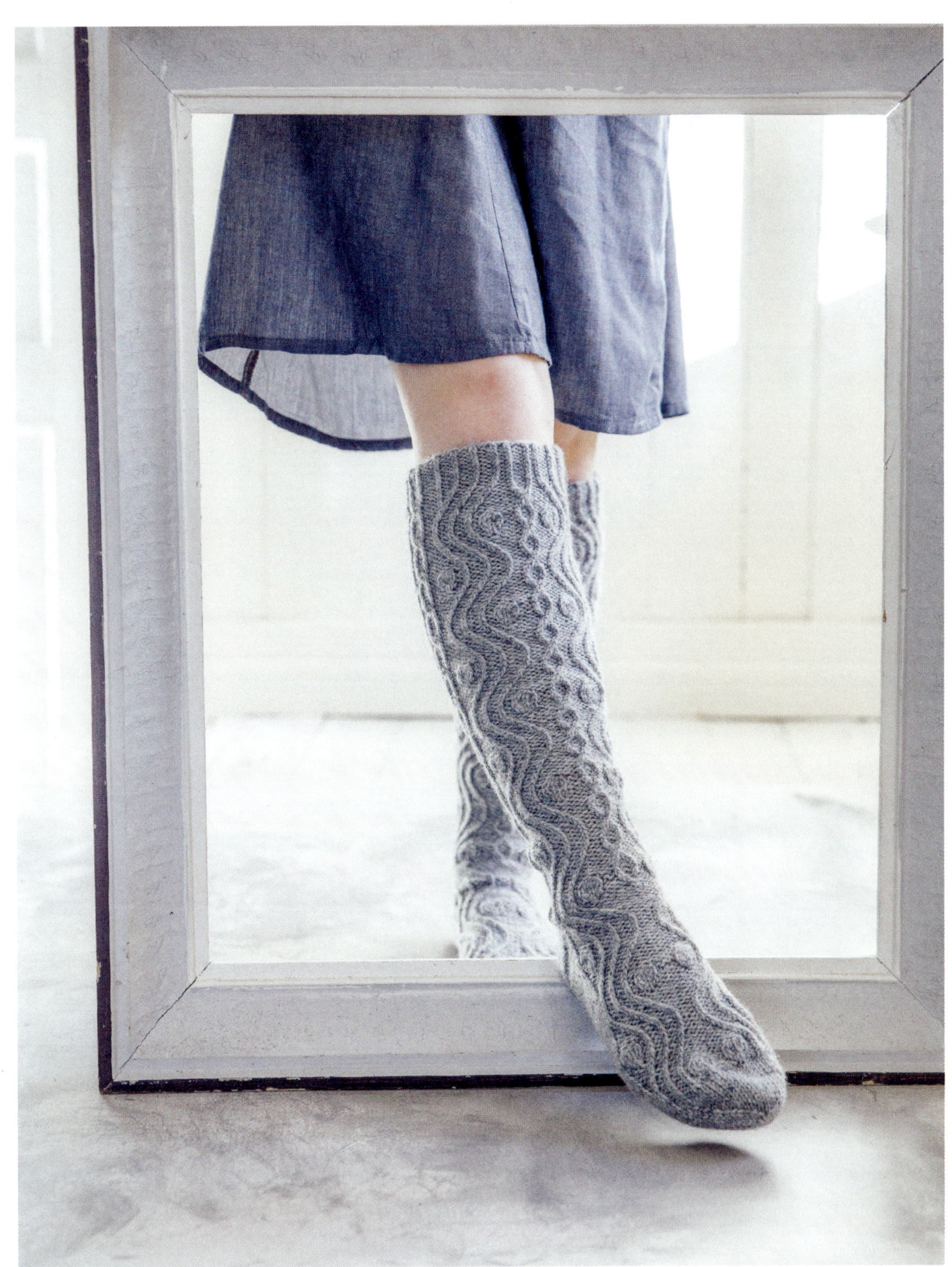

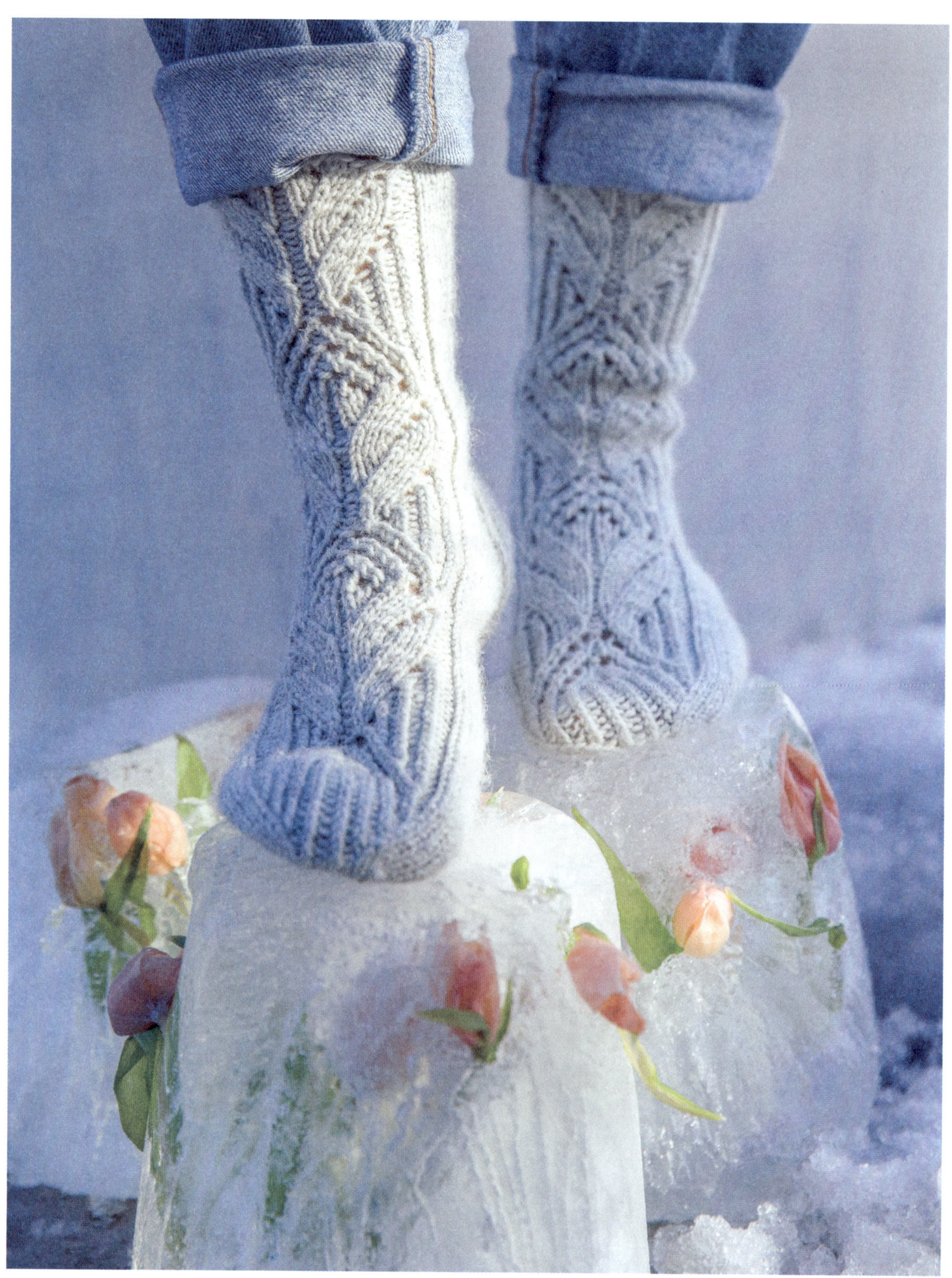

Maschenprobe: 22 M und 28 R glatt rechts = 10 cm x 10 cm

Nadeln: Nadelspiel 3,5 mm oder nach Strickfestigkeit

Größe: 38/39

Garn: Novita 7 Veljestä (75 % Wolle, 25 % Polyamid, 200 m/100 g), Farbe: Flechte (047), 110 g

Eisskulptur

Raureif und einsetzender Frost schnitzen ihre eigenen Eisskulpturen in die Natur. Durch die einfache Form und das dicke Garn lassen sich die Socken sogar an einem Abend stricken.

Anleitung

SCHAFT

49 M anschlagen und auf den Nadeln verteilen (13-12-11-13). Der Rundenbeginn liegt zwischen der 4. und der 1. Nadel in der rückwärtigen Mitte. Laut Strickschrift A die Rd 1–43 stricken.

FERSE

Die M der 1. Nadel auf die 4. Nadel stricken: 1 M re, 2 M li, 2 M re, 2 M li, 2 M re, 2 M li, 2 M re = 26 M. Die übrigen M ruhen. Die Arbeit wenden.

1. R (Rückr): Die 1. M abheben, 1 M li, 2 M re, 2 M li, 2 M re, 2 M li, 2 M re, 2 M li, 2 M re, 2 M li, 2 M re, 2 M li, 2 M re, 2 M li.

2. R (Hinr): Die 1. M abheben, 1 M re, 2 M li, 2 M re, 2 M li, 2 M re, 2 M li, 2 M re, 2 M li, 2 M re, 2 M li, 2 M re, 2 M li, 2 M re.

Diese 2 R abwechselnd wiederholen, bis 26 R gestrickt sind. Noch eine Rückr stricken.

KÄPPCHENABNAHMEN

Die Arbeit wenden. Vom rechten Rand beginnend wie in der Hinr stricken, bis 9 M übrig sind, 2 M re verschr zus, wenden (7 Seitenmaschen übrig).

Die 1. M abheben, 1 M li, 2 M re, 2 M li, 2 M re, 1 M li, 2 li zus, wenden (7 Seitenmaschen übrig).

Die 1. M abheben, 1 M re, 2 M li, 2 M re, 2 M li, 1 M re, 2 M re verschr zus, wenden (6 Seitenmaschen übrig).

Die 1. M abheben, 1 M li, 2 M re, 2 M li, 2 M re, 1 M li, 2 M li zus, wenden (6 Seitenmaschen übrig).

So fortfahren, bis noch die mittleren 10 M übrig sind = Fersenkäppchen. Wenden. Davon 4 M re auf die freie Nadel = 4. Nadel stricken. Der Faden liegt nun auf der rechten Seite der Arbeit in der Fersenmitte am Rundenbeginn.

ZWICKELABNAHMEN

Laut Strickschrift B, 1. Rd, arbeiten.
5 Käppchenmaschen re auf die 2. freie Nadel stricken und aus dem linken Fersenrand 13+1 M aufnehmen, mit der 2. und 3. Nadel das Muster laut 1. Rd der Strickschrift arbeiten und aus dem rechten Fersenrand 13+1 M aufnehmen und die 5 Käppchenmaschen re stricken = 19-12-11-19 M. Die Zwickelabnahmen zu Ende stricken = 12-12-11-12 M.

FUSS UND SPITZENABNAHMEN

Laut Strickschrift B fortfahren und bis Rd 53 stricken. Dann die Spitzenabnahmen laut Strickschrift C arbeiten = 4-4-4-4 M. Die M der 1. Nadel re auf die 4. Nadel stricken und die M der 2. und 3. Nadel auf die 2. Nadel heben. Den Faden bei ca. 20 cm abschneiden.

MASCHENSTICH

Die Spitze wird im Maschenstich geschlossen. Dies erfolgt mit zwei Nadeln: Auf der hinteren Nadel liegen die M der 4. und 1. Nadel und auf der vorderen Nadel die M der 2. und 3. Nadel, wenn die Nadeln in der linken Hand gehalten werden und der Arbeitsfaden am rechten Rand der hinteren Nadel liegt.

Eine dritte Nadel nehmen und 1 M li mit der vorderen Nadel stricken, die M von der Nadel gleiten lassen und den Faden durchziehen. Die nächste M re stricken, auf der Nadel lassen und den Faden durchziehen.

1 M re auf der hinteren Nadel stricken, die M von der Nadel gleiten lassen und den Faden durchziehen. Die nächste M li stricken, die M auf der Nadel lassen und den Faden durchziehen.

So abwechselnd mit jeder Nadel weiterarbeiten, bis 2 M übrig sind. Diese 2 M re zusammenstricken. Den Faden durchziehen.

FERTIGSTELLEN

Alle Fadenenden auf der linken Seite der Arbeit vernähen. Die Socken leicht dämpfen oder gemäß den Anweisungen des Garnherstellers behandeln.

Strickschrift A

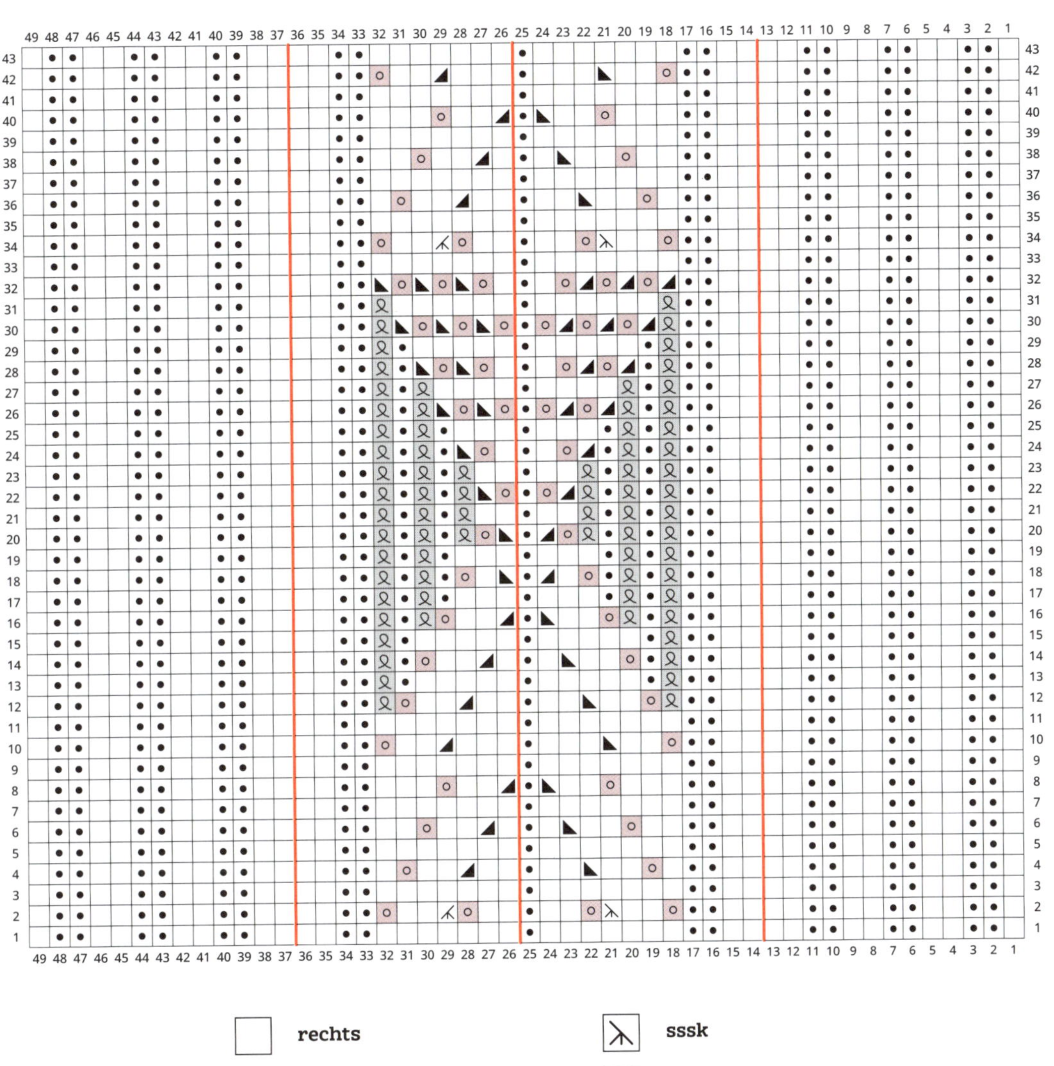

- rechts
- links
- Umschlag
- re verschr
- ssk
- 2 M re zus
- sssk
- 3 M re zus
- Nadelverteilung

Eisskulptur

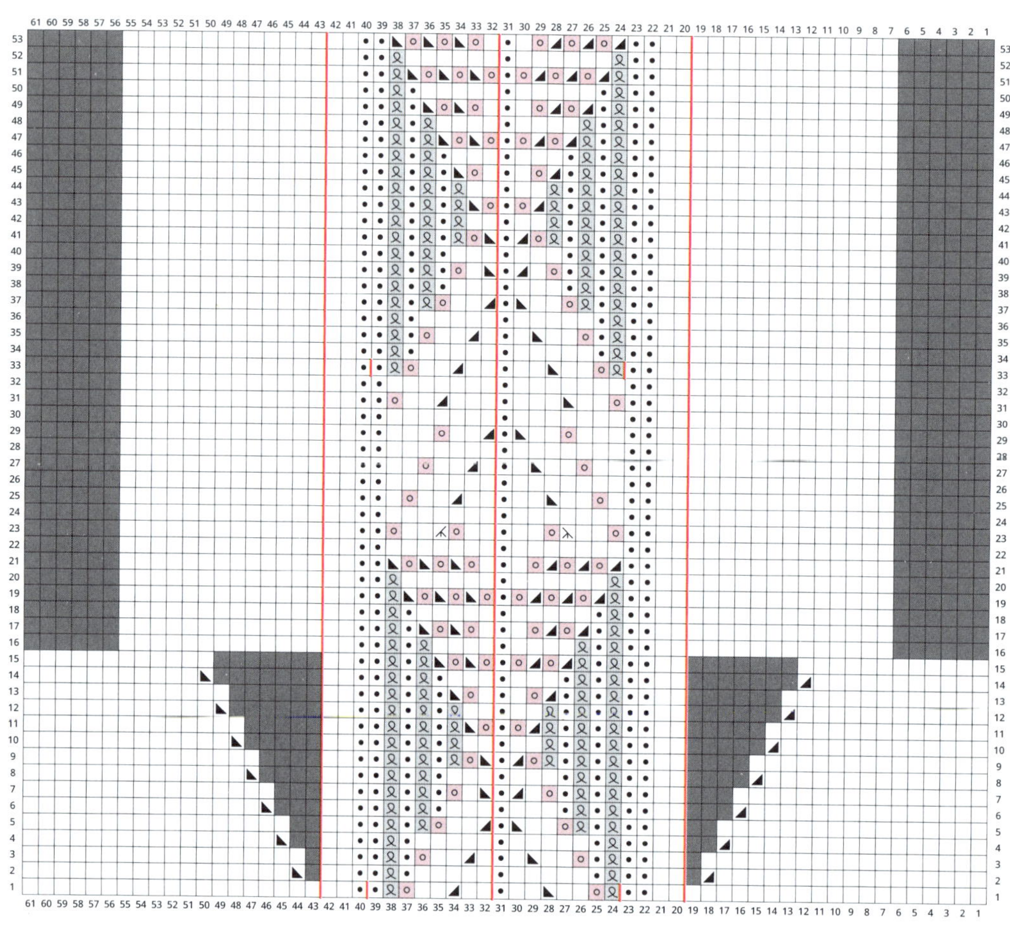

- rechts
- links
- 2 M re zus
- ssk
- Umschlag
- re verschr
- sssk
- 3 M re zus
- Nadelverteilung
- keine Masche

Strickschrift B

Strickschrift C

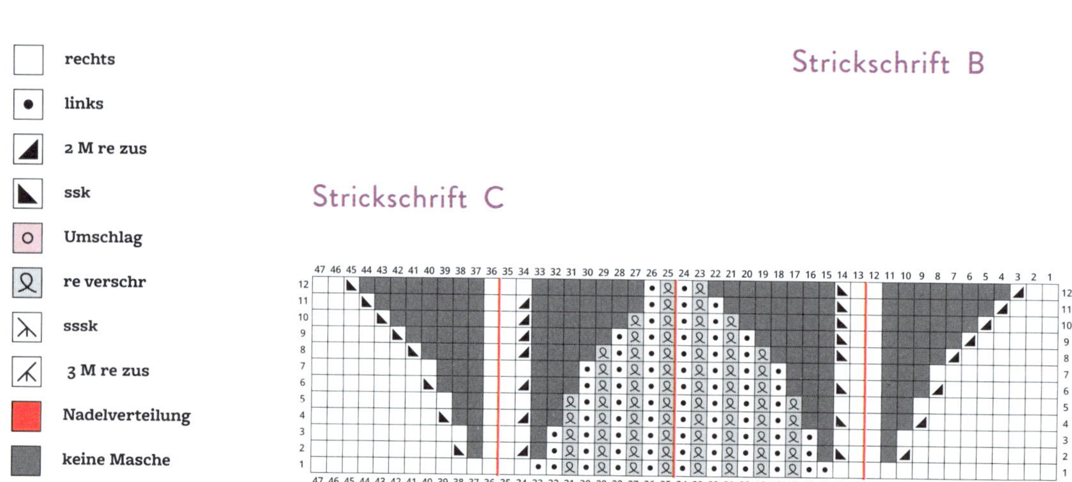

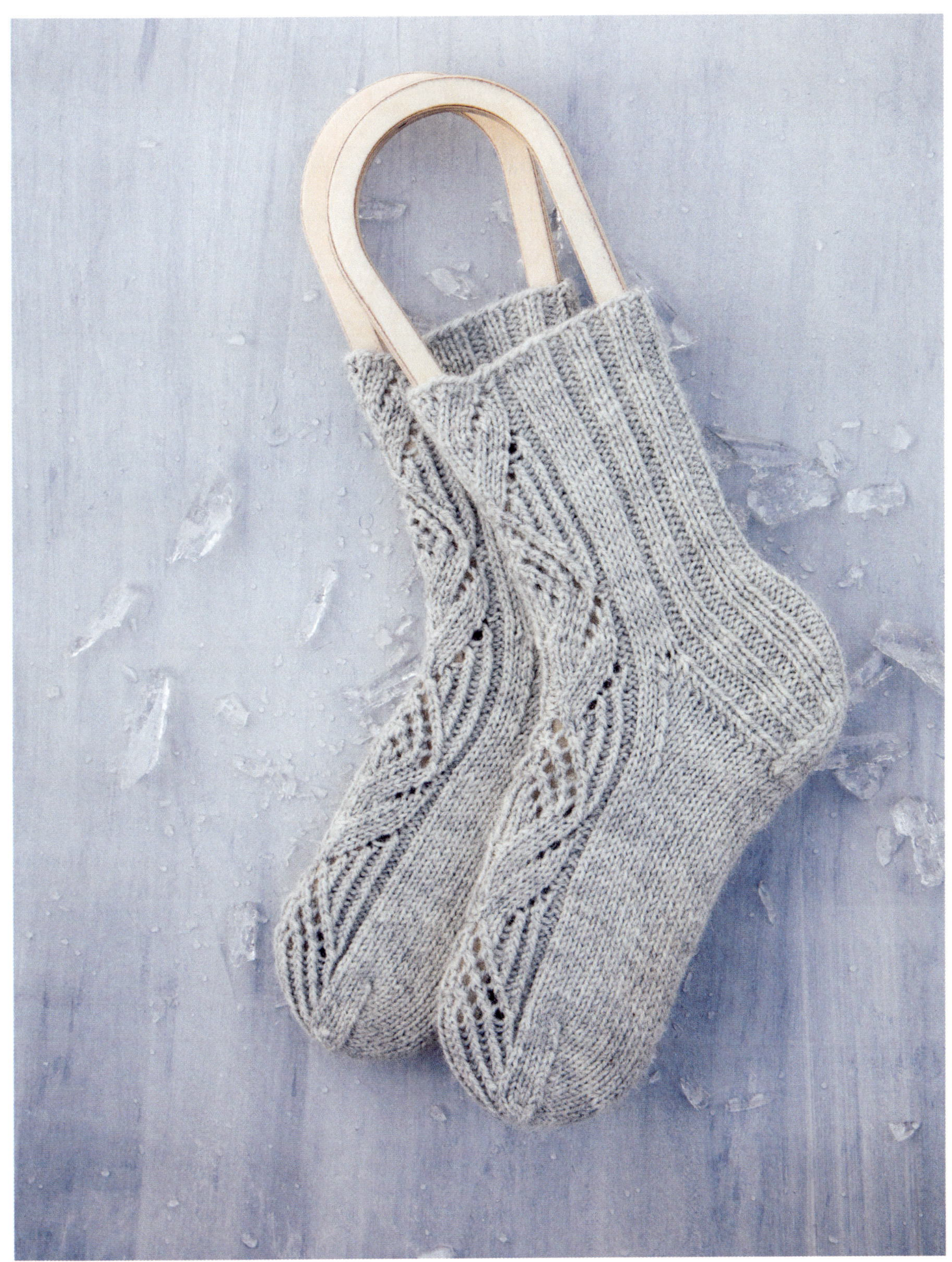

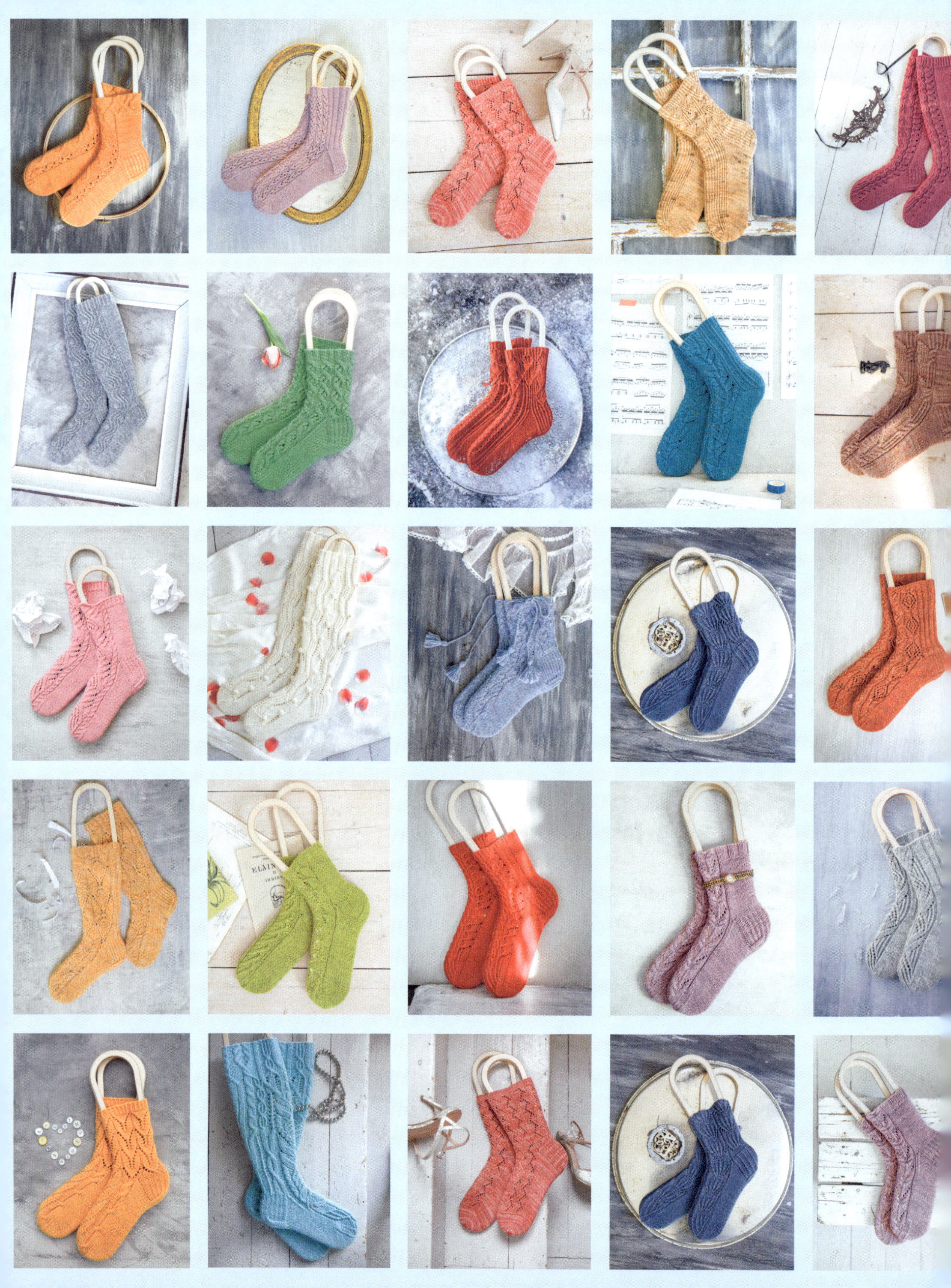

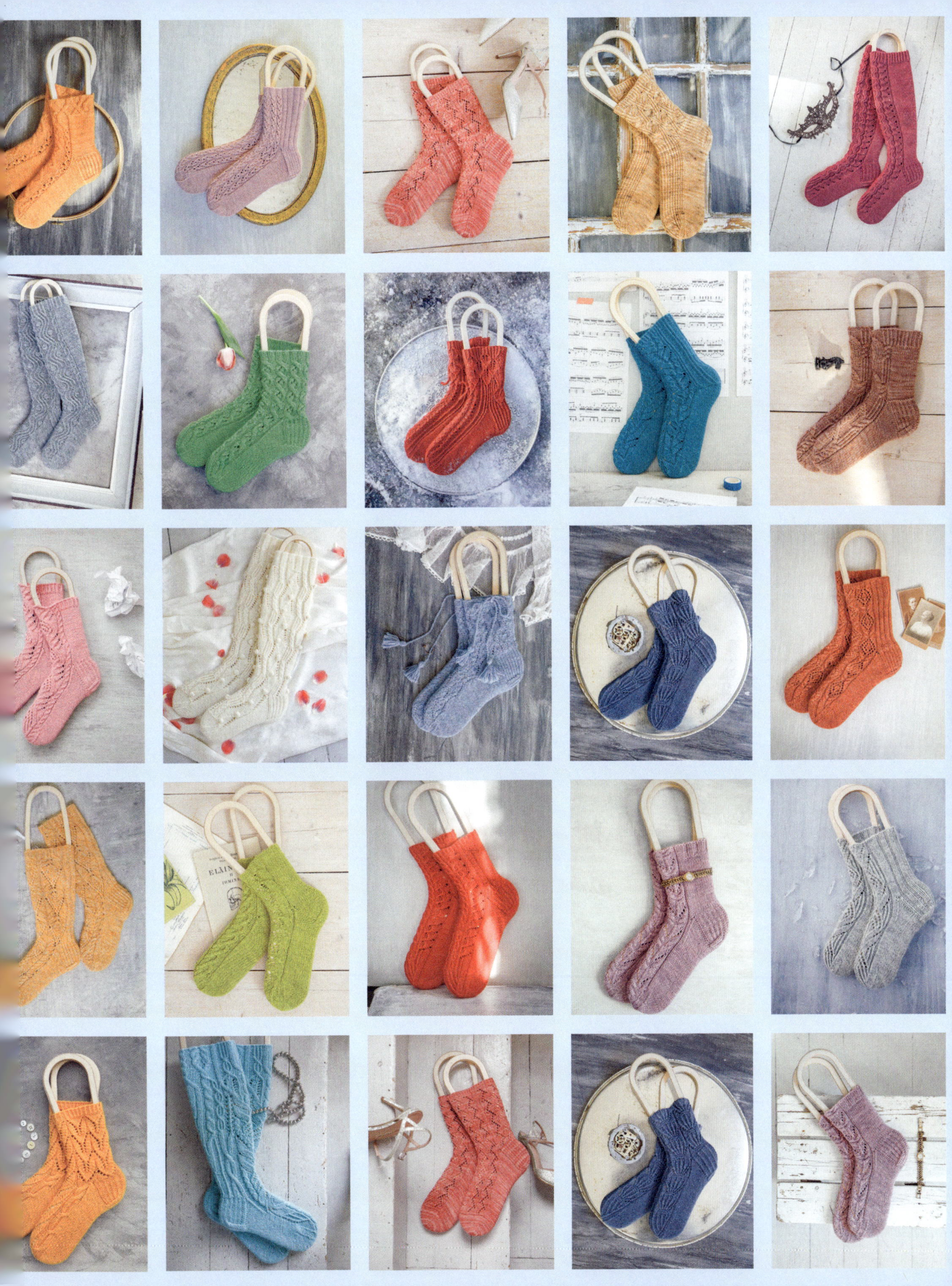

Liebe Leser:innen,
wir freuen uns, dass wir Sie mit diesem Buch inspirieren und Teil Ihrer kreativen Reise sein dürfen. Noch mehr Inspiration, originelle Ideen und besondere Themen finden Sie auf unserer Verlagsseite www.stiebner.com.

Lassen Sie zusammen kreativ werden!
Wir sind immer offen für Ihre Anregungen, Wünsche und Kritik – schreiben Sie uns gerne unter verlag@stiebner.com.

Da geteilte Freude bekanntlich doppelte Freude ist: Zeigen Sie uns Ihre kreativen Ideen und fertige Projekte auf Social Media! Markieren Sie uns mit @stiebnerverlag oder nutzen Sie die folgenden Hashtags:

#StiebnerVerlag #StiebnerKreativ #ZauberhafteLaceSocken

Erstmals erschienen 2021 unter dem Titel »Pitsisukkien taikaa« bei Otava Publishing Company Ltd

Die deutsche Ausgabe erscheint in Lizenzbeziehung zu Otava Publishing Company Ltd
Text: Merja Ojanperä
Übersetzung aus dem Finnischen: Andrea Hauss-Honkanen
Covergestaltung: Danai Afrati
Projektleitung und Lektorat: Stefanie Klapetek
Gedruckt bei: Polygraf Print, Slowakei
ISBN 978-3-8307-2135-2

Bibliografische Information der Deutschen Nationalbibliothek:
Die Deutsche Nationalbibliothek verzeichnet diese Publikation in der Deutschen Nationalbibliografie; detaillierte bibliografische Daten sind im Internet über http://dnb.dnb.de abrufbar.

Die Anleitungen in diesem Buch wurden von der Autorin und den Mitarbeiterinnen des Verlags sorgfältig geprüft. Eine Garantie wird jedoch nicht übernommen. Autor/innen und Verlag können für eventuell auftretende Schäden nicht haftbar gemacht werden.

Wir produzieren unsere Bücher mit großer Sorgfalt und Genauigkeit. Trotzdem lässt es sich nicht ausschließen, dass uns in Einzelfällen Fehler passieren. Auf unserer Webseite finden sich bei dem jeweiligen Titel eventuelle Korrekturen (Errata). Sollten Sie in diesem Buch einen Fehler finden, so bitten wir um einen Hinweis an verlag@stiebner.com. Für solche Hinweise sind wir sehr dankbar, denn sie helfen uns, besser zu werden.

www.stiebner.com